歴史文化ライブラリー

353

日本人の姓・苗字・名前

人名に刻まれた歴史

大藤　修

吉川弘文館

目　次

人名に刻まれた歴史、人名で刻む歴史――プロローグ

「名前は捨てた」

二〇一一年三月一一日、私は仙台で東日本大震災に被災した。しばらくは食料がなかなか手に入らない日々がつづいたが、一カ月半ばかりたって、ようやく物流が回復してきた四月二九日、営業を再開していた食堂がたまたま目にとまり、すぐさま店内に飛び込んだ。注文した品が来るまでの間、テーブルに置いてあった『毎日新聞』朝刊をめくっていたら、紙面の片隅に載っている「名前は捨てた」という、なんとも奇妙な題名のちっぽけな見出しが目に入った。ちょうど、名前をテーマとする本書を執筆していた最中だったので、「何だろう」と思いながら目を通すうちに、「名前は捨てた」というのが、ある被災者の絶望的な心情を吐露した一言であったことがわかったとたん、その言葉が矢のごとく心奥《しんおう》に突き刺さってきた。

「カメラマンか?」と問われ、記者だと答えると「荒浜はどうだ?」とまた問われた。紺色の作業着姿で肩に大きなバッグ、白髪交じりの短髪で、無精ひげが伸びる。こけたほおや深いしわが一カ月を超えた路上生活の苦労を物語る。その男性と出会ったのは取材の下見帰りの二七日夕、仙台市

青葉区のJR仙台駅西口のベンチだった。

よどんだ目で彼が話した身の上は――。

震災前。ベンチから約一〇キロ離れた海辺の同市若林区荒浜地区に、足腰が弱い妻と住んでいた。勤め先で被災し震災翌日、タクシーと徒歩で荒浜へ。津波に襲われた自宅は土台しかない。その二日後、一部が欠けた妻の遺体に両手を合わせ、そのまま去った。避難所に一晩いた後は駅や公園を転々としている。

「母ちゃんを守れなかった俺が他人様の手を借り生きて何になる。もうどうでもいい」。気づけばベンチに座っていた。震災から一週間。「母ちゃん……」とつぶやき、初めて泣いたという。

何度尋ねても「もう六〇歳になる。**名前は捨てた**」。春の装いで人々が行き交うベンチ周辺で四十九日の二八日も捜したが、いなかった。仙台平野の水田地帯・荒浜へ。まるで砂漠のように強風で砂が舞う。かすむビル群がある市中心部のどこかに、背を曲げ歩く男性がいる。隣の名取市へ向かおうにも動けず、私はしばらく虚空を見つめた。【狩野智彦】

人は誰しも固有の名前を持っている。それは社会的存在であることの要件であり、その名前で社会生活を営み、人間関係を築き、自己の歴史を刻んでいる。名前を捨てることは、自己の歴史と人との絆《きずな》を捨て去り、自己のアイデンティティを全否定することにほかならない。

津波で最愛の妻と自宅を一瞬にして失い、「母ちゃんを守れなかった俺が他人様の手を借り生きて何になる。もうどうでもいい」と絶望的な心境におちいり、避難所に一晩いた後は、駅や公園を転々とする生活を送っていた初老の男性が、新聞記者にもらした「名前は捨てた」の一言には、底知れぬ悲しみが凝縮されていよう。

私は歴史研究を業としているので、過去の人々が書いた文書や記録などを数多くみてきたが、そこには必ず人名が登場する。庶民の歴史を主対象としているから、目にする人名のほとんどは歴史に名を残していない。しかしながら、その一人ひとりが、その名でもって社会関係を取り結び、活動し、固有の歴史を刻んでいた。そして、その総体が、民族や国家・社会の歴史を刻んできたのである。

人名の歴史、人名に探る歴史

人名には、その人物が属していた社会集団、地域、民族、国家などの歴史が刻まれている。また、人名自体にも歴史があり、それぞれの時代の国家との関係、国際関係、身分関係、君臣関係、先祖との関係、族縁関係、家族関係、人と自然の関係などさまざまな関係性や、文化、宗教、ジェンダー等々の特性が反映しており、当時の人々の願望もこめられている。

人名は「氏《うじ》」と「個人名」によって構成されている例が多い（ただし、個人名しか持たない民族や社会もあり、同じ民族・社会に属していても、時代と身分、性別、年齢によっては個人名のみで表示された場合もある）。氏と個人名を合わせて「名前」と呼んだりもするが、本書では便宜上、個人名を「名前」と表記する（もっとも、日本の前近代の家長の名前は家名でもある例が多い）。

個人名に付す氏は何らかの系譜や社会集団の標識であるが、日本社会にあってはこれに相当するものに、前近代には「姓《せい》」と「苗字《みようじ》（名字）」の二つがあった。近代には一本化されて法律上は「氏《うじ》」となり、社会生活では姓とも苗字とも称されているが、両者は本来、歴史的な由来を異にする別物であり、社会的機能も異なっていた。

名前も、前近代の男性は人生の節目ごとに改名し、成人すると「実名《じつみよう》」（諱《いみな》）と「仮名《けみよう》」（通称）の二種類の名前を持った。また、男女に限らず同一人物が、社会関係に応じて別々の名前を使い分けることもあった。一つの「氏」と一つの「名前」でもって個々人を表示し、生まれた時につけられ戸籍に登録された名前を、原則として生涯変えずに使いつづけるという「氏名《しめい》」のあり方は、すぐれて近代日本の「国民」国家の産物なのである。

人名をめぐる「民族」と「国家」の相克は前近代にも存在したが、近代国民国家のもとでは、それがより先鋭な形で発現する。「帝国」化の途《みち》を歩んだ近代日本国家は、周辺の他民族を「日本国民」に編入してゆき、近代日本の創出物である日本式「氏名」を名乗り、「皇国臣民」に「同化」することを強要しながら、正統な「日本人」とはみなさず、差別した。

「姓」「苗字」「氏」と「名前」の歴史を、国際関係を視野に入れてたどりながら、「日本」「日本人」と呼ばれる存在の歴史を探り、それぞれの時代の国家・社会と文化、ジェンダーの特質や、「民族（エスニックグループ）」「民族性（エスニシティ）」をめぐる問題、等々について考えてみること、これが本書の主題とするところである。それはとりもなおさず、「日本」「日本人」とは何か、という問題を考えることでもある。

現代の人名の世界地理

現代の世界各地域においては、次のような個人の呼称法がとられているという〔島村修治―一九七一・七七〕。

欧米とかつてその植民地であった地域では、「個人名＋氏（姓）」の連称法が行われている。これは、中世ヨーロッパ、さらには古代ローマ帝国に起源しているとされる。東アジアでは「氏

（姓）＋個人名」の連称法であり、古代中国の秦《しん》・漢《かん》帝国に起源している。

東南アジアにおいては、中国人の土着や中国文化の移入によって持ち込まれた、中国的な呼称法と、ヨーロッパ諸国の植民地支配によって持ち込まれた、ヨーロッパ的な呼称法とが混在している。イスラム文化圏にあっては、「Aの息子某」「Aの息子Bの息子某」といった、父祖の名を個人名に冠した呼称法がとられている。

このように、国際化の進んだ現代でも、地域によって個人の呼称法は異なっているのであり、それぞれの歴史と文化が刻印されている。

日本社会にあっては、中国の「姓」制度を継受しながらも、中世以降、独自の「苗字」を生み出し、姓も変質していった。そこでまず、中国における「姓」制度の成立とその特質、そして東アジアへの伝播の経緯について述べることから、筆を起こそう。

※巻末の参考文献一覧に掲げた文献については、参照箇所に（　　）を付して著者・編者名と刊行年次を示し、史料集、自治体史、事典類は〔　　〕内に書名を記す。

姓と苗字

中国の「姓」制度の成立と東アジアへの伝播

「姓」制度の成立過程

中国においては次のような経緯で「姓《せい》」制度が成立している〔尾形勇―一九八四〕。紀元前一一〇〇年頃から始まる周の時代には「姓」と「氏《うじ》」が併存していた。姓は「同血同祖」の血族の標識として発生し、周代には周王室と封建諸侯（公室）の族集団の冠称となっていた。周王室の姓は「姫」である。姓は王室と諸侯の関係を同姓か異姓かで秩序化する機能を果たしていた。王室と同姓の諸侯であれば王室と父系血縁関係にあり、異姓であればそうした関係にはない、ということになるわけである。

一方の氏は「血」よりも「土」の観念にもとづくもので、封建制との密接な関係のもとに、封ぜられた一定の政治的支配圏（封邑《ほうゆう》）の冠称、あるいはその支配圏の中心となる士族の冠称として成立した。周代には諸侯の有力臣下である卿《けい》・大夫《たいふ》層の族集団の冠称となり、それによって諸族を分別して秩序化する機能をはたしていた。

周王朝が東遷した紀元前七七〇年から春秋《しゅんじゅう》時代、そして晋《しん》侯国の大夫であった韓《かん》、魏《ぎ》、趙《ちょう》の三氏が独立した紀元前四〇三年からは戦国時代となるが、この時代には周王室・諸侯の「姓」族支配の体制が崩れて、卿・大夫層の「氏」族が政治的に台頭し、氏が世襲されて血統のシンボルとなり、氏の「姓」化が進んだ。中国が統一されて紀元前二二一年に成立した秦《しん》帝国、その後に成立した漢《かん》帝国（紀元前二〇二～紀元後八年は前漢、二五～二二〇年は後漢）の時代には、姓に一元化される。そして、個別に人身を掌握する手段として姓制度が民衆にも及ぼされ、「有姓者＝良民、無姓者＝奴婢《ぬひ》」という身分秩序が成立した。民衆の姓は戸籍登載の際に戸籍を扱う官吏が与えたらしい。

姓は父系で継承される父系血統の標識である。共通の先祖から分かれ出た同姓の父系血統の枝々のすべてを総括して一つの「宗《そう》」と言い、その血統に属する人々の集団を「宗族《そうぞく》」と呼ぶ。女性の宗への帰属は二面的であり、自然的な意味においては父の宗に属し、結婚後も父の姓を改めることはなかったが、社会的な意味においては婚姻によって夫の宗に属した。この両属性は既婚女性が父姓と夫姓を併せ称することもあった点に示される〔滋賀秀三―一九六七〕。

中国社会では宗族が政治的・社会的に重要な機能をはたしており、どのような父系血縁に連なっているかが、個々人のアイデンティティと相互の絆の根拠となっていたので、それを示す「族譜」という系図が作られ、大切に保管、継承されている。

日本社会では後で述べるように、中世に「家《いえ》」という永続志向の組織体が形成されたので、今日に伝わる系図の多くは家の系譜を示す「家系図」であるが、中国社会における系図は個人を単位とした父系血縁の系譜を示すものである。そうした系図の性格の相違は、日本と中国それぞれの社会のあり方の違いを端的に表しているわけである。

「姓」制度の規範

姓制度は「同姓不婚《どうせいふこん》」と「異姓不養《いせいふよう》」という社会規範＝礼《れい》を伴っている。同姓不婚は「同宗《そう》不婚」とも言い、近親婚のタブーや、異姓間の通婚による政略的な紐帯《ちゅうたい》の形成の必要性から生まれた規範だとされている。

一方の異姓不養の規範は、父子関係の連鎖による血の永続の観念に発している。血筋は父から男子へと伝わるものであり、血筋こそが生命の本源と考えられ、「気《き》」という言葉で表現される。男性の「気」が「形」とされる女性の体内に入って新たな生命が誕生するのであるが、その生命の本性は父から受け継いだ「気」によって定まり、父系の血を引く男子がいるかぎり、生命の本源たる「気」は未来永劫《えいごう》に流れていく。このような生命観からすれば、先祖を祭祀する資格は必然的に同一の血＝「気」を受けた男子のみが持つことになり、実男子がいない場合の養子も同姓の父系血縁に連なる男子でなければならならず、その血縁にない異姓の男子を養子にすることは禁じられたわけである〔滋賀秀三—一九六七〕。

中華人民共和国建国の翌年一九五〇年に公布・施行された婚姻法では、姓名は個人の符号で、人格権の一つ、婚姻によって改姓するもしないも本人の自由、子は父姓にも母姓にも従うことができる、とされた。しかしながら、現実には伝統的な観念・慣習が生きつづけているようである〔加藤美穂子—一九八八〕。

中国では人口増大を防ぐために一九七九年から一人《ひとり》っ子を強制する政策がとられているが、女子一人の場合、生命の流れが途絶え、先祖を祀ってくれる者がいなくなるので、伝統的な生命観からすれば大問題である。そのため、妊娠時に性別検査をして、胎児が女児の場合は中絶手術を行うケースが多発して、男女比が偏り、一人っ子政策実施以降に生まれ成人した世代では、結婚できない男性が急増して社会問題になっている。

また、第一子が女子の場合や、男子であっても第二子以降の場合は出生届をせず、戸籍に登録されない「闇っ子」と呼ばれる存在も発生している。近年では一人っ子政策による人口の高齢化が問題となっており、緩和措置《そち》がとられるようになり、当政策の廃止も検討されているようである〔若林敬子―一九九四・二〇〇六〕。

東アジアへの伝播

中国で生まれた「姓」制度は、「冊封《さくほう》」体制に組み込まれた東アジアの周辺諸国に伝播していった。冊封体制というのは、中国の皇帝が周辺諸国の王に官号・爵位を授けて君臣関係を結び、朝貢《ちょうこう》を受けるという、宗主国―藩《はん》属国の体制であり、それによって前近代における東アジアの国際秩序が形成されていた。官号・爵位の授与文書である冊《さく》に記された姓が中国皇帝公認の姓となり、それが契機となって姓が国内に広まっていった。

たとえば朝鮮《ちょうせん》では、四世紀末から六世紀中頃にかけて、高句麗《こうくり》、百済《くだら》、新羅《しらぎ》の三国がそれぞれ中国王朝と冊封関係を結んだのを機に、各国の王と一部の支配層に姓が発生している。高句麗王の姓は「高」、百済王の姓は「餘（余）」、新羅王の姓は「金」である。

「王」氏によって建てられた高麗王朝の時代（九一八～一三九二年）には、郡県制という中央集権的な地方行政制度が整備されたのに伴い、民衆統治の手段として一般民衆にまで姓制度が及ぼされる。とはいえ、社会の基底においては同族婚の習俗がつづいていた。

しかし、高麗王朝時代の末期から次の李《り》王朝時代（一三九二～一九一〇年）にかけて、朱子学の導入と両班《やんばん》社会（国家の文官を輩出した東班《とうばん》と武官を輩出した西班《せいばん》が支配層を形成した社会）の成熟に伴い、「同姓同本不婚」（姓と始祖の出身地＝本貫《ほんがん》を同じくする男女は結婚できないという規範）と、「異姓不養」の規範が定着していった。そして、父系親族集団の宗族が両班社会の基底を構成するに至っている〔武田幸男―一九八四〕。

主人に従属する奴婢は主家の戸籍に名と年齢のみが登録され、姓と本貫は記載されなかったが、一八世紀から一九世紀にかけて奴婢身分の解放が徐々に進み、奴婢もしだいに独立した戸籍に姓と本貫が記載されるようになった〔水野直樹―二〇〇八〕。

一九六〇年施行の現行韓国民法では、伝統的な父系血統主義を踏襲し、同姓同本不婚と異姓養子の戸主相続禁止を規定している〔李丙洙―一九八八〕。姓制度の発祥地である中国では、中華人民共和国が成立すると、法律上は伝統的規範を廃止したのに対し、姓制度を受容した韓国社会ではその規範を堅持しているのであり、この点は興味深いところである。しかしながら、韓国社会でも現実には同姓同本男女の事実婚が多く発生しており、一九七八年と一九八八年に時限立法し、同姓同本婚を認めざるをえなくなっている。

日本における「姓」制度の継受と展開

「姓」制度継受と天皇の賜姓

五世紀、倭《わ》の五王が中国の南朝に朝貢《ちょうこう》し、「倭国王」の冊封《さくほう》を受けたのを機に、王とその一族は「倭」という姓を称し、「讃《さん》・珍《ちん》・済《せい》・興《こう》・武《ぶ》」という中国風の冊封用の個人名を使用するようになった。これが倭における姓の確実な初見とされる〈以下、加藤晃―一九八四、吉田孝―一九八八、吉村武彦―一九九三、中村友一―二〇〇九〉。

しかしながら、武（金石文のワカタケル大王《だいおう（おおきみ）》、『古事記』『日本書紀』の雄略《ゆうりゃく》天皇に比定）を最後として、中華の冊封体制＝姓秩序から離脱し、「倭」姓も用いなくなった。それと並行して大和王権は「ウジ名・カバネ」制度を創出し、豪族層を政治的に編成する。そして、中国の律令制度とともに「姓」制度も継受して国家の制度を整えていった。その結果、「ウジ名・カバネ」制度は中国的な「姓」制度に変質し、たとえば「大友宿禰《おおとものすくね》」といったウジ名とカバネを総称して「姓《せい》」と表記され、父から子に父系で継承されるのが原則となる。豪族層のウジ名は職名や地名に由来していた。

この「ウジ名・カバネ」＝姓を与えたのは大王（七世紀末より天皇）であり、自身は姓を持たず、律令国家においては庶民にも姓を与え、「王民」として「国民」に編成した。律令国家は戸籍を編製したが、戸籍には姓が登録された。

庶民の姓は地方官が一方的に定めたらしいが、名目上は天皇から賜与されたものとされ、天皇の勅《ちょっ》許《きょ》がなければ勝手に変えることはできなかった。庶民の姓の多くは「〇〇部《べ》」という「部」姓であり、大化改新《たいかのかいしん》前の部民《べみん》制のもとで所属していた職業部の名称や、旧支配者のウジ名にちなんでいる。「弓削《ゆげ》部《べ》」「土師部《はじべ》」「大友部《おおともべ》」「蘇我部《そがべ》」といった類《たぐ》いである。

中国の姓は生命観に通じる自然の秩序に転化していったが、それを継受した日本では、姓は王権との関係を示す表象とされた〔吉田孝―一九八八〕。そのため、後でみるように、中世以降、自生的な「苗《みょう》字《じ》」＝家名が生まれ、通常はそれが用いられても、天皇との関係においては姓が機能することになる。また、日本社会ではのちに「家」が先祖祭祀の単位となったこともあいまって、姓に象徴される父系血統に沿って生命は未来永劫に流れていくという、中国的な生命観も根づかなかった。

ところで、天皇が姓を名乗らなかったのは、名乗ると中国の皇帝から冊封を受け、その臣下となっていることを示すので、避けたものと思われる。天皇より上位の者の存在は認められなかったわけである。それは、中国王朝の天下から独立した、独自の天下観念に立脚していた。

「エミシ」「ハヤト」征討と賜姓

律令国家が生まれるのは七世紀末で、その頃に「日本」国号と「天皇」号も成立したというのが通説をなしているが、この国家は中国に起源を持つ「華夷《かい》」思想にもとづいて、天皇の統治に服さない列島の辺境地域に住む人々を野蛮人とみなし、「夷狄《いてき》」と呼んだ。

「夷狄」は後述の「諸蕃《しょばん》」とは違い、「帰化《きか》」は想定されていなかったとされる〔今泉隆雄―一九九二〕。自発的に帰服することが期待できなかったのであろう。だとすれば、実力行使の征討によって帰服させるしかない。実際、律令国家は、天皇が統治する天下の拡大志向から、現在の東北地方に住む「エミシ（蝦夷）」、九州南部に住む「ハヤト（隼人）」と呼ばれていた「夷狄」の「征討」に、乗り出すことになる。そして、帰降した者には姓を与えた。ただし、ただちに「公民」としたのではない。

八世紀において、「エミシ」は律令国家への帰降後、「蝦夷《えみし》」あるいは「俘囚《ふしゅう》」という身分を付されて支配されていた〔以下、古垣玲―一九八八・二〇〇八〕。蝦夷の語は、東北地方に住む夷狄の総称としても、帰降後の身分概念としても使われているので、以下では前者は「エミシ」、後者は「蝦夷」と表記しておこう。

「蝦夷」身分とされたのは、在地の首長層を中心とした部族的集団性を保ち、本貫地《ほんがん》在住のまま帰降した「エミシ」である。首長の本貫地支配を認められていたので、どこの土地の首長の支配下に属するかを示すために、「須賀君《きみ》」「宇漢米公《うかめのきみ》」といった「地名＋君（公）」姓を与えられた。一方、「俘囚」身分とされたのは、集団性と地縁関係を失って、個人あるいは親族単位で帰降した「エミシ」である。「大伴部《べ》」「伴部」のような「部」姓を主とし、なかでも「君子部《きみのこべ》」（王の部民）に由来するとされる「吉弥侯部《きみこべ》」姓が大部分を占める。

律令国家は、国家領域より北方の、いまだ地方行政区画である国郡制をしいていない地域に居住している「エミシ」が集団で帰降した場合、首長の本貫地支配を容認したうえで「蝦夷」身分に編入し、朝貢を義務づけて支配・従属関係を維持する方策をとった。そして、蝦夷の本貫地が国郡制下に入ると、朝貢の次の段階として首長を郡領に任命した。

　一方、本貫地から離れて個人あるいは親族単位で帰降した場合は、個別人身支配が容易であるので、「蝦夷」とは区別して「俘囚」身分とし、奥羽両国内や諸国に移配した。そして、天皇の徳によって教化＝「王化」し、従うようになれば戸籍に編成して、調庸《ちょうよう》を負担する「公民」身分とした。公民と同じ「部」姓が与えられていたのも、公民化が容易であるとみなされていたからであろう。

　八世紀においてはこのように、律令国家は、公民化が容易であるか否かによって、「蝦夷」身分と「俘囚」身分に区分して支配したのであるが、弘仁《こうにん》二年（八一一）、三八年間にわたる「エミシ」との戦いに勝利し、版図《はんと》を拡大すると、「蝦夷」身分についても公民化を進める政策に一元化する。この頃には「ハヤト」居住地域の内国化も完了していた。

渡来人の「帰化」と姓

　日本を中華とする自意識を持っていた律令国家は、朝鮮半島や中国大陸の国々を「諸《しょ》蕃《ばん》」と呼んでいた。そこから渡来して天皇の統治下に入り「王民」となった者は、「帰《き》化人《かじん》」と称された。「帰化」とは中国の中華思想に起源を持つ語であり、中華皇帝の統治の及ばない「化外《けがい》」に住む野蛮人が、皇帝の徳化＝王化に帰服するという意味である。唐《とう》の律令《りつれい》にならった日本の律令《りつりょう》でも、「外蕃人《がいばんじん》」が天皇に帰服することを「帰化」と表現していた。

「帰化」してもただちに天皇から姓を賜与されたのではなく、大部分は渡来時に称していた姓を戸籍に登録された。戸籍に編入されれば、「化内良人《けないりょうじん》」身分として形式的には「日本人」となったのであるが、にもかかわらず「帰化人」の姓は「蕃姓」と称され、その姓を持つ者は「百済《くだら》人」「新羅《しらぎ》人」「唐《とう》人」などと呼ばれた。中国・朝鮮の姓は一字であるのに対し、日本の姓は二字が普通なので、姓によって判別しやすかったと思われる。

天平宝字《てんぴょうほうじ》元年（七五七）、孝謙《こうけん》天皇が、久しく天皇の「聖化」を慕って「蕃俗」を改め、「我俗《わがくにぶり》」（日本の風俗）に改俗した「帰化人」には、申請によって賜姓を許すとの勅命《ちょくめい》を出したのを機に、渡来系氏族から賜姓申請が次々と出され、認められた。日本での居住地名や美称的地名にちなむ日本的な姓の要求が多かったが、出身国の王族の姓や国号を冠した姓を望んだ者もいる。

しかし、その後の東アジアの変動の中で日本国家は、「諸蕃」への影響力を演出することが不可能となり、九世紀には国内の「蕃人《ばんじん》」支配を強調することで、中華的な多民族支配の世界を維持しようと試みるようになる。その基礎をなしたのが、九世紀初頭に編纂された氏族系譜集、『新撰姓氏録《しんせんしょうじろく》』であった。その序文で「蕃俗」と「和俗」の混淆をもたらした孝謙天皇の施策を批判し、渡来系氏族を「諸蕃」に分類して、「蕃俗」氏族と「和俗」氏族の別を明確化しているのである。これを機に「蕃人」は姓ではなく出自によって識別され、差別されることになる〔田中史生—一九九七〕。「帰化」して「日本人」となりながらも、「蕃人」として刻印されたのである。

姓の有無による身分区別

律令国家のもとでは、天皇から姓を賜与された者が天皇に奉仕する身分の「良人《りょうじん》」、賜与されない者は「賤《せん》」というふうに、姓の有無によって身分区別されていた。良人は、天皇の「臣《しん》」として朝廷に仕える「官人」と、「民《たみ》」（公民）として調庸《ちょうよう》を負担する「百姓」に大別される〔吉村武彦—一九九三〕。

律令国家のもとでは、百姓は「王民」「公民」として位置づけられていたのであるが、このことは後世の百姓の性格や自意識にも影響を及ぼした。中世に入り領主制が展開するようになっても、百姓たちは「王民」「公民」意識に立って領主の私有民化を拒絶した。近世においても百姓は「国の民」としての性格を失っておらず、「公儀《こうぎ》の御百姓《おひやくしよう》」「天下の御百姓」として位置づけられていた。領主は、「公儀」権力＝国家公権の頂点に位置する天下人《てんかびと》から土地と百姓を預けられて統治する存在であり、百姓の生産・生活の成立《なりたち》を保障する責務を負い、転封《てんぽう》されても百姓たちを連れて行くことはできなかったのである。

ところで、天皇から姓を賜与された「王民」は、「朝臣《あそん》」「宿禰《すくね》」「忌寸《いみき》」といったカバネの種類や、その有無によって階層化されていた。カバネを持っている場合は、姓は正式には「藤原朝臣《ふじわらのあそん》」というふうに「ウジ名＋カバネ」であるが、九世紀以降、カバネが実質的な機能を失っていったので、ウジ名の部分のみを姓と称するようにもなる。

天皇の親族である皇親も天皇同様に姓を持たなかったが、皇籍から除かれ臣籍に降下する場合には、姓を天皇から与えられて君臣関係に編入された。平安時代初めまでは、「文室真人《ふんやのまひと》」「橘宿禰《たちばなのすくね》」「岡《おかの》真人《まひと》」「清原真人《きよはらのまひと》」「長岡朝臣《ながおかのあそん》」「広根朝臣《ひろねのあそん》」「平朝臣《たいらのあそん》」「在原朝臣《ありはらのあそん》」など、さまざまな姓が賜与されていたが、九世紀初期に嵯峨《さが》天皇が「源朝臣《みなもとのあそん》」を与えてからは、それが踏襲された。「桓武平氏《かんむへいし》」「嵯峨源氏《げんじ》」「清和《せいわ》源氏」「宇多《うだ》源氏」「村上《むらかみ》源氏」などの呼称は、どの天皇から姓を賜与された者の末裔《まつえい》であるかを示す。

以上のように、律令国家にあっては、その頂点に位置する天皇・皇親と、最下位の「賤」とされた者は姓を持たなかったわけである。したがって、両者ともに礼（「同姓不婚」「異姓不養」の社会規範）の外に位置する存在であった。この点は、中国の皇帝と他の東アジアの国々の王が姓を持ち、礼を遵守したのと対照的である。

天皇一族は近親婚をくり返しているが、同姓不婚の規範に拘束されない存在であるので、規範との矛盾はなかったわけである。また、姓を有さない天皇は、中国の王朝交替に関する思想である「易姓《えきせい》革命」論の適用を受けないことにもなった。

以上のような点からして、日本の天皇制は東アジアの王制のなかにあって、きわめて特異な性格を有していた、と言えるであろう。

天皇制の特質

天皇は姓と身分を与える主体であって、自身は姓を持たず、身分と礼の規範から超越した存在であったのであるが、法についても同様であった。律令国家にあっては、天皇は法を与える主体であって、自らは律令という法に拘束されない超法規的存在でもあったのである。したがって、徳川幕府が元和《げんな》元年（一六一五）に「禁中並公家諸法度《きんちゅうならびにくげしょはっと》」を出して、天皇を身分的に位置づけ、あるべき姿を提示し、法的統制下に置いたことは、日本の歴史上、大きな意味を持つものであったわけである。

近代には立憲君主制となり、天皇という地位と権限が法によって規定された。そして、立憲主義的統治理念から、国家は法人であり、天皇はその最高機関として統治権を総攬《そうらん》するという「天皇機関説」が美濃部達吉《みのべたつきち》によって唱えられ、明治末期から昭和初期にかけては学界のみならず政界においても広く認められた学説となった。

しかしながら一方では、国家統治の大権は国家機関に帰属するものではなく、自然的に天皇一身に属する権利であり、絶対無制限な権力である、それが日本古来の「国体《こくたい》」であるとする、「天皇主権説」も唱えられた。古代律令国家における超法規的な天皇のあり方が、近代にこうした学説となって再生し

の通りである。

義的政治理念は否定された。その結果、日本がどのような道を歩み、悲惨な結末を迎えたのかは、周知

五）、天皇機関説が日本の国体に反するとして攻撃にさらされ、「国体明徴《めいちょう》」運動が進められ、立憲主

ているわけである。そして、狂信的な国粋主義が猛威を振るう時代思潮のなか、昭和《しょうわ》一〇年（一九三

定着しなかった姓規範

姓制度の日本社会における受容のあり方で、いま一つ注目すべきは、有姓者の間にも「同姓不婚」と「異姓不養」の規範が定着しなかったことである。この点は日本社会の特質を考えるうえで一つの鍵となる。

同姓不婚が守られなかったのは、日本社会では近親婚をタブー視する観念が薄かったからだと思われる。実際、皇族や貴族層では族内婚をくり返している。もう一方の異姓不養も定着しなかったのは、後述するように、中世以降に「家」が形成され、生物学的な父系血統の永続よりも、「家」という組織体の永続が志向されるようになったために、父系血縁にない他姓の男子であっても養子に取って家を継承させようとしたからである。江戸時代の儒学者も、口では異姓不養の規範を唱えながら、実生活においては、家を継承する同姓男子がいない場合、他姓の養子を取って家の存続をはかっている。

氏の父系出自集団化

豪族層の自生的な「氏《うじ》」集団の性格については、父系出自集団とみる説と、父方・母方双方の「氏」に属したとみる説とに分かれ、前者にも狭義・広義の解釈がある。その実態はともあれ、律令国家が中国の「姓」制度を継受してからは、ウジ名は父から子へと継承されるのが原則となったので、おのずから父系出自集団に純化していったはずである。

だが、実際には必ずしもそうはならなかった。何らかの功績に応じて改賜姓が頻繁になされたため、

姓の父系血統の標識としての機能が阻害されたからである。しかし一方で、律令官僚制機構が整備されるに伴い、「氏」は政治組織としての性格をしだいに喪失し、八世紀末から九世紀中頃にかけて父系出自集団化し、族組織としての純粋化を遂げていった。そして、氏長者《うじのちょうじゃ》、氏渡領《うじのわたりりょう》（氏の共有財産）、氏寺《うじでら》、氏神《うじがみ》、氏墓《うじばか》、氏院《うじいん》（学校や医療・扶養施設）などが創出されることになる〔義江明子―一九八八〕。

中世には「家」が形成されるようになるが、「氏」結合も中世前期までは社会的に機能していたようである。鈴木国弘氏によれば、在地領主層にあっても、平安時代末〜鎌倉時代においては「名字《みょうじ》族」（惣《そう》領《りょう》制結合）と「氏」結合が併存しており、この時期には「中原氏女《なかはらのうじのにょ》」といった、女性がどの氏に属すかを示す表記法もみられるという〔鈴木国弘―一九八八〕。

そのことは貴族の夫婦の墓のあり方にも示されている。平安時代〜鎌倉時代においては、夫婦が出自の氏を異にする場合はそれぞれの氏の墓地に葬《ほうむ》られたので、「夫婦別墓地」となる。室町時代になると墓地にも「家」の原理が浸透し、墓地に家ごとの墓域が形成されたが、夫婦は夫の家の墓域であっても、それぞれ別の墓地に石塔墓標を建てられた。つまり、A墓地のa家墓域に夫の墓標が存在し、一方、正妻の墓標はB墓地のa家墓域に存在する、という形態である。正妻が夫の家の墓域に入っても、夫婦別墓地であったのである。

それが、一五世紀半ばから一六世紀にかけての戦国時代には、同墓地の同一墓域に夫婦それぞれの墓標が建てられるようになる。ここに、「家」の原理にもとづく「夫婦同墓地」制が成立したのである〔後藤みち子―二〇〇九〕。

律令国家は庶民にも姓を賜与したが、それによって庶民層でも父系出自集団が形成されたかどうかについては、見解が分かれる。古代史家は概して否定的だが、中世村落について精力的に研究されてきた坂田聡氏は、中世前期の村落は姓を紐帯とする「氏」集団を基礎としていた、という見解を提示されている〔坂田聡―一九九七・二〇〇六〕。

百姓と四姓

「百姓」は中国の「姓」制度のもとで生まれた語で、凡百《ぼんぴゃく》（さまざま）の姓を持つ一般庶民という意味である。漢音《かんおん》（中国北西地方の字音）では「ひゃくせい」、呉音《ご》（中国南方系の字音）では「ひゃくしょう」と読む。近世には、検地《けんち》で米の生産高（年貢高とする説もある）を示す石高《こくだか》を付された土地を所持し、農業を主たる職業として領主に年貢・諸役《しょやく》を負担する義務を負った者が、「百姓」身分とされたので、百姓は農民であるというイメージが広まったが、もともとは以上のような意味の言葉である。

古代には貴族の姓も多様であったが、そのうち源《みなもと》、平《たいら》、藤原《ふじわら》、橘《たちばな》の四氏が国家の要職を占めて繁栄するようになったので、「源平藤橘《げんぺいとうきつ》」と並べて「四姓《しせい》」と呼ばれ、代表的な姓となった。そのため、後世、実力でのし上がった武士が四姓の氏、なかでも源、平、藤原の三氏に自身の系譜を結びつけて、それを姓として名乗るようになる。

明治《めいじ》一一年（一八七八）の『華族《かぞく》類別録』にみえる四七四家の系譜の上位五例は、（1）藤原氏（二〇一家）、（2）清和源氏（一二四家）、（3）桓武平氏（二二家）、（4）宇多源氏（二一家）、（5）村上源氏（一八家）であり、全体の約八一パーセントを占める〔武光誠―一九九八〕。当時の華族は旧公家《くげ》と旧大名《だいみょう》家によって構成されているが、大部分が藤原氏、源氏、平氏の末裔《まつえい》として自家を位置づけているわけである。

鎌倉時代の村落の百姓が、「藤原」「源」「平」「清原」「中原」などの貴族の姓を文書で用いていた例も見出されている〔坂田聡—二〇〇六〕。これも、貴種への憧れから勝手に名乗って、村落における自身の権威づけをはかったものであろう。

中世末の下剋上《げこくじょう》を通じて、身分的に下位にあった者が大名にのし上がった例は多いが、それによって古来の伝統的な尊卑の秩序が崩れたかというと、必ずしもそうとは言えない。成り上がった大名たちは、系図を偽作してまで古代の由緒《ゆいしょ》ある氏に自己の系譜を結びつけ、その姓を名乗り、貴種化をはかっている。これは氏素姓《うじすじょう》によって尊卑が決まるという種姓《しゅせい》の観念の反映であるが、後述のように、古代律令国家の位階・官職制度が、人々の社会的地位を公的に表示するシステムとして、近世にまで存続していたこととかかわっている。

天皇から賜与された姓は本来、勅許がなければ変えられなかったのであるが、後世、尊貴な姓を偽称する風が生まれ、姓は生物学的な父系血統の標識としての機能を喪失し、天皇権威と結びついた虚構のステータスシンボルと化したのである。また家の形成によっても姓本来の性質と機能は失われることになるが、これについては後で述べよう。

夫婦別姓

姓は父系血縁原理で継承され、その血統の標識となっていたので、女性が婚姻によって姓を変えることはなく、異姓どうしの婚姻では当然、「夫婦別姓」となる。平安時代〜鎌倉時代には、女性が「藤原氏女《ふじわらのうじのにょ》」「中原氏」「大江二子《おおえのにこ》」のように、出自の氏の姓で文書に署名していた事例も多い〔鈴木国弘—一九八八、飯沼賢司—二〇〇三、坂田聡—二〇〇六〕。それは結婚後も変わらない。一般的には北条政子《ほうじょうまさこ》の名で知られる平《たいらの》政子は、源頼朝《みなもとのよりとも》と結婚したのちも平姓であり、『吾妻《あずま》鏡《かがみ》』の正治《しょうじ》元年（一一九九）正月条には「従二位《じゅにい》平政子」と記されている。

　女性が結婚後も実父の姓を使用していた例は、近世にもみられる。たとえば、旗本《はたもと》の庄田《しょうだ》家から旗本井関《いせき》家に嫁いだ隆《たか》は、自身の作った和歌に「源ノ隆子」と署名している（『井関隆子日記』上巻）。井関家の姓は「菅原」、庄田家の姓は「源」であるので、実家の父方の姓を名乗っていたわけである。ちなみに、後述のように、中世後期以降、女性は宮中《きゅうちゅう》に仕えるか天皇から位階を与えられた場合に、「子」を付した実名《じつみょう》に改めたほかは、生涯童名《わらわな》で通していたので、「隆子」は私称である。

　摂関家の正妻は、夫が関白《かんぱく》になり、「北政所《きたのまんどころ》」と敬称されるようになると、天皇から位階を授けられたが、その際の文書には父方の姓が用いられた（後藤みち子─二〇〇九）。それは江戸時代の徳川将軍家の女性が叙位《じょい》される場合も同様であった（大藤修─一九九六）。

「家」の成立と「名字（苗字）」の発生

「家」の成立

日本社会では中世において「家《いえ》」が形成された。家というのは、「家名《かめい》」「家業《かぎょう》（家職《かしょく》）」「家産《かさん》」を一体として父子相承していく、永続を希求する組織体である。

家の成立時期については諸説あるが、大きな流れとしては、貴族や武士の上層では一一、二世紀頃から形成が始まり、一四世紀にかけて下層にまで及ぶとともに、中世後期には財産の嫡子《ちゃくし》単独相続制、家長の父子直系継承制が確立し、家制度が整ったとみてよかろう。

貴族にあっては官司請負《かんしうけおい》制が家形成の契機となったとされる〔佐藤進一―一九八三〕。これは、特定の氏族が特定官職に世襲的に就任し、さらには特定官庁を世襲的に運営するシステムである。それによって、官職と業務が「家職」「家業」として特定の家に相伝されるようになり、業務に伴う収益が「家産」化し、所領も氏《うじ》の財産から家の財産となり、権門貴族には荘園《しょうえん》の寄進が集中して家産が拡大していった。

こうした事態と並行して、婚姻形態も妻方邸宅居住から夫方邸宅居住へと変化し、邸宅の地名が「家《や》号《ごう》（家名）」として父子継承されるようになる。

武士は職業戦士であり、その技術の独占と伝承のために、武芸を「家業」とする家を形成するようになる。そして、その職能によって朝廷に仕え、位階・官職に叙任《じょにん》されて軍事貴族化した。一方、土地を開発して領主化した開発《かいほつ》領主は、開発所領を「家産」として相伝するとともに、後述のように、先祖開発所領の地名を「家名」（名字《みょうじ》）として名乗るようになる。所領を自衛するために武装した在地領主のなかには、秀郷《ひでさと》流藤原氏、桓武《かんむ》平氏、清和《せいわ》源氏などの血筋を引く軍事貴族と主従関係を結び、武士としての職能をもって軍役《ぐんやく》奉仕する者も現れた。

中世前期には、農業にしろ商工業にしろ百姓の経営は不安定で、継承性に乏しかったが、一四世紀になると経営の安定性が強まり、定住して財産、生業を「家産」「家業」として継承する家が形成されるようになり、一五、六世紀以降に進展した〔勝俣鎮夫―一九九六〕。この時期には、百姓も「家名」として名字を名乗り、当主名を継承するようにもなっている〔坂田聡―一九九七・二〇〇六〕。

中世後期には百姓の職能分化が進み、武士化する者、商工業を家業とする者も現れた。商工業者は、村落の交通・流通の要所や寺社の境内《けいだい》・門前《もんぜん》などに集住して、「町《ちょう》」という独自の地縁共同体を形成した。町の住民は「町人《ちょうにん》」とも自称し、また他称されるようになり、近世の幕藩体制のもとでは公的な身分として位置づけられる。その一方、村は農業を主たる家業とする百姓の地縁共同体となっていった。

近世の一七世紀に入ると、新田の開発が大規模に進められ、土地の生産力も向上したことにより、百姓の家の分立が進み、小家族によって構成される小経営体の家が広範に成立した。この時代にはまた、都市の商工業者の間でも小経営体の家が成立する。

「名字」の発生と「苗字」への変化

家の成立に伴い、家名として「名字《みようじ》」が発生した。のちに「苗字」とも記されるようになるが、もともとは「名字」であった。名字の起源については、「字《あざな》」（通称）から発達したとする説と、開発地に名前を付して所有関係を明示した「名《みよう》」の制度に由来するという説とがある。阿部武彦氏は前者の説をとっているが〔阿部武彦―一九六〇〕、豊田武氏は、「はじめ字より起り、字の中でもとくに地名に基づくものが名字として多く用いられるようになった」のではないかと解し、「名」の制度との関連を重視されている〔豊田武―一九七一〕。武光誠氏も豊田説を継承している〔武光誠―一九九八〕。

「名」は一〇世紀頃から生まれた土地制度で、有力農民が土地を開発し、それに名前を付して自己の所有地であることを示したのが、契機となっている。これが「名田《みようでん》」で、その所有者が「名主《みようしゆ》」である。名田の名前には、「末貞名《みよう》」「則行名」のように所有者の名前を冠したものや、「宝木名《みよう》」「増満名」といった美称名を付したものが多い。

国司《こくし》も開発地を「名」として把握し、やがて公地も含めて「名」に編成して、名主から徴税するようになる。一一世紀に入ると有力名主層が在地領主化し、所領を守るために武装して武士化した。彼らが開発本領の「名」の所在地名を冠し「字」として、たとえば「箕田源次《みのだのげんじ》」「上田三郎《うえだのさぶろう》」などと名乗ったのが、「名字」の由来とされる。訓読では「なあざな」であるが、それが音読されて「みょうじ」と言われるようになった。のちには地名の部分のみを「名字」と称するようになり、代々継承されることによって「家名」化したのである。

地方の武士が、鎌倉幕府を開いた源頼朝と主従関係を結んで御家人《ごけにん》となる際には、「交名注進《きようみようちゆうしん》」を頼朝のもとに送って、直接お目見えする「見参《けざん》」の代わりとしたが、それには姓ではなく、名字を記した。つまり、御家人は名字で幕府に仕えたのである。以降、武士相互の関係においては名字を使用するのが慣例となるが、一方、天皇との関係においては姓が機能しつづける。これについては、後で再論しよう。

名字発祥の地となった先祖伝来の開発本領は、「名字の地」と呼ばれた。それは武士にとってアイデンティティの根源であり、先祖の墓地や一族の神社・寺院が置かれ、一族結合の核となった。それゆえ、命懸けで守るべき「一所懸命《いっしょけんめい》の地」とされることになる。

名字は家の出自・由緒《ゆいしょ》を示すので、同種同根の苗裔《びょうえい》の標識という意味で中世においても時に「苗字」とも表記された。近世には幕府の法令にも「苗字」が用いられたこともあって、それが一般化する（以下においては「苗字」に統一する）。

「家」の原理による「姓」制度の変質

中国で生まれた「姓《せい》」は、個人を単位に生物学的な父系血統で継承されるものであったが、「家」は組織体であり、実男子がいない場合、いても家の経営能力に欠けるか身持ちの悪い場合には、父系血縁関係にない異姓の男子であっても養子に取って、父子関係に擬制したうえで継がせた。それゆえ、日本社会では、中国の「姓」制度を継受しても「異姓不養」の規範は定着しなかったのである。

「同姓不婚」「異姓不養」の規範からすれば婿《むこ》養子は生まれえないが、日本の家は婿養子によっても相続された点に特徴がある。岡野友彦氏は、中世前期までは姓は養子になっても変わらないのが原則であったのが、中世後期以降、養子縁組を機に苗字と連動して姓も変わるようになったのではないか、と想定されている〔岡野友彦―二〇〇三・〇六〕。

この想定が正しければ、「家」制度が整うのは中世後期以降であるので、その原理が「姓」制度にも浸透して変質させたことになる。少なくとも近世には例外なく、養子は養父の苗字とともに姓も継承している。その結果、生物学的な父系血統の標識という姓本来の性格は失われ、擬制を組み込んだ父系の標識に変質したのである。のみならずそれ自体も、先述のように虚構される場合が多かった。

また、日本の家は男系継承を建て前としながらも、跡継ぎの男子がいないか、いても幼少の場合は後《ご》家《け》や娘が中継ぎ的に相続しており、家の存続のためには原則に矛盾した相続形態もとられた。婿養子や女性相続が発現したように、家の系譜には生物学的には女系の血筋もまじっている。のみならず、父系にも母系にも血縁のない者を養子に取って継がせたり、絶えた家を非血縁者に再興させたりすることもあった。

このような性格を持つ家が先祖祭祀の単位となったのであり、生物学的な父系血縁の男子のみが先祖を祭祀する権利を持つ中国や朝鮮の社会とは、原理を異にする。それゆえ、中国の「姓」制度を継受しても、姓に象徴される、生命の根源たる父系の「気《き》」＝血の永続という中国的な生命観は、日本社会には根づかなかったのである。

「氏」社会から「家」社会へ

日本社会では、「家」が形成されると、個人単位の父系血統の永続よりも家の永続が志向され、系譜も「家系図」となる。そして、同姓の父系血縁による紐帯よりも、家の系譜関係にもとづく本家・分家の同族結合、婚姻・養子縁組によって形成される家相互の姻戚関係、家相互の主従結合、村・町・組・仲間などの地縁や職縁にもとづく家々の結合、こうした家を単位とした社会的結合が重視されるようになり、それによって家の存続を相互保障しようとした。

それは、「氏《うじ》」=父系血縁集団を基礎とする社会から、家を基礎とする社会に移り変わったことを意味する。いわゆる日本的な「家」社会の成立であり、その時期は、貴族・武士層において「家」の制度が整い、百姓層においても家の形成が進んだ、中世後期から近世にかけてであったとみてよかろう。

この家は、一九六〇年代の高度経済成長によって崩壊が進むまでは、日本社会の基底に生きつづけた。今日でも、「家」的な観念や慣習は根強く残っている。たとえば結婚式・披露宴の会場の表示は、今でも「〇〇家・〇〇家御結婚式場（披露宴会場）」となっているのが通例である。墓標も「〇〇家先祖代々之墓」と刻されているのが大多数を占める（もっともこれは近世末期に出現し、近代に普及したものであり、近世の墓標は、家ごとに区画された墓地に、夫婦単位や個人単位に建てられるのが通例であった）。

苗字の由来

苗字の種類の多様性

苗字《みょうじ》の大部分は居所や所領の地名にちなむ。武家の場合は、所領の地名を名乗ることが、その地の支配者＝領主であることを示した。地名以外にも、地方行政制度、土地制度、官司《かんし》・官職名、宅地の位置・方角・地形、あるいは天文・事物・動植物などにちなむものもあり、由来は多様である。その結果、きわめて多種多様な苗字が発生することになった。

苗字研究家の丹羽基二氏によれば、日本の苗字の種類は約三〇万にものぼるそうである〔丹羽基二―二〇〇二〕。中国で現在使われている姓《せい》は約三五〇〇種類、韓国の姓は約二五〇種類〔同前〕とされているので、いかに日本の苗字が桁違いに多様であるかがわかる。これはとりもなおさず、家を基礎とした日本社会の特質を示している。

姓は個人単位に父系で継承されるので、ある程度固定化される。姓が苗字＝家名化した例もあるが、同姓者は多いので、姓では家の個別性を社会的に表示できない。家が土地所有などの権利の単位となると、同じ家名が多くては困ることになる。苗字も本家の分家への授与、主君の臣下への授与などを通じて同苗字の家が広まるものの、姓ほどの広がりは持っていない。中世・近世を通じて、庶民層まで含む広い社会階層において家が叢生《そうせい》し、それぞれが多様な由来の苗字を創出したので、きわめて多種類となったわけである。

苗字に関する書物は多く出されており、種々の苗字の由来についても解説されている。詳しくはそれらに譲り、ここではその概要を述べておこう。

地名由来の苗字とその変更—徳川家の場合

地名由来の苗字が最も多く、自家のアイデンティティの根源となっていたのであるが、武家にあっては政治的な理由で変えることも珍しくはなかった。後世に編纂された家譜には、自家を由緒づけ正統化するために、さまざまな潤色・作為が施されている。ここでは徳川《とくがわ》家を例にあげておこう。

江戸幕府を開き将軍職を世襲した徳川家の元の苗字は「松平《まつだいら》」で、三河国《みかわのくに》加茂郡《かもぐん》松平郷《まつだいらごう》（愛知県豊田市松平町）が発祥の地であったとされる。もともとはこの地方の土豪で、文献で実在が確認できる一五世紀の人物、三代信光《のぶみつ》は姓として「加茂《かも》」を名乗っていたことが明らかにされている。三河中央に勢力を伸張させるにあたって、この地方に古く根を張り、「加茂郡」という地名にもゆかりのある古代の豪族加茂氏の伝統的権威を負うべく、この旧族に出自を求めたらしい〔辻達也―一九八九〕。

ところが、家康《いえやす》の祖父に当たる七代清康《きよやす》は、清和源氏新田流《せいわげんじにった》の世良田《せらだ》家に出自すると称し、苗字として「世良田」を名乗っている。小和田哲男氏は、その理由として、駿河国《するがのくに》（静岡県）を本拠とする今川《いまがわ》家が、隣国の遠江国《とおとうみのくに》（静岡県）にまで勢力を伸ばしてきたのに対抗するためではなかったか、と推測される〔小和田哲男―二〇〇五〕。つまり、今川家が清和源氏足利《あしかが》流であるので、自らを清和源氏新田流に位置づけたというわけである。
孫の元康《もとやす》（のち家康に改名）は、苗字は本来の「松平」を名乗っているが、姓は「源《みなもと》」を称している。家康は、松平家は清和源氏新田流世良田家に出自する源氏だと考えていたらしい〔同前〕。永禄《えいろく》九年（一五六六）、三河国を統一した家康は、権威づけのために天皇から「三河守《みかわのかみ》」に任官されることを望み、三河誓願寺《せいがんじ》の僧が近衛《このえ》家と親しかった縁を頼り、関白《かんぱく》の近衛前久《さきひさ》に運動した。家康は清和源氏新田流世良田家に出自する源氏として任官叙位されようとしたらしいが、近衛前久は藤原氏長者《ふじわらのうじのちょうじゃ》であったので、結局、「藤原」姓で「従五位下《じゅごいのげ》三河守」に叙任《じょにん》されることになった。

その根拠とされたのは、世良田家と同じく清和源氏新田流の系譜を引く「徳川」家は、本来源氏であったのが、二流のうち惣領《そうりょう》の筋が藤原氏になったとする古記録であった。これにより家康は、苗字として「徳川」、姓として「藤原」を名乗ることになった。徳川は本来「得川」と表記し、上野国新田荘《こうずけのくににったのしょう》を開発して新田家の始祖となった義重《よししげ》（源義家《みなもとのよしいえ》の孫）の子孫が、新田郡得川郷（群馬県太田市徳川町）に分家して名乗ったのが始まりである。

かつては、従五位下三河守叙任を機に「源」姓になったというのが通説をなしていた。その根拠とされたのは、日光東照宮《にっこうとうしょうぐう》に伝わる「従五位下口宣案《くぜんあん》」に「源家康」と記されていたことである。しかしそれは、三代将軍家光《いえみつ》の時、正保《しょうほう》二年（一六四五）に、徳川家が元から清和源氏であったと偽装するために書き換えられたもので、実際は「藤原家康」であったことが明らかにされている〔米田雄介―一九九四〕。

その後、家康が再び源姓を用いるようになったことを示す確実な史料は、天正《てんしょう》一六年（一五八八）

成立の「聚楽行幸記《じゅらくぎょうこうき》」で、同年四月、全国の諸大名が関白豊臣秀吉《かんぱくとよとみのひでよし》に恭順を誓った起請文《きしょうもん》には、「大《だい》納言《なごん》源家康」と署名している。笠谷和比古氏は、同年正月に足利義昭《あしかがよしあき》が出家して足利将軍家が名実ともに消滅していたことから、家康は征夷大将軍《せいいたいしょうぐん》任官を志向して源姓を用いたと解される〔笠谷和比古―二〇〇二〕。対して岡野友彦氏は、当時、家康は豊臣政権内で関東方面司令官の立場にあったので、東国にゆかりの深い源氏を名乗って関東支配の正統性を示そうとしたのだとされる〔岡野友彦―二〇〇六〕。家康は天正一八年（一五九〇）八月、関東に転封《てんぽう》すると、鎌倉以来の伝統を持つ関東一円の権門寺社に「源朝臣《みなもとのあそん》」として所領寄進状を大量発給し、自らが源氏であることを誇示している。

その後、家康は秀吉から「羽柴《はしば》」苗字と「豊臣」姓を与えられるが、慶長《けいちょう》五年（一六〇〇）九月、関ヶ原合戦に勝利すると源姓に復した〔同前〕。この時は征夷大将軍になることを期していたらしい。実際、慶長七年（一六〇二）正月、「源家康」として従一位に叙されると、翌年二月には「征夷大将軍、源氏長者《みなもとのうじのちょうじゃ》、淳和奨学両院別当《じゅんなしょうがくりょういんべっとう》、右大臣《うだいじん》」に任ぜられている。しかしながら、将軍職はあくまで官職であるので、理論的には徳川家が独占する必然性はない。この職を徳川家が世襲するためには、武家階級に対する統帥《とうすい》能力を保持するとともに、系譜的にも武門の棟梁《とうりょう》としての正統性を示す必要があった。

寛永《かんえい》一八年（一六四一）から同二〇年にかけて、三代将軍家光の命により、大名《だいみょう》・旗本《はたもと》諸家の系譜集である「寛永諸家系図伝《かんえいしょかけいずでん》」が編纂されるが、これは武家の姓氏《せいし》の秩序を徳川家中心に再編成することを意図したものであった〔宮沢誠一―一九七八〕。そこでは、「清和源氏」「平氏」「藤原氏」「諸氏」に類別されたうえで、「清和源氏義家流」の筆頭に「新田嫡流得河松平家」の系図が置かれているのである。

貴族の苗字

貴族では邸宅の地名を通称とし、当初は一代限りで父子の称号が異なっていた。平安時代中期まで男子は結婚すると妻方の邸宅に住み、子供も妻方で育てられるのが一般的であり、したがって代ごとに異なる邸宅に居住したからである。それが夫方邸宅居住に転換すると、称号は父子継承され「家号《やごう》（家名《かめい》）」化した。これは、朝廷の官職が世襲されて「家職《かしょく》」化し、所領もまた氏族の財産から家の財産、つまり「家産《かさん》」化した事態とかかわっている。

藤原氏から分立した「五摂家《ごせっけ》」と呼ばれる摂政《せっしょう》や関白《かんぱく》に就任する家柄では、「近衛《このえ》」「九条《くじょう》」「鷹司《たかつかさ》」「二条《にじょう》」「一条《いちじょう》」を家号＝苗字としたが、いずれも本邸所在地の地名にちなむ。山荘のある京都近郊の地名を苗字とした例もある。「山科《やましな》」「醍醐《だいご》」がそれである。また、「西園寺《さいおんじ》」「徳大寺《とくだいじ》」「勧修寺《かじゅうじ》」のように、先祖の建立した菩提寺《ぼだいじ》の号を苗字とすることもあった。菩提寺にちなんだ苗字は、一族の先祖祭祀が紐帯《ちゅうたい》となっていたことによる。山荘も、先祖の墓や葬堂が設けられ、一族の祭祀の中心となっていた土地に営まれていたので、その地名を苗字とすることもあったのである。

以上のように貴族も苗字を称するようになったのであるが、これはあくまで自己の家を表示するために用いた私称であって、朝廷においては正式な呼称とは認められていなかった。朝廷に出仕する場合は、たとえば「藤原朝臣《ふじわらのあそん》」のように、天皇から賜与された姓（「ウジ名＋カバネ」）を用いた。朝廷が発給する文書にもそれが記された。武士であっても同様である。先述のように天皇・皇族は姓を持たなかったが、天皇「家」は形成されたものの苗字も持っていない。代々継承される宮家《みやけ》の称号は鎌倉時代に始まるが、苗字ではない。

地方行政制度由来

律令制下では国郡郷里《こくぐんごうり》という地方行政区画が設けられたが、「国府《こくふ》」という苗字は、地方行政の中心である国府の国司《こくし》を務めたことに由来しているであろう。「大隅《おおすみ》」「肥後《ひご》」「筑紫《つくし》」「周防《すおう》」「長門《ながと》」「伊賀《いが》」「伊勢《いせ》」など、国司を務めた国の名前を苗字としている例もある。「国分」という苗字は国分寺《こくぶんじ》にちなむ。

「郡《こおり》」「郡山」「郡元」などは郡制に由来する苗字である。郷里にちなむ苗字に、「本郷」「大里」「中里」「小里」や「郷」「里」に東西南北を付したものなどがある。平安時代末期、国衙《こくが》領の再編過程で開発所領が保《ほ》という地域的行政単位となったが、「保《やす》」「新保《しんぼ》」「安保《あぼ》」などはそれに由来する苗字である。神社付属の保は「神保」と称し、苗字化してもいる。

土地制度・牧制度由来

大化前代に置かれていた屯倉《みやけ》にちなむ苗字に「三宅」がある。屯倉は朝廷の直轄領、それを管理する役所、収穫物を納める倉などを意味したが、廃されたのちは地名化し、その地を支配した豪族が苗字としたらしい。

律令制下においては、班田《はんでん》収授が行われ、その必要から耕地は条里《じょうり》に区画されたが、それが地名化し、さらには苗字ともなっている。「上条」「中条」「下条」「一条」「二条」「北条」「西条」「東条」「南条」などである。親王以下五位以上の臣下には、その職位にある間、位階に応じて位田《いでん》と称する田地が給され、そこから「位田」「本位田《ほんいでん》」という苗字が生まれることになった。神領・神域に由来する苗字としては、「宮田」「宮代」「斎田」「神田」「神戸」「宮地」「神林」など、寺領・寺域に関係のある苗字には、「寺田」「寺岡」「寺中」「寺林」などがある。

荘（庄）園制の発展に伴い、それにちなむ苗字が全国的に多く発生した。たとえば、「本庄」「古庄」

「新庄」「加納」「別府」などである。加納は、荘民が荘園の境界を越えて開墾し、それを荘園の一部とした土地である。「嘉納」という苗字は縁起のよい字に変えたものである。別府は、追加開墾の許可状として、太政官符《だいじょうかんぷ》や民部省符《みんぶしょうふ》をもらって開いた土地である。

現在の岩手県と青森県に当たる陸奥国《むつのくに》の北部には、一戸《いちのへ》から九戸《くのへ》までの数字と戸を組み合わせた地名が存在するが、戸は軍馬を牧養する牧の制に由来すると言われ、戸のつく苗字はそれにちなんでいる。近代の教育者、農政学者として著名な新渡戸稲造《にとべいなぞう》の苗字もその類《たぐ》いで、彼は岩手県出身である。「牧」の苗字は牧の管理に当たったことに由来し、東国の武士に多くみられる。

官司名・官職名由来

郡司《ぐんじ》は最初から地方豪族が世襲しており、それゆえ「郡司」という苗字が全国各地に発生した。中央官司や国衙《こくが》（国府）の官職も一二世紀頃から特定の家が請け負い、世襲するようになって「家職」化したことにより、官司名や官職名が苗字化することになった。「大蔵《おおくら》」は大蔵省、「中務《なかつかさ》」は中務省、「所」は蔵人所《くろうどどころ》や武者所に、それぞれ勤務して苗字としたものである。「武者」という苗字もある。「監物《けんもつ》」は、中務省に属して大蔵省、内蔵寮《くらりょう》などの出納を監察した職名に由来する苗字である。「左近」は左近衛府《さこんえふ》に、「右近」は右近衛府《うこんえふ》に、それぞれ出仕して苗字としたものである。

「国司」という苗字もみられる。国司の留守職《るすしき》を世襲した家は「留守」を苗字とした。現在の宮城県仙台市に当たる陸奥国宮城郡《みやぎぐん》には、中世に留守家という領主がいた。平泉《ひらいずみ》の藤原氏を滅亡させた源《みなもとの》頼朝《よりとも》が、奥州経営のために陸奥国留守職を設け、文治《ぶんじ》六年（一一九〇）に伊沢家景《いさわいえかげ》を任じ、子孫がその職を世襲したので、「留守」を苗字としたのである。国衙在庁官人の「大掾《だいじょう》」を世襲して苗字とした例では、常陸国《ひたちのくに》の大掾家が著名である。

国衙の分課は所と称した。正税《しょうぜい》・官物《かんもつ》の収納と勘会《かんかい》（帳簿との照合）を掌った「税所《さいしょ》」、租税の一種である調物《ちょうもつ》を扱った「調所《ずしょ》」、国衙領の雑務一般、特に土地関係の帳簿を管掌した「田所《たどころ》」などがそれで、その職を世襲した家の苗字ともなった。「税所」は「最所」「済所」「最初」などと文字を変えられている場合もある。現在の福岡県に当たる筑前国《ちくぜんのくに》筑紫郡《ちくしぐん》には大宰府《だざいふ》が置かれていたが、「太宰」「少弐《しょうに》」という苗字はその官司名、役職名にちなむ。「進士《しんし》」は官吏の試験に合格した者の称号で、それが苗字ともなっている。

荘園を管理する役職（荘官）に由来する苗字に、「庄《しょう》（荘）司《じ》」「田所」「公文《くもん》」などがある。田所は先述のように国衙にも置かれていた。「東海林」と書いて「しょうじ」と読む苗字もある。これは東海の林という意味で、本来は「とうかいりん」と読むのであるが、東海林を苗字とした家が庄司を務めて「しょうじ」と読むようになった。秋田県に多くみられ、往年の名歌手東海林《しょうじ》太郎も秋田県の生まれである。

関所を管理する役人を務めて「関」を苗字とした例もある。

「官職名＋姓」の苗字

藤原氏は中央・地方の要職を占めたが、同氏の庶流では、官職名の一字と姓の一字の「藤」を組み合わせて苗字とした例が、平安時代の末頃から多くみられるようになる。奥富敬之氏の著書にその事例が網羅的にあげられているので、そのうち主なものを紹介しておこう（奥富敬之―一九九九）。

「安藤」（安房守《あわのかみ》に由来）、「伊藤」（伊勢守に由来。位藤、居藤、井藤は同音異字）、「加藤」「賀藤」（加賀

守に由来。嘉藤は同音異字）、「遠藤」（遠江《とおとうみ》守に由来。円藤、延藤は同音異字）、「工藤」（木工助《もくのすけ》に由来）、「斎藤」（斎宮頭《さいぐうのとう》に由来）、「佐藤」（佐渡守由来説、衛門佐《えもんのすけ》か兵衛佐由来説、下野《しもつけ》佐野荘由来説などがある。左藤には佐藤の同音異字説と左衛門尉《じょう》由来説の二説ある）、「主藤《すどう》」「首藤」（主馬首《しゅめのかみ》に由来）、「進藤」（修理《しゅりの》進《じょう》に由来）、「内藤」（内舎人《うどねり》に由来）、「尾藤」（尾張守に由来）、「武藤」（武蔵守あるいは武者所に由来）、等々。

国司を務めた国の名の一字と藤を組み合わせたものが多いのは、藤原氏の庶流が国司として地方に下向し、土着して武士化した場合が多かったことによる。また、地方の豪族と姻戚関係を結び、互いの姓の一字を組み合わせたもの、所領の地名と組み合わせたものもある。そのため、「藤」の付く苗字は全国的にきわめて多く、藤を上に置いたものは西日本、下に置いたものは東日本に多いとされている。

宅地の位置・方角・地形と田畑由来

「中村」「田中」「中田」は村を開発した者が村の中心部に住んで名乗った苗字、「森」「森本」「森下」「山本」「山下」「宮本」「宮下」などは、鎮守《ちんじゅ》の社《やしろ》の設けられた森・山や宮の近くに住んで司祭した家の苗字で、いずれも村の有力者であったことを示すとされている。「東」「西」「南」「北」やこれらを冠した苗字は、村の中心や主人・本家の屋敷などからの居宅の方角にちなむ。

地形に由来するものとしては、「圷《あくつ》」「塙《はなわ》」「迫《さこ》」「谷」などがある。圷は低地、塙は小高い所を意味し、その地名が多くみられるので、そこに家屋敷を構えて苗字としたのであろう。中世には山あいの水流を灌漑《かんがい》用水として水田を開き、家屋敷を設けた例が多く、「迫」「迫田」「谷」「谷田」などの苗字が生まれた。

田畑（畠）にちなむ苗字はきわめて多くある。「田」「畑（畠）」はそのものずばりであるが、その広狭大小、位置、方角などを示す語と組み合わせて、バリエーションに富んだ苗字が生まれた。「新田」は新田開発に由来する苗字で、著名な清和源氏《せいわげんじ》の系譜を引く新田《にった》家は源義家《みなもとのよしいえ》の孫の義重《よししげ》を祖とするが、彼は一二世紀中頃に上野国新田荘《こうずけのくににったのしょう》（群馬県太田市）を開発し、開発領主として下司職《げししき》に任ぜられた人物である。この家から、鎌倉幕府を滅ぼし、南北朝期には南朝方として活躍した義貞《よしさだ》が出る。

江戸時代の一七世紀には全国的に新田開発が進められ、それを基盤に新百姓が叢生《そうせい》したので、「新田」を苗字とする家も多く生まれたにちがいない。

「豊田」「肥田」「吉田」などは、稲作の豊穣を祈願してつけたものである。「葦《あし》（芦）田」は、葦の生い茂った原野を開発して田地を開いたことに由来するであろう。葦を「よし」と読み、「吉」の字を当てて「吉田」としたという説もある。

天文・動植物・事象由来

「天」「日」「月」「星」「雲」「雨」などの文字を付した苗字は、天文にちなんでいる。日の付くもの、たとえば「日野」「日高」「日置《ひおき（へぎ）》」「日向《ひなた（ひゅうが）》」「大日向《おびなた》」「日奉《ひまつり》」などは太陽崇拝に、「星」やその字の付く苗字は星の崇拝に関係があるであろう。

植物にちなむ苗字としては、「松」「杉」が多く、このほか「竹」「桜」「柏《かしわ》」「樫《かし》」「橿《かし》」「樺《かば》」「槻《つき》」「楠《くすのき》」「柳」「椿《つばき》」「楡《にれ》」などがあり、これらの字を付した苗字も多い。苗字の由来となった植物は、屋敷内に植えられ、家の象徴となっていたとされている。

動物にちなむ苗字のうち、「犬養（飼）」「鳥養（飼）」「鵜飼」などは大化前代の職業部《べ》にちなむもので、それが律令制下では姓となり、やがて苗字化したものである。「熊」「猪」などを付したものは、その狩をしていたことによるか、あるいはその猛々しい生命力を得ようとして苗字としたものと思われる。「鶴」「亀」などを付した苗字には、家の長久や家族の長寿への願望がこめられていよう。

「鈴木」は今日では「すずき」と読むが、もともとの読みは「すすき」で、刈り取った稲を積み、中心に神の依り代として立てた棒を「すすき」と称したのに由来する苗字である。稲穂を積んだありさまは「穂積《ほづみ》」と称されたが、これものちに「すすき」と呼ばれた。熊野大社の神官は古代豪族の物部《もののべ》氏に出自する穂積氏であったが、中世に「すすき」と呼ばれるようになったので、「鈴木」を苗字とした。そして、熊野信仰の広まりに伴い、その信者も鈴木に苗字を改めた。今日、鈴木の苗字は佐藤と一位を争うほど多くみられるが、それは稲作にちなんだ苗字であったことと、熊野信仰によっても広まったことによる。

苗字の展開と姓

苗字の伝播

苗字《みようじ》は本来、居住地や所領と密接な関係を持っていたのであるが、さまざまな理由で人が移動したことにより、本来の「名字の地」を離れて伝播することになった。

今日に残る苗字のなかには関東出自の武士に連なるものが多くみられるが、これにも歴史的な理由がある。まず、源頼朝《みなもとのよりとも》の御家人《ごけにん》となった関東の武士が諸国の守護《しゅご》・地頭《じとう》に任ぜられ、各地に移住した。その後、北条氏《ほうじょう》が勢力を拡大するなかで、その家臣が地方に所領を与えられて移住した。北条氏に圧迫されて地方に下る武士もいた。蒙古襲来の際には、西国に所領を有する者の下向が命ぜられた。こうした契機で、関東武士の苗字が全国各地に伝播することになったわけである。

足利氏《あしかが》とその家臣の発展によっても苗字が伝播した。戦国期には、戦《いくさ》で敗れて牢人《ろうにん》となった武士が各地を流浪して、新たな主君に仕えたり、あるいは村落に土着したりした。近世には、大名への取り立て、転封《てんぽう》、改易《かいえき》による武士の移動もあった。武士の移住に伴う苗字の伝播については、豊田武氏の『苗字の歴史』に詳しく記されているので、関心のある方はそれを参照いただきたい。

庶民レベルでの移動もあった。たとえば、紀州（和歌山県）を中心とする関西の漁民は、中世末から一八世紀前半にかけて、西は九州、壱岐《いき》、対馬《つしま》から東は東北の三陸《さんりく》地方に至る広範囲にわたって、新たな漁場を求めて出稼ぎをし、定住して独自の集落を形成する場合もあった。これは、新田開発や綿作などの商品作物栽培の盛行によって、魚肥である干鰯《ほしか》の需要が増大したことによる。千葉県銚子市には、昔、先祖が紀伊国《きいのくに》から移住してきたとの言い伝えを持つ家々がかなり存在し、紀州の地名にちなむ苗字を名乗っている家が少なくない〔井奥成彦―一九八七〕。

近江《おうみ》商人は中世から行商をしていたが、近世には全国的に展開し、出店《でみせ》も開設している。また、近世においては、多くの伊勢商人が江戸に出店を構えた。中世末・近世には鉱山の開発が盛んに行われ、鉱山技術者と労働者の移住も活発であった。近世後期になると、北関東や南東北では飢饉などで農村人口が激減し、農村復興のために人口の過剰であった北陸地方から移民を招き寄せている。移民の大部分は真宗《しんしゅう》門徒であった。

小家族で営む小経営形態が一般的になった近世には、家族数の調節のために堕胎《だたい》や間引《まび》き（嬰児《えいじ》殺し）という方法が広くとられていたが、真宗ではそれが禁じられていたため、その信徒が多い北陸地方は人口が過剰であった。そのため、生活の糧《かて》を求めて、人口減少がとりわけ激しかった北関東や南東北に移住する者が多かったのである。

以上のほかにも、さまざまな契機で苗字が伝播した。それによって、苗字とその由来となった土地の地名との関わりが薄れ、苗字は家の出自・由緒《ゆいしょ》を示す符号と考えられるようになる。「名字」が「苗字」と表記されるようになったのも、それゆえであろう。家の由緒が重んじられるようになった結果、系図を偽作して由緒ある苗字や姓《せい》を名乗る風潮も生まれた。近世には庶民層でも系図作りが盛んになり、それを請け負う系図屋も現れている。

上位者が下位の者に苗字を授与することも行われ、それによっても同じ苗字が広まることになった。

本家の分家への苗字授与

まず、本家が分家に授与し、同族の標識としたことがあげられる。本家・分家関係で構成される同族団は、「同苗《どうみょう》（名）」とも称された。今日でも農村地帯では一つの集落に同じ苗字の家が多いのは、これに由来するであろう。ただ武家では、分家が本家と同じ苗字を名乗っている場合と、分け与えられた所領の地名を苗字として、その地の領主であることを示している場合とがある〔武家の苗字の継承や創設の仕方について詳しくは、豊田武―一九七一、武光誠―一九九八を参照されたい〕。

戦国動乱期には、侍《さむらい》衆が「同名中《どうみょうじゅう》」と呼ばれる同族集団を形成して村々を治める動きが生まれたが、「同名」の家々は「上野富田」「上野増田」「上野中上」のように、各家の苗字に総本家の苗字を冠する二重苗字を名乗っていた〔宮島敬一―一九九六、藤田和敏―二〇一〇〕。総本家の苗字が同族結合の紐帯《ちゅうたい》をなしていたわけである。

商家では、別家《べっけ》に本家と同じ苗字、屋号《やごう》、暖簾印《のれんじるし》を与えて、「暖簾内《うち》」と称する同族団を構成し、資産と経営を共同保障していた。ただし、苗字の授与を限定した例もある。豪商三井《みつい》家二代目当主の高平《たかひら》（宗竺《そうちく》）は、享保《きょうほう》七年（一七二二）、遺書をしたため、三井家の「同苗」が拡大しすぎて紐帯が緩むのを防ぐためか、末子はなるべく他家に縁づけ、別家させたとしても家名は屋号《やごう》の「越後屋《えちごや》」を名乗らせ、「三井」の苗字は与えないよう、説いている〔『三井事業史』資料編一〕。

徳川一門《いちもん》でも、「徳川」の苗字は宗家《そうけ》（将軍家）と御三家《ごさんけ》、御三卿《ごさんきょう》のみに限定し、他の家々には元の苗字の「松平」を称させて、一門内部での格式の差を表示している。将軍を出す資格のあるのは徳川苗字の家のみであった。ただし、将軍家では八代吉宗《よしむね》以降、二男以下の男子には「松平」を称させている。長男子相続を明確化するためであったらしい〔原田知佳—二〇一二〕。

主君の臣下への苗字授与

武士社会においては、主君が臣下に自家の苗字を与えて、主従の絆《きずな》の強化をはかることも行われていた。

戦国大名の苗字授与事例が確認されているが、その対象は新たに臣従した者であり、それによって「家中《かちゅう》」に組み込んだのである。すでに家中に編成していた譜代《ふだい》家臣には与えていない〔堀越祐一—二〇〇三〕。

羽柴秀吉《はしばひでよし》は天下統一を進める過程で、旧織田系と旧戦国大名系の外様《とざま》有力大名に「羽柴」の苗字を与えて、擬制的に「御一家《ごいっか》」＝一門に組み込んでいっている〔村川浩平—一九九六、黒田基樹—一九九七、堀越祐一—二〇〇三〕。秀吉の譜代とも言うべき直臣系大名には与えていないのは、戦国大名と同様である。

天正《てんしょう》一四年（一五八六）一二月〔前年九月説もある〕、秀吉は「豊臣《とよとみ》」姓を天皇から与えられると、譜代、旧織田系、旧戦国大名系、陪臣《ばいしん》（大名の家臣）の区別なく、武士の官位叙任《じょにん》はすべて豊臣姓で受けさせた。姓は天皇が賜与するものであり、豊臣姓も官位叙任によって天皇に公認されたのであるが、それは秀吉の推挙によっているのであるから、実質的には秀吉が与えたことになり、日本の歴史上、きわめて特異な事象である。戦国大名も、江戸時代の徳川将軍と大名も、苗字は与えても姓の授与はしていない〔堀越祐一—二〇〇三〕。

秀吉は豊臣姓授与によって上級武士を豊臣「氏族」に編成したのである。武士の官位は豊臣姓で叙任されるのが原則となった結果、「豊臣姓＝有官位者─他姓＝無官位者」という武士の身分序列が成立し、豊臣姓の有官位者も羽柴の苗字所持の有無により、官位を「従四位下《じゅうしいのげ》もしくは従五位下侍従《じじゅう》（公家《くげ》成《なり》）─従五位下諸大夫《しょだいぶ》（諸大夫成）」と差別化された〔堀越祐一─二〇〇三〕。すなわち、「氏《うじ》」の論理でもって広く武士を編成し、そのうちの上位身分は「家」の論理で編成して、官位で身分序列を表示していたわけである。

江戸時代の徳川将軍は、外様有力大名との間に緊張関係のはらまれていた江戸時代初期、特に二代将軍秀忠《ひでただ》の時期に、彼らに元の苗字の「松平」を授与し、擬制的に徳川一門に組み込むことによって、支配体制の安定化をはかっている。松平を与えられると、将軍や幕府との間で授受する文書にはそれを使用した。関ヶ原の戦い後も羽柴を名乗っている外様大名もいたが、松平授与を機に苗字を変えている〔黒田基樹─一九九七〕。松平となった大名は、徳川一門の守護神である「東照大権現《とうしょうだいごんげん》」（家康死後の神号）を領内に勧請《かんじょう》して祭祀した。擬制は宗教面にも及んでいたのである。仙台城下には一七世紀半ばに東照宮が造営されているが、これは藩祖伊達政宗《だてまさむね》の代に松平を与えられていたためである。

大名が家臣に自家の苗字を授与して一門に組み込んだ例も広くみられる。たとえば仙台藩主伊達家は、留守《るす》、亘理《わたり》、白石《しろいし》、岩城《いわき》、田手《たで》といった、中世には独立した領主で、戦国騒乱の過程で伊達家に臣従した有力家臣に、「伊達」の苗字を与えて、伊達家家臣の家格筆頭である「一門」に列している。

中世においては、村落領主が百姓に自家の苗字を与えて同族になぞらえ、支配の円滑化をはかるとともに、結束して外敵に抗しようとした例もある。

姓と苗字の使い分け

以上のように、日本社会では、古代に中国から伝わった姓と、中世において独自に生まれた苗字とが並存していた。ここに、日本社会の特質が表れている。注目すべきは苗字が普及しても、天皇との関係においては姓が用いられていたことである〔大藤修一九九六〕。天皇が律令制の位階・官職に叙任する際に発給する文書には姓が記される。たとえば、常陸国《ひたちのくに》土浦《つちうら》藩主土屋氏の場合、官位叙任に際して朝廷が発給した位記《いき》・口宣案《くぜんあん》・宣旨《せんじ》には、「源朝臣寅直《みなもとのあそんともなお》」というふうに「姓＋実名《じつみょう》」で表記されている〔国文学研究資料館所蔵常陸国土浦土屋家文書〕。

古代律令国家の衰退によって官位制度はその実を失うが、官位はステータスシンボルとしてその後も機能しつづけた。この官位を天皇から授与されるためには、天皇の臣下としての由緒を有する姓を持っていることが要件となっていた。そこで、中世末の下剋上《げこくじょう》でのし上がった武家領主たちも、自らの系譜を由緒づけ、源、平、藤原などの天皇賜姓に由来する尊貴な姓を名乗るとともに、京都の権門勢家に画策して官位を得ようと努めた。

近世の幕藩体制のもとでは、武士階級は将軍を頂点に知行《ちぎょう》の給付を媒介にピラミッド型の主従関係に編成されていた一方では、将軍以下、諸大名と上級の旗本は天皇から官位を授与され、その臣下となっていた。近世の武家官位制は将軍の推挙を要するシステムとなっていたが、その場合でも、天皇との関係においては姓が機能している。

上級武家が姓でもって天皇とも君臣関係を結んでいたことは、近世末期、外圧を契機に尊王《そんのう》思想が高まり、天皇の勅命《ちょくめい》が政治的に重要な役割を果たすようになった、歴史的前提条件ともなっていたのではなかろうか。

一方、武家相互間の関係においては、苗字が機能していた。主君が家臣に苗字を授与したのもその一例であるが、主君が家臣に知行を給付する際に発給する文書の宛名にも、苗字が記された。先の土浦藩主土屋氏の場合、天皇との関係では源姓が用いられていたのであるが、将軍から交付された領《りょう》知《ち》宛行《あてがい》状《じょう》の宛名は、「土屋能登守《のとのかみ》」というふうに「苗字＋官職名の通称」となっている。

近世の武家官位の序列は、「参議《さんぎ》以上―中将《ちゅうじょう》―少将《しょうしょう》―侍従《じじゅう》―四品《しほん》（従四位下）―諸大夫《しょだいぶ》（従五位下）―布衣《ほうい》（六位以下）」となっていたが、侍従以上には居城所在地の地名＝小路名《こうじな》が用いられた。土屋氏が侍従の場合は「土浦侍従」となる。これは厚礼の書式であった。

幕府・藩の役人が村や町に出す文書には苗字が記されるが、駕籠《かご》や輿《こし》をかつぐ駕輿丁《かよちょう》として朝廷に奉仕していた、山城国《やましろのくに》八瀬庄《やせのしょう》（京都市左京区八瀬）の八瀬童子《やせのどうじ》に対する京都所司代《しょしだい》の下知状《げちじょう》にはすべて、「伊賀守《いがのかみ》　源《みなもとの》　朝臣《あそん》（花押《かおう》）」（板倉勝重《いたくらかつしげ》）というふうに、姓が用いられている〔『叢書　京都の歴史4　八瀬童子会文書　増補』〕。

外交文書での姓使用

足利義満《よしみつ》は応永《おうえい》八年（一四〇一）、「日本准三后道義《じゅさんぐうどうぎ》」の名で明《みん》国の皇帝に国書を送り、「源《みなもとの》　道義」の名で「日本国王」に封ぜられ、冊封《さくほう》関係が結ばれた。「日本国王」として認定されると、義満は「日本国王臣源」の名で正式の外交文書である表《ひょう》を送っている。次の将軍義持《よしもち》の代に一時的に日明関係は途絶するが、以後、歴代の足利将軍は「日本国源某」という称号で外交を行った。外交においては武士自らが創出した苗字ではなく、姓が通用していたわけである。それは、姓は中国で発祥し、冊封関係を通じて東アジア諸国に広まった、歴史的由来と関係しているであろう。

豊臣秀吉の朝鮮出兵における日明講和交渉の過程で、明皇帝は文禄《ぶんろく》四年（一五九五）、秀吉を「日本国王」に封じる国書を持たせた冊封使を派遣するが、この国書には「豊臣平秀吉《とよとみのたいらのひでよし》」と表記されていた（『史料による日本の歩み　近世編』）。秀吉の苗字は木下《きのした》、のちに羽柴《はしば》であるが、姓は本能寺の変後、織田信長の後継者であることを示すために、織田の姓である「平」を用いていた。天正《てんしょう》一三年（一五八五）七月に関白《かんぱく》に任ぜられるに当たっては、摂家《せっけ》でないと同職には就《つ》けないために、近衛前久《このえさきひさ》の養子となって近衛家の姓である「藤原」を称したが、のちに「豊臣」という新たな姓を天皇から賜与されている。明皇帝も現姓の「豊臣」と前姓の「平」を国書に併記して、秀吉を日本国王に封じようとしたわけであるが、日明講和交渉は破綻したので、秀吉は結局、日本国王にはなっていない。

秀吉自身は、琉球《りゅうきゅう》国王、インド総督、フィリピン総督、高山国《こうざんこく》（現台湾）などに出した国書で、関白在任中は「関白」あるいは「日本国関白」、関白を退いてからは「日本国　前《さきの》関白」と称している（同前）。だいたいは朝鮮出兵を告知したものや服属を求めたものであるので、こうした自称には、東アジアの覇者とならんとする秀吉の野望がこめられているかもしれない。天正一九年（一五九一）に、フィリピン総督に対し投降を促すために出した書状では、宛名に「小琉球」と記して、見下した態度を露骨に示している。

これに対し徳川家康は、慶長《けいちょう》六年（一六〇一）、呂宋《ルソン》国（現フィリピン）太守《たいしゅ》に遣わした書状では、「日本国源家康」と称している（中村孝也『徳川家康文書の研究』下巻）。これは足利将軍が外交文書に用いていた称号とまったく同じである。関ヶ原合戦に勝利し天下の覇権を握った家康は、自身が足利将軍の正統な後継者として、日本国の外交主権者となったことを対外的に示すために、足利将軍の先例にならったのではなかろうか。征夷大将軍に就任してからは「日本国大将軍　源家康」と称する。

将軍の家臣も外交文書には姓を用いていた。たとえば、本多正純《ほんだまさずみ》が慶長一七年（一六一二）に呂宋国執事、和蘭《オランダ》国王にそれぞれ宛てた国書の署名は、いずれも「日本国臣　上野介《こうずけのすけ》藤原正純」であった（同前）。寛永《かんえい》三年（一六二六）、暹羅《シャム》国（現タイ）執政に宛てた酒井忠世《さかいただよ》と土井利勝《どいとしかつ》の国書でも、各々「日本国臣　雅楽頭《うたのかみ》藤原忠世」「日本国臣　大炊頭《おおいのかみ》藤原利勝」と称している（『通航一覧』第七）。

苗字で外交した伊達政宗

慶長一五年（一六一〇）、二代将軍徳川秀忠《ひでただ》がイスパニア国王に出した国書の署名は、「日本国征夷将軍　源秀忠」となっている（『大日本史料』第一二編七）。将軍が中国の姓文化圏外の国に外交文書を出す場合でも、姓を使用していたわけである。ところが、仙台藩主伊達政宗が慶長一八年（一六一三）にしたため、遣欧使節支倉常長《はせくらつねなが》に持たせた、ローマ教皇パウロ五世宛とセビリア市宛の書状では、いずれも「伊達陸奥守《むつのかみ》政宗」と署名している（『大日本史料』第一二編一二）。伊達家の姓の藤原ではなく、苗字を用いているのである。

政宗は、外交文書には姓を使用することが先例であることを、知らなかったのであろうか。それとも、知っていて、あえて苗字を用いたのであろうか。ともあれ、苗字でも、将軍徳川秀忠から賜与された「松平」ではなく、先祖代々継承されてきた「伊達」を用いている点は、注目してよいであろう。

政宗は、中世において先祖が奥州守護職《おうしゅうしゅごしき》（探題職《たんだいしき》）を務めていた由緒《ゆいしょ》に、奥州の支配者としての正統性を求め、強烈な「奥州王」意識を持っていたとされている（小林清治—一九七四）。ヨーロッパに使節を派遣したこと自体、そうした自意識に立っていた。新イスパニア（現メキシコ）総督に提案した「平和条約」では、「奥州の王伊達政宗」と自称している（『大日本史料』第一二編一二）。支倉常長のイスパニア国王に対する演述でも、「我が君、伊達政宗は、奥州の強大なる王なり」と述べている〔同前〕。伊達の苗字の使用にも、「奥州王」意識が反映していたと解してよいのではなかろうか。

中世においても、苗字を名乗るのは「侍《さむらい》」身分に限定し、「凡下《ぼんげ》」と呼ばれた庶民が苗字を名乗るのを抑制しようとする動きはあった。しかし、一四、五世紀以降、庶民の間でも家の形成に伴い、家名として苗字を用いる例は増加していたことが確認されている〔坂田聡―一九九七・二〇〇六〕。

近世の身分制と苗字

近世社会は兵農分離によって成り立っており、兵＝武士は主君の城下の武家地に集住させられ、村は百姓の居住空間として純化した。商工業者も武士の軍需・生活物資を調達するために城下に集められ、町人地《ちょうにんち》（町方《まちかた》）に居住し、「町人」身分とされた。こうして、武士が村と町《ちょう》を介して百姓・町人を支配する体制が築かれた。

このような体制のもとで、苗字は武士身分の象徴とされ、庶民の苗字公称は禁止された。庶民は村・町を単位に宗門人別改帳《しゅうもんにんべつあらためちょう》によって把握されたが、名前しか記されていない。領主が領民を確実に把握するためには、苗字を付けたほうが都合よかったのではないか、という疑問がわくが、近世においては村・町の請負《うけおい》統治であり、土地・人の管理や法令の遵守、年貢上納や夫役《ぶやく》（人足役）の提供などは村・町が請け負っていたので、「……村百姓某」「……町町人某」といった把握でこと足りたわけである。

近代には国家が個々人を直接把握し、税や兵役《へいえき》も個人に課すので、個々人を識別し確実に把握・管理する必要がある。そのために苗字を名乗らせたわけである。近世における庶民の苗字公称の禁と、近代に入ってのその免許は、こうした人民支配方式の違いと関連しているのであり、この点を見落としてはならない。

近世にあっては、庶民の苗字公称の禁を前提にして、体制維持のために苗字免許が運用されていた。すなわち、①中世の地侍《じざむらい》の系譜を引く村の有力者を、郷士《ごうし》という苗字の公称と帯刀のできる武士に準じた身分に処遇して、領主への忠誠心を引き出し、奉公させる、②村役人や町役人の職に精励した者、孝行・献金・貧民救済等の奇特《きとく》な行為をした者、徒党《ととう》・強訴《ごうそ》の企てを密告した者などに、褒賞《ほうしょう》として苗字を免許する、といった具合である。近世後期には、富裕な百姓や町人が領主に献金して武士身分を獲得する風潮が広まった。

通常は従来から持っていた苗字の公称を許したのであるが、領主が新たに苗字を与える場合もあり、その恩恵を受けた家にとっては、それが新たな由緒となった。

庶民の苗字私称と共同体

領主に提出する公的文書には、苗字免許を受けた者以外は苗字を記載することはできなかったが、私的な文書、寺院・神社への金品寄進を記録した奉賀帳《ほうがちょう》、棟札《むなふだ》、石碑などには、苗字が記されている例は多く見出されている。

かつては、近世の庶民は苗字を持っていなかった、という俗説が歴史学界でも通用していたが、洞富雄氏の論考〔洞富雄―一九五二〕が発表されたのを機に、全国各地から庶民の苗字使用例が報告され、このような俗説は否定されている。

国家レベルでは武士が支配身分であり、苗字免許の権は領主の「公儀《こうぎ》」＝国家公権としての権能の一つであった。しかし、村落共同体内部には独自の身分・権利関係が存在し、共同体の内部世界において私的にであれ苗字を名乗ることは、身分関係とからまって一種の特権となっていた。その権利を免許する権限を握っていたのは、共同体の支配層である。

近世には、彼らの種々の特権を否定し、一般の百姓たちも諸権利を獲得して平等化を実現しようとする、村方《むらかた》騒動が各地で頻発しており、そうした運動を通じて苗字を称する層も拡大していった〔大藤修一九九六〕。

庶民の姓私称と「王孫」意識

近世には、庶民は公式には苗字も姓も名乗れなかったのであるが、上述のように私的には苗字を用いていたし、上層では姓も名乗っていた。

たとえば、甲斐国山梨郡下井尻村《かいのくにやまなしぐんしもいじりむら》（山梨県山梨市下井尻）の新興地主である依田《よだ》家の系図は清和源氏に結びつけられており、当家の発展の基礎を築いた依田長安《ながやす》（一六七四〜一七五八年）は、自身の一代記の表紙に「依田民部《みんぶ》源長安一代記」としたためている。「民部」という官名と「源」という姓も組み込んで自己表示しているのである。もちろん、朝廷から官職に任ぜられていたわけではない。しかも、長安が享保《きょうほう》一五年（一七三〇）に著した「依田家訓身持《かくんみもち》鑑《かがみ》」では、将軍以下大名《だいみょう》・小名家《しょうみょうけ》は皆「王孫」であり、「士民百姓《どみんびゃくしょう》」といえども氏素姓《うじすじょう》の正しい者は「王孫」であるとして、依田の系譜を引く者は「王孫」であるという矜持《きょうじ》を持って田畑を耕し、「天《あま》照大神宮《てらすだいじんぐう》・御公儀江《ごこうぎえ》対し御奉公」に努めるべきことを説いている〔以上の史料は国立史料館編『依田長安一代記』所収〕。

既述のように、古代律令国家においては、天皇から姓を賜与された者は「王民」とされ、そのうちさまざまな姓を持つ庶民は「百姓」と称されていた。日本におけるこうした天皇賜姓に由来する百姓の起原が、百姓は「王孫」であるという意識を、のちのちまで再生産させることになったのではなかろうか。

そうした意識を持つ百姓を支配するためには、領主も天皇によって権威づけられる必要がある。朝尾直弘氏は、武家領主が自家の系譜を古代の名族に結びつけ、「源」「平」「藤原」などの尊貴な姓を名乗って官位を得たことの意味を、百姓の「王孫」意識との関係で考える視点を提示されている〔朝尾直弘　二〇〇四〕。

「王孫」意識がどの程度の階層的広がりを持っていたのかは、検討の余地があるが、近世の庶民も経済力を高めると、先の依田家のように自家の系図を偽作して、源氏、平氏、藤原氏などの名門の氏に結びつけ、その姓を名乗って自家の格式を誇示した例は広くみられる。また、後述するように、庶民が貴姓や律令制官職名を組み込んだ名前を名乗っていた例も、中世、近世を通じてきわめて多い。「源平藤橘《げんぺいとうきつ》」などの貴姓を尊ぶ観念は、究極的には天皇に収斂していく性格のものであり、こうした観念が社会的に根を張っていたことが、天皇を存続させたイデオロギー的基盤をなしていたのではないか、という見解も唱えられている〔宮沢誠一　一九七八〕。

書札礼と苗字の有無

苗字を公称できた身分の者も、文書に苗字を記すとはかぎらなかった。奥羽列藩同盟《おううれつぱんどうめい》と新政府軍が戦っていた最中《さなか》の慶応《けいおう》四年（一八六八）七月、当時は列藩同盟軍に属し、陸《む》奥国《つのくに》原町《はらのまち》（福島県南相馬市）に滞陣していた中村《なかむら》藩主相馬因幡守《そうまいなばのかみ》が、岩城《いわき》（福島県いわき市）に出陣していた家臣の相馬将監《しょうげん》に出した七月一四日付の書状では、封紙《ふうし》の差出人名は「相 因幡守」、書状本紙のそれは「因幡」となっている〔『原町市史』第五巻・資料編Ⅲ〕。因幡守は通称で、実名は季胤《としたね》である。

苗字全部を記すのを「諸《もろ》苗字」、苗字のうち一字のみを記すのを「片苗字」、まったく記さないのを

「無苗字」と言う。藩主であるので、「相馬」と諸苗字を記さなくても、受け取った方は誰かわかる。そこで、封紙は片苗字、本紙は無苗字という書式にしたわけである。

書札礼《しょさつれい》（書状の礼式）においては、差出書《さしだしがき》の礼の厚薄は「諸苗字→片苗字→無苗字」の順となる。諸苗字で出すのは、自分は高名でないので、苗字を全部記さなければ受取人が誰からの書状か判断できないだろうという、へりくだった態度であり、厚礼であったのである。逆に苗字を省いて名前のみで出すのは、自分は高名であるので、それで誰かわかるだろうという態度で、高慢な書式であった。片苗字はその中間となる。

一方、宛書《あてがき》の礼の厚薄は、「無苗字→片苗字→諸苗字」の順であった。無苗字宛名が厚礼なのは、高名なお方であるので、名前だけで特定できるという敬意の表現であった。諸苗字宛名はその逆で、高名ではないので、苗字全部を記さなければ特定できないという意味で、薄礼であったわけである（高橋修―二〇〇〇、大藤修―二〇〇七）。先の相馬因幡守の相馬将監宛書状でも、宛書は封紙、本紙ともに「相馬将監殿」となっている。

天正《てんしょう》一九年（一五九一）九月に、徳川家康と石田三成《いしだみつなり》が伊達政宗に出した書状の差出書と宛書は、それぞれ「家康（花押）→羽柴侍従《じじゅう》殿」、「石田治部少輔《いしだじぶのしょう》三成《みつなり》→政宗様」となっている（『大日本古文書　伊達家文書』第二巻）。家康は尊大、三成は丁重な姿勢で政宗に対していたことがわかる。敬称も殿よりも様の方が厚礼である。家康書状の宛名の苗字が「羽柴」となっているのは、政宗は羽柴秀吉から羽柴の苗字を与えられていたからである。

差出書・宛書の苗字の有無による礼の厚薄の表し方は、中世にもあった。近世には身分格式が整備され、それにより政治・社会秩序が規律されていたので、文書も差出人と受取人の身分関係によって前代よりもより細かに様式に差別を設け、礼の厚薄をつけていた。中世の書札礼では様書《さまがき》は位置づけられていなかったが、近世の書札礼では「殿」と「様」を使い分け、前者よりも後者の方を厚礼とし、さらにそれぞれの崩しの程度によっても礼の厚薄を表わしていた〔小宮木代良―二〇〇六〕。崩し方が大きいほど薄礼となる。どのような礼式で書状をやりとりするかは、相互の身分関係と自身の身分的位置づけにかかわる。ために書札礼をめぐってトラブルも発生した〔籠橋俊光―二〇〇六〕。

ところで、差出書と宛書の苗字の有無による中世以来の礼の厚薄の表し方は、苗字公称の有無によって支配身分と被支配身分の区別をつけていた、近世の身分制の大原則とは矛盾する。苗字公称を許されていない百姓や町人などが、幕府や藩の役人に文書を出す際には、当然ながら苗字を記すことはできなかったが、以上のような様式の意味からすれば尊大な様式となってしまうからである。

差出書・宛書の苗字の有無によって礼の厚薄を表すのは、苗字公称のできる者どうしの間でのみ有効な様式であり、それのできない者との間では矛盾したわけである。

中世の「夫婦同苗字」事例

姓は父系血統の標識であるので、女性は結婚後も出自の氏《うじ》の姓を称し、異姓どうしの結婚では夫婦別姓となる。このことは先述したところであるが、では、家名である苗字はどうであったのであろうか。

実はそれを史料で確認するのはむずかしい。なぜなら、平安時代～鎌倉時代には、女性が出自の氏《うじ》の姓を用いて文書に署名している例は少なくないのに対し、家社会となった中世後期以降は、女性は家長との続柄で自己表示したり、表示されたりするのが通例であるからである。ただ、まれには女性が苗字を冠して文書に登場することもあり、坂田聡氏はその例を中世後期の百姓の文書に見出され、夫婦は同苗字であったと結論づけられている〔坂田聡―二〇〇六〕。

婿《むこ》養子や同苗字どうしの結婚の場合は夫婦同苗字となるが、坂田氏は、鶴野家から井本家に嫁いだ「さいま」という女性が、弟から山林を譲られた際の譲り状の宛所《あてどころ》が「井本さいま」となっている例もあげられている。また、後藤みち子氏も、戦国時代の摂関家の正妻は「婚家の苗字＋女中」「婚家の苗字＋北政所《きたのまんどころ》」、一般公家の正妻は「婚家の苗字＋女中」「婚家の苗字＋向名《むきな》（南向《みなみむき》、西向《にしむき》といった方角による呼称）」などで呼ばれていたことから、戦国時代は夫婦別姓にして夫婦同苗字であったとされる〔後藤みち子―二〇〇九〕。

近世の「夫婦別苗字」事例

ところが近世には、別苗字の家に入った女性が生家あるいは養家の苗字を用いている例も散見される。例をいくつかあげておこう。

仙台藩の儒学者であった芦東山《あしとうざん》（一六九六～一七七六年）は、その平等思想が藩当局に危険視され、足掛け二四年間に及んで幽閉されるが、彼の妻が宝暦《ほうりやく》八年（一七五八）に出した自筆の幽閉赦免願書には、「飯塚炤《いいづかちよう》」と署名してある〔一関市立芦東山記念館所蔵〕。飯塚は彼女の生家の苗字である。

三代将軍徳川家光《いえみつ》の側室《そくしつ》で五代将軍綱吉《つなよし》の生母であった桂昌院《けいしょういん》が、元禄《げんろく》七年（一六九四）に法隆寺《ほうりゆうじ》に献じた燈籠《とうろう》の銘文には、「母儀桂昌院　本庄氏」と刻されている。「本庄」は養父の苗字である。

信濃国伊那郡《しなののくにいなぐん》山本村（長野県飯田市山本）の「竹村」家に生まれ、同郡伴野《ともの》村（長野県下伊那郡豊丘村）の「松尾」家に嫁いだ「多勢《たせ》」は、幕末の女流志士として知られるところとなり、「松尾多勢子」

の名で通っているが、実は彼女が平田《ひらた》国学《こくがく》の門に入った際、その誓詞帳《せいしちょう》には「信濃国伊那郡伴野村松尾佐次右衛門《さじえもん》妻　竹村多勢子」と署名している〔『新修平田篤胤《あつたね》全集』別巻〕。夫との関係を示したうえで、生家の「竹村」の苗字を冠して自己表示しているわけである（子を付しているのは私称）。

夫婦別苗字の近世墓標もみられる。水戸藩では一八三〇年代の天保改革《てんぽうのかいかく》で、神道《しんとう》振興策の一環として仏葬《ぶっそう》から神葬祭《しんそうさい》への切り換えを強制し、戒名《かいみょう》を禁じた代わりに、庶民にも墓碑に苗字を刻することを認めたので、同藩領には苗字表示の庶民の墓標が残っている。筆者はかつてその調査をしたが、夫婦同一墓標でありながら、夫は「自家の苗字＋俗名」で表示されているのに対し、妻の方は「谷津氏婦人」「婦人萩原氏」と実家の苗字で出自を示されるか、「婦人鈴木以勢《いせ》」のように「生家の苗字＋俗名」で表示されていた〔大藤修―一九九六〕。夫婦別苗字の墓標は他地域でも見出されている〔井戸田博史―一九八六〕。

中世後期には「夫婦同苗字」だったとすると、なぜ近世には「夫婦別苗字」の事例も登場したかが問題となる。この点は事例をもっと集めて検討する必要があるが、当面は次のように考えておきたい。すなわち、苗字を家督相続者のみに継承させていた事例もあるものの、多くは父子相承されてミニチュアの「氏《うじ》」が形成され、姓と同じく父系血統（養親子《ようしんし》の擬制を含む）の標識ともなり、氏の名称としての性格も帯びるようになったことである。近世には系図や墓標で「実父（養父）の苗字＋氏」で出自を示すことが多いのも、それゆえであろう。

苗字が姓と同一視され、氏の標識ともみなされるようになっていたことは、この時代の学者たちによっても指摘されている。有職故実《ゆうそくこじつ》に精通していた伊勢貞丈《いせさだたけ》（一七一七～八四年）は、「苗氏《みょうじ》と云《いう》は、うち也《なり》」（『貞丈雑記《ていじようざつき》』。ルビは引用者が付す）と、また国学者《こくがくしゃ》の本居宣長《もとおりのりなが》（一七三〇〜一八〇一年）も、「今は此《この》苗字ぞ姓のごとくなれり」（『玉勝間《たまかつま》』）と、それぞれ述べている。

家督相続者によって家筋に沿って代々継承されていく苗字が、「家名」としての機能を果たすが、一方で父系血統の標識ともなり姓に同化したために、女性が他家に入っても生家や養家の父方の苗字を用いて、自己表示したり表示されたりする事象も生じたのではなかろうか。しかしながら、前近代には夫婦の苗字に関する法的規制は存在せず、妻が実家、婚家どちらの苗字を名乗るかは、慣行や帰属意識にゆだねられていた。近世後期には、婚家に帰属意識を抱き、その苗字を称する女性も現れている〔柳谷慶子―二〇〇三〕。

前近代の名前

名前の変遷

Iでは、氏《うじ》、姓《せい》、名字《みようじ》（苗字）についてみてきたので、IIでは名前について考えてみたい。

アニミズム的名前から人間表示の名前へ

大宝《たいほう》二年（七〇二）の戸籍に現れる古代地方村落の人名を分析された阿部武彦氏によれば、自然環境物を名前としたものと、「麿《まろ》」「足《たり》」「人《と》」「手」のような人間を表示する接尾語を付した名前に大別でき、前者はさらに三つに分けられるという〔阿部武彦―一九六〇・八四〕。第一は天地自然の無生物を名前としたもので、「広国」「国山」「石前」「村嶋」「石村」の類《たぐ》いである。国、村、山、石は主として男性表示に、嶋は男女双方に用いられている。第二は動物を名前としたもので、「羆《くま》」「犬」「牛」「猪」「馬」「羊」「虎」「竜」「蟲《むし》」などである。羆、牛、猪、竜などはもっぱら男性表示に、羊、虎、蟲は主として女性表示に、それぞれ用いられている。動物を人名としているものには、干支《えと》の十二支の動物が多いのも特徴である。第三は植物を名前としたもので、「稲」「桑」「栗」「アサ」「林」などである。

多様な自然環境物を人名としたのは、当時の人々がそれらにも人間と同じく魂があり、人格があり、性がある、と考えていたからだという。言わば、アニミズム的信仰にもとづく自然観・思想が反映している、とされているわけである。『日本書紀』に出てくる大和時代の豪族の男性名にも、動物にちなむ名前が多いことはよく知られている。「巨勢猿臣《こせのさるおみ》」「蘇我馬子《そがのうまこ》」「蘇我蝦夷《えみし》（海老《えび》）」「蘇我入鹿《いるか》（海豚《いるか》）」等々である。これらは動物のごとき生命力を得ようとしたものであろう。

ところで、八世紀初頭の戸籍に登場する庶民の名前には、自然環境物にちなむ名に比べれば少ないものの、男性名では人間表示の接尾語を付した名もみられる。阿部氏は、これを前者から後者への推移の過渡的状態を示すものとみなし、人間表示名前の出現を、自然環境物と人間とを同一視していた生活の世界から、新しく人間独自の世界を発見したことの反映ではないか、と解される。

阿部氏と飯沼賢司氏が、六国史《りっこくし》（奈良・平安時代に編纂された官撰の六部の国史）を使用して、人間表示名前の数量的推移を追われているが、それによると、八世紀の奈良時代がその最盛期である〔阿部武彦―一九八四、飯沼賢司―一九八四〕。なかでも「麻呂《まろ》（麿）」型が、貴族層、庶民層を問わず、あらゆる階層において流行している。しかし、九世紀に入ると激減する。これは後述するように、九世紀初めの嵯峨《さが》天皇の時代に名前の唐風化がなされたことによる。

九世紀後半には麻呂（麿）は五位以上の貴族の名前から消滅し、六位以下、それも主として畿外の人々の名前に名残《なごり》をとどめるにすぎなくなり、一〇世紀に入ると百姓層の名前に限定され、それも「丸」表記に変わっている〔飯沼賢司―一九八四〕。その反面、九世紀後半以降、貴族層では男性の第一人称として「麻呂（麿）」を使用する例が増える〔奥富敬之―一九九九〕。

女性名に関しては、その変遷を種々の文献を精査して全時代にわたって追跡された、角田文衛氏の画期的な労作がある。それによると、大和《やまと》時代においては、上層では「姫・媛・比売（ひめ）」や「郎子・郎女（いらつめ）」、庶民では「女・売（め）」という接尾語を付している。先の阿部氏が分析された八世紀初期の戸籍でも、女性は全員「某売」という名である。「ひめ」は美称、「いらつめ」は親愛の情をこめた接尾語である。

奈良時代には、庶民では従来の接尾語を付しているが、皇族女性は別として、貴族では「姫」「郎女」などの接尾語が脱落した名が増加し、逆に「子」型が漸増している〔角田文衛―一九八〇〕。「子」という接尾語は尊称で、当初は身分の高い男性の名に付けられていた。「蘇我馬子」「小野妹子《おののいもこ》」といった類《たぐ》いである。大和時代には「彦」を付した男性名も多いが、これは美称である。しかし、「麻呂（麿）」の流行に伴って「子」や「彦」は男性名から脱落してゆき、「子」型はもっぱら女性の名となる。

嵯峨天皇期の名前の唐風化

嵯峨《さが》天皇期（八〇九～二三年）は、日本の名前史上の転換期であった。嵯峨天皇は唐風文化を摂取する政策をとったが、名前についても唐風化を進めた。すなわち、「童《わらわ》名《な》」（幼名《ようみよう》）と「諱《いみな》＝実名《じつみよう》」（成人名）を区別し、実名に嘉字《かじ》（縁起の良い、あるいは良い意味の漢字）を使用し、「系字」を導入したのである〔飯沼賢司―一九八四〕。系字は、同一世代の男性が実名のうち一字を共有して、父系親族組織＝宗族内部における世代序列を表示するもので、輩字《はいじ》とも言い、韓国では行列字と称している。

前代までの天皇や皇子《おうじ》・皇女《おうじょ》の実名は、誕生時に主として乳母《めのと》の姓をもってつけ、基本的に生涯改名することはなかった。たとえば、孝謙《こうけん》天皇は「阿倍《あべ》」、桓武《かんむ》天皇は「山部《やまべ》」、平城《へいぜい》天皇は「安殿《あて》」、嵯峨天皇は「神野《かみの》」である。ちなみに、「孝謙」「桓武」「平城」「嵯峨」などは死後に贈られた諡《おくりな》である。

嵯峨天皇は誕生時に実名を与える慣例を改めて、皇子・皇女に対し、親王《しんのう》・内《ない》親王の称号付与（宣《せん》下《げ》）、あるいは臣籍降下に際して実名を与えた。親王には嘉字二字を重ね、「良」を系字として「正良」「秀良」「業良」「忠良」「基良」などと、内親王には二音節の嘉字一字に子を付して「正子」「秀子」「業子」「基子」などと、それぞれ命名している。嵯峨天皇は初めて親王・内親王以外の皇子女を臣籍に下したが、その際、「源《みなもとの》朝臣《あそん》」の姓と、皇子には「信」「弘」「常」「明」、皇女には「貞」「潔」「全」「善」などの一字名を与えた。二字名の親王・内親王と差別化したわけである。実名付与は童名の改名という形をとったと推測されている（同前）。

成人名としての実名は中国では「諱」と言い、嵯峨天皇はそれを導入したのであるが、日本では「名《な》乗《のり》」とも呼ばれた。

唐風名前の普及と女性名の変容

嵯峨天皇期の名前の唐風化が契機となって、男性の実名は「嘉字二字」型が、女性名は「二音節嘉字一字＋子」型が、九世紀から一〇世紀にかけて貴族、武家、さらには庶民にまで普及していった。ただし、嵯峨源氏《げんじ》の子孫は一字実名を名乗る男性が多かった。肥前国松浦郡《ひぜんのくにまつらぐん》（佐賀県、長崎県）、摂津国西成郡渡辺《せっつのくににしなりぐんわたなべ》（大阪市中央区）にそれぞれ土着して、「松浦《まつら》」「渡辺」を苗字とした松浦一族と渡辺一族の例がよく知られている。また庶民の女性名には中世までは「女」の接尾語も残った。

女性名が大きく変容したのは中世後期の一四世紀以降で、公家女性は、天皇から叙位《じょい》された場合や上級女官の女房《にょうぼう》として朝廷に仕える際に、「嘉字一字＋子」の成人名＝実名に改めたほかは、童名を生涯使用するようになった。一方、庶民女性では、「女」が脱落して、仮名書きの二音節二字の名前、たとえば「まつ」「たけ」「はる」「あき」といった名前が現れ、近世にはそれが一般化する。これは女性の社会的地位の低下を反映していた〔角田文衛―一九八〇・八七・八八、飯沼賢治―一九八七・八九、坂田聡―二〇〇六〕。

「家」社会となった中世後期以降、家長たる男性が家の代表として公的領域を担うようになり、女性の役割は家内に限定されていった。村落においても、中世には鎮守《ちんじゅ》の祭祀組織である宮座《みやざ》が行政組織でもあり、もともとは男座と女座が一対として存在していたのが、しだいに男性の構成する大座や本座が行政権を独占するようになり、女性は村政から排除されていっている〔脇田晴子―一九八七〕。

男性が成人後は成人名に改めたのに対し、女性は肉体的には大人になっても童名で通すようになったのは、童と同じく、社会的に一人前としての扱いを受けなくなったことを示す。いわゆる「女・子ども」一体視である。

財産相続の形態も変化した。財産が男女に均等に分割されていたのが、中世後期には嫡子単独相続化の傾向が強まり、女性に譲与されても、婚姻によって他家の所有に帰すのを防ぐために、その女性が生きている間だけ知行《ちぎょう》権を認める一期分《いちごぶん》となり、死後は実家に返却されて家産の保全がはかられるようになった。それは女性名にも反映している。

古代型名前の消滅する一〇世紀前半に、成人や結婚を機に「姉子《あねのこ》」「二子《にのこ》」「三子《さんのこ》」という出生順を示す排行《はいこう》名を通称とする事例が出現し、一一世紀～一三世紀前半に盛行する。これは均分相続と関係していたようであるが、一期化する一三世紀後半から減少し、一四世紀にはほとんど史料上に姿を現さなくなっている〔飯沼賢司―一九八七・八九〕。

　中世後期に、「源左衛門女」「五郎衛門女」といった、男性名の後に「女」を付した表記が登場したのも、以上のような事態と関わる。坂田聡氏は、女性は大人になっても私的には童名を名乗る一方、公的には家長たる男性との関係で表示されるようになったのではないか、と解されている〔坂田聡―二〇〇六〕。家長との関係で女性を社会的に表示する方法は近世には一般化するが、「女」で一括せず、「某女房」「某娘」と続柄を明示している。

　徳川《とくがわ》将軍家の女性も「嘉字一字＋子」の実名をつけられたのは、皇女・王女で徳川家に降嫁《こうか》した者や宮中に入った息女に限られ、将軍の生母で叙位または贈位された者には改めて実名が与えられたが、それ以外は将軍の息女であっても二音節の漢字一字の名前で、子を付した実名を称することはなかった〔角田文衛―一九八七〕。近世の武家系図には、叙位されていないのに女性名に子を付している例もみられるが、尊称として付したのであろう。

　なお、江戸時代の初頭から皇女は実名を与えられず、内親王宣下もされず、単に「○宮《みや》」と称されるようになる。実名付与は、内親王に宣下され、准《じゅん》母《ぼ》、つまり天皇の母に準じて皇后の称号や女《にょ(う)》院《いん》号を与えられる場合、あるいは臣下への降嫁《こうか》を予定して内親王に宣下される場合である。幕末期、公武《こうぶ》合体のために、皇女「和宮《かずのみや》」が江戸幕府の一四代将軍徳川家茂《いえもち》に嫁いだことはよく知られているが、降嫁を前に内親王とされ、「親子《ちかこ》」と名づけられている。近代には、誕生時につけられた名前を生涯使用するのが原則となったので、皇子・皇女も誕生に際して、親王・内親王の称号と宮号・実名を与えられるようになる。

系字から通字へ

嵯峨天皇は中国の「系字」も導入し、自身の皇子たちの系字を「良」とした。系字の使用は、九世紀から一〇世紀にかけて、貴族層、地方豪族層、上層農民層にも普及していく。ただ、中国では系字は、兄弟のみならず、従兄弟《いとこ》、又従兄弟といった広い範囲に共有されているが、日本では兄弟に限定されている〔飯沼賢治—一九八四〕。この差異は、日本では、たとえば藤《ふじ》原《わら》氏が南家《なんけ》、北家《ほつけ》、式家《しきけ》、京家《きょうけ》に分かれたように、氏族がいくつかの門流に分かれ、それぞれの門流が独自の系字を使用したことによって生じたのであろう。

しかも日本社会では、横列の系字は一一〜一二世紀頃に、父—子—孫と一字を継承していく縦列の「通字《とおりじ》」に転換した。これは、家の形成に伴い、一字を代々継承して家系を示すようになったものだと解されている〔同前〕。

天皇家では、後三条《ごさんじょう》天皇（在位一〇六八〜七二年）が、三人の皇子に自身の実名「尊仁《たかひと》」の「仁」を継承させて以来、今日まで「仁」が通字とされている。昭和天皇は「裕仁《ひろひと》」、今上《きんじょう》天皇は「明仁《あきひと》」、皇太子は「徳仁《なるひと》」、秋篠宮《あきしののみや》は「文仁《ふみひと》」である。「仁」を名前に用いたのは清和《せいわ》天皇（在位八五八〜七六年）の「惟仁《これひと》」が最初であるが、この字には、仁徳を備えた君主になるようにとの願望が込められているであろう。「仁」が通字化して以降も、この字を用いていない天皇も散見されるが、それは、誕生時には即位が予定されていなかったために通字を継承しなかった皇子が、何らかの事情で天皇になったことによる。

桓武平氏《かんむへいし》本流では「盛」を通字とし、その分流で鎌倉幕府の実権を握った北条《ほうじょう》氏の通字は「時」である。足利《あしかが》氏は「氏」を通字としている。二種類の通字を隔世代ごとに継承している例も少なくない。

たとえば、藤原摂関家では「忠実《ただざね》—忠通《ただみち》—基実《もとざね》—元通《もとみち》」のように「実」と「通」が、西園寺《さいおんじ》家とその支流では「公」と「実」が、それぞれ交互に継承されている。網野善彦氏は、現代家族の祖名継承法について分析した文化人類学者の上野和男氏の所説〔上野和男—一九八四〕に依拠して、一つの通字を継承するケースを父系単系型、二つの通字を隔世代ごとに継承するケースを双系型と解し、摂関家と西園寺家の例を双系的家族・親族組織の反映とみなされている〔網野善彦—一九八九〕。だが、この見解は当を得ていないだろう。

父方・母方双方の祖名を交互に継承しているならば、双系的と言ってよい。しかし、摂関家や西園寺家のように特定の二字を家筋に沿って交互に継承しているケースは、父系単系型祖名継承とみるべきであり、双系的家族・親族組織の証左とすることはできまい。

通字も、それによって何を表示するかによって、バリエーションがある。たとえば清和源氏頼義《せいわげんじよりよし》の分流である佐竹《さたけ》氏は、源《みなもとの》頼義の後胤《こういん》というアイデンティティを持っており、宗家、諸分家ともに所生の男子全員に、「義」と他の嘉字一字を組み合わせて実名を付与している。「義」という通字は、家系を示すとともに「氏《うじ》」＝父系血統の系譜をも表示しているわけである。ただし、それは必ずしも生物学的な父系血統を示すものではない。他氏の家から入った養子には「義」を組み込んだ実名に改名させ、一方、他氏の家の養子になると、その家の通字を継承して改名している〔大藤修—二〇〇八〕。

つまり、通字が「氏」の系譜を表示していたとしても、「家」の原理によって、養父子関係という擬制が組み込まれているわけである。

徳川将軍家では三代将軍家光《いえみつ》以降、家康《いえやす》の「家」を通字としているが、嫡子《ちゃくし》のみが継承し、庶子には「家」以外の将軍の偏諱《へんき》（実名二字のうちの一字）を付与している。つまり、佐竹氏の通字「義」が、養父子の擬制を含む父系で継承される一族のシンボルで、源頼義後胤というアイデンティティを表示していたのに対し、徳川将軍家の通字「家」は、家康の後継者たる将軍と世嗣《よつぎ》のシンボルであったわけである。徳川将軍家嫡子の幼名も家康の「竹千代《たけちよ》」が継承されており、やはり家康の後継者であることを示している。

近世には庶民の上層でも家系図が作られるようになり、今日にも大量に伝存しているが、それらをみても通字の慣行は広く確認できる。

上級公家では娘に父の偏諱を与えて実名をつけている例もある。ただし、女性の実名は「漢字一字＋子」であるので、通字を継承できるのは一人のみとなる。また、父の偏諱を受けられるのは二人に限られるので、娘が三人以上いる場合は実家の祖父や外祖父の偏諱を与えられた〔角田文衛―一九八〇、後藤みち子―二〇〇九〕。

ライフサイクルと名前

誕生時の名づけ　名づけは、身分階層を問わず、誕生から七日目の七夜《しちや》の祝いに際して行うのが慣例であった。それ以外の日でも奇数日に命名することが多いのは、偶数を陰とし奇数を陽とする易学思想の反映だとされている。恩賜財団母子愛育会が一九三〇年代後半に、全国の産育習俗を調査して集成した『日本産育習俗資料集成』(以下、『産育』と略記)をみると、男女によって命名日を異にしている地域もある。

名づけとその披露によって、一個の存在として家族と社会に認知されるのであるが、正式の名づけ以前に産婆《さんば》が「仮名《かりな》」をつける習俗も各地でみられた〔『産育』〕。これは、名前には霊魂が宿ると考えられており、異界から現世にやってきた赤子に速やかに名前を与えて、現世の存在として認知することにより、その魂を繋ぎとめておく呪術であったと、民俗学では解されている〔板橋春夫―二〇〇七〕。『産育』には、名づけ前に地震があると子に不幸が襲うので、健康な祖父母または父母の童《わらわ》名《な》を仮につけておく(千葉県)、命名式がすまないうちに雷が鳴ると、産婆が金の付く仮名を与える(秋田県)、七夜までに命名しないと口のきけない唖者《あ》になるので、仮名をつける〔熊本県〕、といった事例もみえる。仮名は近世の文書や文献にも出てくる。

名づけは家長や父親が行うのが一般的であったが、有力者や人望ある者、親類の年長者、丈夫に子どもを育てた経験のある人、宗教者などに名づけを依頼し、名づけ親となってもらう風習も、かつては広くみられた。群馬県の旧前橋藩領と桐生《きりゅう》地方では、「神の名づけ」と称し、名前の候補を三つ紙に書いて神棚に供え、無心の幼児に選ばせている〔同前〕。

男女によって命名者が異なっていた例もある。近世の秋田藩主佐竹《さたけ》家では、男子については父親が命名していたようであるが、女子は家老が名づけ親になっている例が多く、兄が名づける場合もあった〔大藤修―二〇〇八〕。

先述のように、九世紀初めに嵯峨《さが》天皇が名前の唐風化をはかったのを機に、童名と実名《じつみょう》が分化し、実名には嘉字《かじ》が使用され、前代のアニミズム的性格が払拭されたのであるが、童名にはそれが残った。童名には動植物にちなんだものが多くみられる。「熊」「虎」「猪」などの字を用いた名前は、たくましく育つようにとの願望が込められているであろう。生まれ年の干支《えと》の動物名を名前としている例もある〔『産育』〕。「松」「竹」「鶴」「亀」は、めでたい動植物であるとともに長寿の象徴でもあるので、名前にはよく用いられている。

『産育』には、「岩」「石」「鉄」など硬いもので命名すると健康児になる、と考えられていたという秋田県の報告が収められているが、前近代でも男子には「岩吉」「鉄治」などと、女子には「いわ〔岩〕」「いし〔石〕」「かね〔鉄〕」などと、命名している例は多い。

　同書によると、地域によっては、特定の植物にちなむ名づけの習俗もみられる。たとえば奈良県では、「ナラ」の音を持った名前が古来もっとも著しい特色であるという。「楢《なら》吉」「奈良蔵」「楢次郎」「ならえ」「ならの」といった具合である。これらはすべて、添上郡《そえかみぐん》櫟《いち》ノ本町《もとちょう》大字《おおあざ》楢（天理市櫟本町）にある楢神社（通称「楢明神《みょうじん》」）から授かった子である。高知県では、「楠《くす》太郎」「楠吉」「楠」のように、楠の字を用いた名前が多い。楠の老木の瘤《こぶ》が女性の乳房に似ているためで、同県には楠を神樹としている所が多いという。楠の字を人名につける風習は、太平洋側にはかなり広がっていた（瀬田勝哉―二〇〇〇）。

　長寿を表す「千代」「寿」の使用例も多くみられる。戦国大名の童名を例にとると、徳川家康《とくがわいえやす》は「竹千代」、武田《たけだ》信玄《しんげん》は「勝千代」、上杉謙信《うえすぎけんしん》は「虎千代」、前田利家《まえだとしいえ》は「犬千代」、蒲生氏郷《がもううじさと》は「鶴千代」、佐竹義宣《よしのぶ》は「徳寿丸」である。

　ところで、現在の和歌山県紀の川市粉河《こかわ》に所在する王子神社（旧名「若一王子社《にゃくいちおうじしゃ》」）には、祭祀組織である宮座《みやざ》の「名つけ帳」が伝わっている。宮座の構成員の家に男子が産まれると、翌年正月に宮参りした際、「名つけ帳」に子どもの名前を記した。それは文明《ぶんめい》一〇年（一四七八）に始まり、今日に至るまで書きつづけられている。

　これを分析された瀬田勝哉氏（瀬田勝哉―二〇〇〇）と坂田聡氏（坂田聡―二〇〇六）によれば、童名は中世には動植物名が半数以上にのぼっていたのが、一六世紀末以降の近世には経済的な富の象徴である「蔵」や、幸運を願う「吉」を用いた名前が登場し、「太郎」「八郎丸」「次郎法師」のような、出生順を示す排行《はいこう》名の比率も中世に比べ近世には高まっている。

　近世の宗門人別《しゅうもんにんべつ》改帳《あらためちょう》をみても、「蔵」「吉」のみならず、「豊」「栄」「幸」「福」「繁」「茂」「嘉」

「喜」などを組み込んだ童名や成人名は多い。泰平の世となった近世には経済力が高まり、一般の庶民層でも家が広く形成された。それが背景になって、家の繁栄や家族の幸福を願う名前が増加したとも考えられよう。

近世に排行名の比率が高まった理由については、坂田氏は、宮座の座次をめぐって長幼の序をつける必要があったからではないか、と解されている。あるいはこれも、家制度が整った近世には、家の相続序列が重視されたことと関係しているかもしれない。

命名の呪術

童名には呪術性を帯びているものが多い。アニミズム的名前もその一種であるが、それ以外にも数多くみられる。

たとえば、平安時代中期の歌人、紀貫之《きのつらゆき》の童名は「阿古久曽《あこくそ》」であった。「阿古」はわが子、「久曽」は何と「糞《くそ》」という意味である。これは、不浄の名前をつければ悪魔も嫌がって近寄らないので魔除《まよ》けになる、という俗信にもとづいていた。中世・近世の男子の童名には、「千代丸」のように「丸」の字を付した童名が多くみられるが、これも、「麻呂《まろ》（麿）」が変形したものという説と〔飯沼賢司―一九八四、奥富敬之―一九九九〕、便器の「おまる」にちなんだ辟邪《へきじゃ》名であったとする説とがある〔紀田順一郎―二〇〇二〕。本来は「マロ」が転訛《てんか》して「マル」となったのが、持ち運び用便器の虎子《まる》と同音なので辟邪名ともなった可能性もあろう。

豊臣秀吉《とよとみのひでよし》と淀殿《よどどの》（本名「茶々《ちゃちゃ》」）の間に生まれた男児は、「棄丸《すて》」（のち鶴松）、「拾丸《ひろい》」（のち秀頼《ひでより》）と命名された。民間には、儀礼的に子供を捨て、あらかじめ頼んでおいた人に拾ってもらう風習があった。そうすれば丈夫に育つと考えられており、拾われた子供には、男子ならば「捨（棄）」「拾」「捨吉」「捨松」などと、女子ならば「すて」と命名した。秀吉もそれにあやかったわけである。

『産育』にも種々の呪術的命名法が報告されている。男女の一方が育たなかった場合、男子に女子名、女子に男子名をつける、異性名の命名習俗は各地にみられる。夭折《ようせつ》するのは悪魔に魅入られているからだと考え、異性名をつけることで悪魔を混乱させようとした習俗らしい。男子に悪魔がとりついて若死にしていた場合、女子名をつけておけば悪魔も避けるだろう、というわけである〔板橋春夫―二〇〇七〕。和泉国《いずみのくに》大鳥郡《おおとりぐん》上神谷《にわだに》豊田村《とよだむら》（大阪府堺市豊田）の「宗旨御《お》改《あらため》帳」（国文学研究資料館所蔵）でも、異性名らしき例が確認できる。近世の庶民の名前は、男子名が漢字表記であるのに対し、女子名は二音節の平仮名表記が原則であるが、男子の童名に「よし」「とら」「いぬ」「きく」といった名前も散見される。姉しかいない例もあれば、兄がいる場合もあり、一定しないが、意図的に女子名をつけたとすれば、女子の方が育ちやすいと考えたのかもしれない。成人すると「五兵衛《ごへえ》」「清三郎」といった通例の男子名に改めている。

これ以上子がほしくないときには、男子には「末《すえ》」「留《とめ》」などの文字を用いた名前をつけ、女子には「すえ」「とめ」「よし」などと命名する習俗も、広くみられる。「よし」は「もうこれでよし」の意である。女子ばかり生まれて男子がほしいときは、「わくり」（宮城県）とか「あぐり」（群馬県、長野県、奈良県）と命名していた。「あぐり」は「余り」の意で、明治期までは一般的な名前であった。

こうした類《たぐ》いの命名法は近世の大名家でも行われており、例えば秋田藩五代藩主佐竹義峰《さたけよしみね》の三女は上の二人がいずれも女子であったので、「阿久里《あぐり》」と名づけられ、四女が生まれた六歳の時に「直《なお》」と改名している〔『国典類抄』第一巻、大藤修―二〇〇八〕。

臍《へそ》の緒を巻いて生まれた子には、「褜吉《えなきち》」「褜蔵《えなぞう》」「えな」「よな」（宮城県）、あるいは「袈裟《けさ》」「袈裟何々」「けさ」（群馬県、長野県、高知県）などと命名すれば、丈夫に育つと考えられていた。暦に関連した命名も多い。いくつか紹介しておこう。

寅《とら》年生まれの者は病気がちで、不具になったり立身が遅れたりするおそれがあるが、三日目の辰《たつ》、五日目の午《うま》、七日目の申《さる》に関係ある名を選んで命名すれば、悪難を免れる（福島県）。庚申《かのえさる》の月日に生まれた子には盗癖《とうへき》があるので、金偏の字を選んで命名するか（石川県、愛知県）、獣《けもの》の名を頭字《かしらじ》に付けると（奈良県）、それが除かれる。ちなみに、明治《めいじ》・大正《たいしょう》期の文豪、夏目漱石《なつめそうせき》の本名「金之助《きんのすけ》」も、この例である（漱石は号）。

土《つち》の期間（庚午《かのえうま》から甲申《きのえさる》までの一五日間）に生まれた子は、早世しやすいので、石や金を冠した名とか神社の名をつける（福井県）、あるいは四足の動物名をつける（奈良県）。生まれ年の干支《えと》から前後七つ目の干支を頭につけると吉となる。たとえば、子《ね》年生まれには「馬吉《うまきち》」、巳《み》年生まれには「亥之助《いのすけ》」というふうに命名する（奈良県）。

この他にも、醜《みにく》い名をつけると丈夫に育ち、長生きするという俗信も存在する（長野県）。

『産育』は一九三〇年代後半の調査報告であるから、昭和一〇年代に入っても呪術的な命名習俗は伝承されていたわけである。近代には改名は原則として禁じられたので、誕生時に男女反対の名前をつけられ戸籍に登録された者は、生涯、その名で通したのであろう。

童名の通字と継承

鎌倉幕府の実権を握った北条《ほうじょう》氏は、時頼《ときより》以降、所生の男子全員に「寿」を組み込んだ童名をつけている。たとえば、時頼は「戒寿《かいじゅ》」、時宗《ときむね》は「聖寿《せいじゅ》」、貞時《さだとき》は

「幸寿《こうじゅ》」である。北条氏の例は一族としての童名の通字《とおりじ》であるが、室町時代になると、次代の家督継承者の童名が一定し、それが継承された例もみられるようになる。たとえば、室町幕府の管領《かんれい》家であった細川《ほそかわ》家では、嫡子《ちゃくし》は「聡明丸《そうめいまる》」を継承している〔奥富敬之―一九九九〕。

江戸幕府編纂になる大名《だいみょう》・旗本《はたもと》・幕臣《ばくしん》の系譜集である『寛政重修諸家譜《かんせいちょうしゅうしょかふ》』に収められた佐竹氏系図をみると、秋田藩祖義宣《よしのぶ》の曾祖父義篤《よしあつ》の代から童名が記されているが、嫡子は代々「徳寿丸《とくじゅまる》」と名づけられている。それによって、将来、佐竹宗家《そうけ》を継ぎ、領国の統治者となる存在であることを内外に表示したわけである。この名には、有徳の君主となり、長寿をまっとうするようにとの願望がこめられていよう。

一方、佐竹宗家の庶子《しょし》の童名には通字はみられず、先祖との系譜関係は示されない。中世には庶子を仏門に入らせている例が少なくなく、一六世紀後半の童名には「喝食丸《かつじきまる》」「能化丸《のうけまる》」のように、それを予定した名づけもされている。「喝食」は禅宗・律宗寺院の侍童《じどう》の呼称で、「能化」は師として他者を教化できる人を意味する。佐竹氏一門家臣の佐竹南家《みなみけ》では、嫡子は「新発意《しんぼち》」という童名を継承している〔原武男編『新編　佐竹氏系図』〕。これも仏教用語であるが、真宗では寺の跡継ぎを指したので嫡子名にしたのであろう。仏の加護を受けて健《すこ》やかに育つように、という願望もこめられていたかもしれない。

徳川将軍家では、先述のように、家康の童名「竹千代《たけちよ》」を嫡子名としている。嫡子の童名継承は庶民の上層でもみられる。たとえば、仙台藩領の陸奥国桃生郡前谷地村《むつのくにものうぐんまえやちむら》（宮城県石巻市前谷地）の百姓で、農業経営の他に酒造業と金融業を営んで財をなし、近代には全国第二位の巨大地主に成長した斎藤《さいとう》家では、嫡子は「養之助」を童名とし、当主になると「善次右衛門《ぜんじえもん》」もしくは「善右衛門《ぜんえもん》」を襲名している

〔小倉博―一九二八〕。

前出の近世において甲斐国山梨郡下井尻村の地主であった依田《よだ》家では、嫡子には父方の祖父の童名が交互につけられている。これは祖父―孫の間での童名の継承例である〔太田素子―一九九三〕。

以上のように、童名にも家の継承原理が反映しているわけである。

実名の付与

先述のように、嵯峨《さが》天皇期に童《わらわ》名《な》と実《じつ》名《みょう》が分化したのを機に、皇子《おうじ》・皇女《おうじょ》には、親《しん》王《のう》・内《ない》親王宣《せん》下《げ》ないし臣籍降下の時点で、成人名としての諱《いみな》＝実名が与えられるようになった。童名と実名を区分する風は貴族層、武士層、さらには庶民層にも広まり、成人儀礼の元服《げんぷく》に際して実名付与がなされるようになる。中世と近世においては制度的には数え一五歳が子どもと大人の境界年齢であったが、実際の元服年齢は身分階層や家内での地位によって一様ではない。

実名は、貴族層にあっては、勘考《かんこう》を依頼された者が候補として撰んだ名前のなかから、親族が協議して決定している。一方、武士・庶民層では烏帽子《えぼし》をかぶせる烏帽子親が命名した。命名は、烏帽子親の実名二字うちの片字（偏諱《へんき》）と、烏帽子子の家の通字を組み合わせてなされるのが一般的であった。鎌倉時代までは、烏帽子親は一族・縁者のうちから選ばれる傾向が強かったのであるが、中世後期の南北朝期～室町期には、烏帽子親と烏帽子子は主君と家臣の間で結ぶ関係に一元化する。

それに伴い烏帽子親の加冠《かかん》と命名という役割は形骸《けいがい》化し、烏帽子親となる主君が偏諱を賜与する儀礼が重視され、「一字書出《かきだし》」という文書が発給されるようになった〔飯沼賢司―一九八四〕。実名は後述のように人格の象徴であるので、主君の偏諱を家臣に与えることは、主従の絆《きずな》を人格的に強めることになったのである。

のちの徳川家康こと松平《まつだいら》竹千代は、天文《てんぶん》二四年（一五五五）、数え一四歳の時、人質先の駿府《すんぷ》（静岡県静岡市）で今川義元《いまがわよしもと》を烏帽子親《えぼしおや》として元服し、「松平次郎三郎元信《もとのぶ》」と名乗ることになった。「次郎三郎」は通称、「元信」は実名で、「元」は義元の偏諱を与えられたもの、「信」は松平氏の先祖にはこの字を用いている者が多いので、それを採ったのであろう。この偏諱の賜与によって、人質主と人質の関係は主従の関係に転化したのである。

その後間もなくして、元信は祖父「清康《きよやす》」の勇名を慕って「元康《もとやす》」と改名する。そして、永禄《えいろく》三年（一五六〇）に今川義元が織田信長《おだのぶなが》に討たれると、今川氏と断交して信長と同盟し、同六年には義元の偏諱「元」を捨てて「家康《いえやす》」と再度改名している。「家」は源 義家《みなもとのよしいえ》にあやかったとも言われるが、定かではない。この例のように、何らかの契機で実名を何度も改めることは珍しくはない。

江戸時代には、武家の家格制が確立し、将軍や大名の偏諱を賜与される家筋が定まり、それが家格の象徴ともなった。御三家《ごさんけ》（尾張《おわり》徳川家、紀伊《きい》徳川家、水戸《みと》徳川家）、越前《えちぜん》松平家と国持《くにもち》大名家の嫡子は、将軍の御前で元服した際に偏諱を与えられた。仙台藩主伊達《だて》家では、二代藩主忠宗《ただむね》から一二代斉宗《なりむね》まで、始祖「朝宗《ともむね》」以来の通字「宗」ないし四代藩主「綱村《つなむら》」以降通字化した「村」を、将軍偏諱と組み合わせて実名としている。つまり、仙台藩主と嫡子の実名は、将軍との主従関係と、伊達家先祖との系譜関係を表示しているわけである。国持大名でも藤堂《とうどう》・佐竹《さたけ》の両家では、将軍の偏諱は与えられなかった。

秋田藩主佐竹家男子の元服儀礼における加冠役は、嫡子については一門家臣の佐竹北家《きたけ》の当主、庶子の場合は格下の家臣が務めているが、加冠役が家臣であるので偏諱は与えていない。佐竹家では代々元服の時に、氏神《うじがみ》を祭る八幡宮《はちまんぐう》で「御名乗《おなのり》」（実名）の候補を三つ調《ととの》え、元服した本人が神前でそのなかから選択して、御幣《ごへい》に付けるのを慣例としている。実名の候補は、佐竹氏の通字「義」と嘉字一字を組み合わせて撰定した。撰者は藩祖義宣《よしのぶ》までは僧侶、二代以降は祈禱《きとう》所の宝鏡院《ほうきょういん》が務めている〔大藤修二〇〇八〕。

近世には、庶民の間でも、宗教者や知識人に依頼して実名を撰定してもらうことは広く行われており、その勘考書が多く残っている。

御判・名乗初

諱《いみな》＝実名《じつみょう》を持つと、花押《かおう》を文書《もんじょ》に使用するようになる。花押は一種のサインであり、古くは判、書判《かきはん》とも言った。一〇世紀中頃から登場し、当初は主として貴族や僧侶が用いていたが、中世に入ると武士、庶民にも広まった。一六、七世紀以降、印判の普及に伴い衰えたものの、重要文書には花押が使用され、近世の将軍や大名が発給した文書でも、印判状よりも花押を据えた判物《はんもつ》の方が格上であった。

花押は初めは実名を自署《じしょ》する代わりに用いられ、実名を図案化したものであったが、中世に入り多くの武士が使用するようになると、貴族社会にみられた自署の代用という意識とは違って、自己のアイデンティティを証示するものという、積極的な意味づけがなされるようになり、理想・願望の文字を選んで花押化したものも現れた〔佐藤進一一九八八〕。

武家社会では実名を名乗り、自己のアイデンティティの表徴である花押を使用することは、一人前の男子たることの証《あかし》とされ、将軍家や大名家のような国家の公権力を担う家では、元服と「御判《ごはん》・名乗《なのり》初《ぞめ》」（花押の使用と実名の名乗りを始める儀式）は、肉体年齢とは無関係に政治的日程によって執行されていた。

徳川将軍家では四代将軍家綱《いえつな》以降、嫡子は数え五歳で元服するのが慣例となっており、佐竹家の嫡子は一〇歳前後で元服している。たとえ肉体的には幼年・少年であっても、政治的・社会的には「成人」とする措置《そち》をとっておき、将軍や藩主の死去という不慮の事態が発生したとしても、嫡子がただちに跡《あと》を継げるように備えたのである。

一方、本来加冠と一体化していた、袖留《そでとめ》（振袖《ふりそで》を普通の袖丈《たけ》に縮める儀式）と、前髪取《まえがみとり》（前髪を取って月代《さかやき》を剃る儀式）という身体面での成人儀礼は、肉体的成長を待って行われた。つまり、権力者層における「成人」は、「政治的・社会的成人」範疇と「肉体的成人」範疇とに分化していたわけである（大藤修―二〇〇八）。

童殿上と改名

政治的日程で成人名に改めた事例は平安時代の貴族層にもみられる。上層貴族の男子は、父の朝廷における官職や身分を継承するために、元服前の童《わらわ》の段階で内裏《だいり》に出入りし、さまざまな役割を果たした。天皇の常の居所である清涼殿《せいりょうでん》への昇殿を許可されることを「童殿上《わらわてんじょう》」と言い、殿上した童は小舎人《ことねり》となったが、その際には童名を成人名に改めた。たとえば、左大臣藤原道長《さだいじんふじわらのみちなが》の長男「鶴君《たずぎみ》」は、長徳《ちょうとく》四年（九九八）一一月一九日、数え七歳で童殿上が許されたが、「頼道《よりみち》」という諱＝実名に改名し、「小舎人蔭孫《おんそん》藤原頼道」の名で昇殿している（服藤早苗―二〇一〇）。肉体的には幼少であっても、成人名の実名で天皇に仕えたわけである。

「忌み名」の習俗と「名実一体」観

実名を他人に名乗ることや、他人の実名を呼ぶことをタブー（禁忌《きんき》）とする「忌《い》み名」の習俗は、かつては諸民族に普遍的にみられた。現代では名前は単なる記号となりつつあるとはいえ、他人の名前を呼ぶことを憚《はばか》る観念も少なからず残っている。

たとえば、職場の上司を名前で呼ぶ人はまずいないだろう。たいていは「課長」とか「部長」と役職名で呼び、学校では生徒は教師を「先生」と呼ぶ。目上の人の名前を敬避するだけでなく、同輩や年下の者に対しても親しい間柄ではない場合は、氏《うじ》を用いて「清水さん」とか「早坂君」などと呼ぶのが普通である。

ところで、江戸時代の国学者《こくがくしゃ》である本居宣長《もとおりのりなが》は、「忌み名」は「外国《とつくに》」の習俗であって、「漢国《からくに》」の「諱《いみな》」の制が伝わるまでは、日本にはそうした習俗はなかった、と論じた（『古事記伝』巻一八―一二）。これが長らく定説をなしていたが、これに異を唱えたのが、明治・大正期の法学者、穂積陳重《ほづみのぶしげ》である。穂積は、大正八年（一九一九）刊の『帝国学士院第一部論文集』邦文第二号に「諱に関する疑」という論文を発表し、忌み名の習俗は諸民族と同様に日本にも古くから存在したことを、多くの事例をあげて実証し、宣長以来の定説を批判した。既述のように、九世紀初期の嵯峨天皇期に中国の諱の制度が導入されたのであるが、穂積は、それによって日本古来の忌み名の習俗は礼制として整えられたとする。

穂積の論文は、大正一五年（一九二六）に『実名敬避俗研究』と改題して書物として出版され、平成四年（一九九二）には、現代文に改めて『忌み名の研究』の書名で講談社学術文庫に収められた。この穂積の研究を継承した豊田国夫氏の『名前の禁忌習俗』は、日本の全時代を通じて忌み名の事例を豊富に紹介し、実名のタブーは、名はその実体と不可分のものと考える、「名実一体」観から生まれたと解している（豊田国夫一一九八八）。

実名に「善」「良」「栄」「豊」「美」などの嘉字を用いるのも、「名実一体」観からすれば、よく理解できる（もっとも実際には、名と実が一致していない人物が多いが）。

また、他人の実名を呼ぶことはその実体＝人格を支配することになり、逆に、他人に実名を明かすことは服属の意思表示となる。主従関係を結ぶ場合、入門や降伏する場合に、実名を書いた名札である「名簿《みようぶ》」を提出したのは、それゆえである。天皇への奉仕は姓《せい》と実名で行ったのも、臣下として人格的に服従することが含意されていたにちがいなかろう。天皇から官位叙任を受ける際に発給される文書にも、姓と実名が記された。

主君であっても、家臣の実名を呼ぶことは非礼とされていたようである。『吾妻鏡《あずまかがみ》』正治《しようじ》元年（一一九九）八月条には、鎌倉幕府将軍職にあった一八歳の源《みなもとの》頼家《よりいえ》が、北条家の人々の実名を呼んだため、恨みを買ったと母の北条《ほうじよう》政子《まさこ》が注意している記事がみえる。京田直美氏は、この記事を本居宣長が『玉勝間《たまかつま》』の中で引用し、「人の実名をよぶことをば、礼無しとすること」と記していることに注目されている〔京田直美―一九九四〕。実名には他人にはわからない独特の訓《よ》みをするものが多いのは、学をひけらかしたというのみならず、音声で呼ばれるのを避ける意図もあったのではなかろうか。

「名実一体」の観念は諸民族に広くみられ、ヨーロッパでも、旧約聖書の「イザヤ書」に「わたしはあなたの名を呼んだ。あなたはわたしのものだ」とあるように、名前を呼べば相手を支配することになる、と考えられていた〔阿部謹也―一九八九〕。

他人の実名を声に出して呼ぶことのみならず、文字で書き表わすこともタブーとされていた。書状の宛名には実名を記さないのが礼式とされていたのは、それゆえである。

ところで、前近代の大多数の男性は人生の節目に改名し、成人すると童名を成人名の実名に改めたが、「名実一体」観からすれば、童から大人に実体が変わり、敬避されるべき一人前の人間としての人格を備えたことを、諱＝忌み名の実名によって象徴させたものと理解できる。不幸な事態がつづいた時に改名することは珍しくないが、これも名前を変えることにより実＝事態を変えようとしたわけである。

名を貶す、名を籠める

「名実一体」の観念から「名を貶《おと》す」「名を籠《こ》める」習俗も生まれた。貶名《へんめい》は、名を貶すことにより人格をも貶《おとし》める刑罰の一種であり、和気清麻呂《わけのきよまろ》の例がよく知られている。彼は神護景雲《じんごけいうん》三年（七六九）、道鏡《どうきょう》が皇位に就くことをもくろんだ、いわゆる宇佐八幡《うさはちまん》宮神託《ぐうしんたく》事件で、それを阻止しようとして道鏡を寵愛《ちょうあい》する称徳《しょうとく》天皇の怒りを買い、「別部穢麻呂《わけべのきたなまろ》」と改姓改名されて、大隅国《おおすみのくに》（鹿児島県）に配流《はいる》された。翌年、称徳天皇が死去し、光仁《こうにん》天皇が即位すると、赦《ゆる》されて都に帰り、和気清麻呂に復している。

「名を籠める」習俗は、神仏の前に名前を籠めて、その人物を呪詛《じゅそ》することであり、史料では「籠《ろう》名《みょう》」と表記される。酒井紀美氏は、中世末の大和国《やまとのくに》（奈良県）の寺院の史料に、その事例を見出されている〔酒井紀美―一九八九〕。神仏に名前を籠めれば、必ずその当人の身の上に災いが及んでいく、と信じられていた。それは、名前とその当人とは切り離せない一体のものであり、名前に何らかの作用が加えられたならば、その人の身にも必ずその影響が及んでいく、と考えられていたからだと酒井氏は解される。

逆に、神仏に病気平癒、安産、商売繁盛などの願いごとをかなえてもらいたいと欲して、絵馬《えま》に祈願文言と自身の名前を記して奉納することは、今日でも広く行われている。受験シーズンともなれば、合格祈願の絵馬が増加する。名前という回路を通ってやってくるのが、呪詛の場合は災いで、祈願の場合は幸運なのであり、祈願絵馬も神仏に「名を籠める」習俗の一種ではないかと、酒井氏は説かれる。

死者の名を声高に呼んで、遺骸《いがい》から離れて飛び去ろうとする魂をこの世に留めようとする「魂喚《たまよ》ばい」も、「名実一体」観から生まれた習俗であろう。

実名が知られると呪詛されるおそれがあるとして、それを秘す習俗は諸民族に普遍的なものであった。たとえば、古代エジプト人には「実名（大名）」と「美名（小名）」の二種類の名があり、美名のみが公にされ、実名は厳秘にされて後世に伝わっていない。インドでは生児に「密名」と「通名」をつけ、密名は秘して本人、父母、師が知るのみで、婚姻などの儀式以外では用いず、日常は通名を使っていた〔穂積陳重―一九九二〕。

戦国期の実名呼び捨て慣行

戦国期には、実名敬避の常識が当てはまらない、実名呼び捨て慣行が存在したことが、高橋修氏によって指摘されている〔高橋修―二〇〇四〕。戦国期の史料には、実力で天下に名を馳《は》せた人物が、例えば「信長」「秀吉」「家康」というふうに、実名で、敬称も付さずに呼び捨て表現されているという。高橋氏はこれについて、次のように解釈される。「戦国争乱の下剋上《げこくじょう》の世にあっては、その個々人の実力こそが重要な価値観であり」、「名字や仮名《けみょう》（通称）が省略され、実名のみである人物が特定されるには、かなりの程度、その人の存在が広く一般に認知されていなければならない。つまり、実名のみを記すということは、それだけその人物が広く社会的に名の通った人物であることにつながり、それゆえに敬意の表現とみなされたのであろう」と。

そして、一五九〇年代初頭に豊臣秀吉が天下統一を成し遂げ、官位制によって全大名を統一基準のもとに編成するようになると、「大納言様《だいなごん》」「宰相様《さいしょう》」という官職での表記に転化していることを指摘されている。名前の表記法にも、実力重視の戦国時代的価値観から、秩序・儀礼重視の近世的価値観への転換が反映しているわけである。

戦国期には本人が実名を自称している例もみられる。天下統一を進めて天下に名をとどろかせた織田信長と豊臣秀吉が、文書本文中で自尊意識をこめて「信長」「秀吉」と自称していた例も確認されている。たとえば、秀吉が天正《てんしょう》一七年（一五八九）一一月に北条氏直《ほうじょううじなお》に宛てた朱印状《しゅいんじょう》では、「信長公の幕《ばく》下《か》」に属して軍忠を尽くし戦功をあげ、「人に名をしらる」ようになったと誇りながら「秀吉」と自称している〔今野真—二〇一一〕。

> 実名を名乗ること呼ぶことがタブーとされていた民族では、別名を持ち、社交上はこれを用いていた例が多い〔穂積陳重—一九九二〕。

字と通称

中国では男子は成人すると諱《いみな》＝実名《じつみょう》のほかに「字《あざな》」をつけ、通常の交際で使用した。字は当人物の徳を表わすもので、たとえば孔子《こうし》の諱は「丘《きゅう》」、字は「仲尼《ちゅうじ》」、諸葛亮《しょかつりょう》の字は「孔明《こうめい》」である。また通称も使われており、一族のうち同一世代に属する人々の長幼順を示す排行《はいこう》を用いていた。「一（太）郎」「二（次）郎」「三郎」といった類《たぐ》いで、唐代には「一（太）、二（次）、三……」に姓を冠する呼称法が盛んに行われた。唐代の有名な詩人である李白《りはく》は「李十二」と呼ばれていた。その前後に官職名を付す用例も多い。

中国の諱と字は日本にも伝わり、漢学者をはじめ中流以上の成人男子では中国風の字をつけていた例も多いが、通常は通称を用いるのが一般的であり、それを字と称することもあった。学者や文人は号で活動、交際し、職業によっては固有の職業名を使用していた例もあるが、これらについては後述し、ここでは通称について述べておこう。

通称は「仮名《けみよう》」と言われたように、仮の名であった。男性は元服すると童名を成人名に改め、実名＝諱と仮名＝通称の二つの名を持った。一方女性は、先述のように、中世後期の室町時代以降になると、皇女が内親王宣下《せんげ》に際して、それ以外の女性は叙位《じょい》や女房《にょうぼう》としての宮仕えに際して、「子」型の実名に改めたほかは、童名を生涯通称として使用しつづけるようになった。つまり、大多数の女性は忌むべき実名を持たなくなったのである。このことは、女性が一人前の人格の持ち主とは認められなくなったことを示していよう。そこで、ここでは男性の通称について概観しておくことにする。

通称の多くは排行名と律令制官職名を基本としている。

排行名は出生順を示したもので、「太郎」「次（二）郎」「三郎」……「余一郎・余一（十一男）」「二郎三郎（父親が二男で、その三男）」「小太郎・新太郎（父親が長男で、その長男）」といった名前である。ただし、必ずしも実際の出生順に従っていたとはかぎらない。

「次郎」は「跡次《あとつぎ》（継）」という意味で、嫡子の通称として用いられている例もある。佐竹宗家の嫡子は中世以来、童名は「徳寿丸」を称し、元服すると「次郎」「彦次郎」「源次郎」を通称とした。「彦」は男子の美称、「源」は佐竹氏の姓である。

これは元服を機に排行名の通称を名乗った例であるが、童名に排行名を用いて成人後もそれを通称としている例もある。排行に別の字や熟語を付した通称も多い。官職名との組み合わせもその一種であるが、それ以外にはまず姓を冠したものがある。

「源太郎」「平四郎」といった名前がそれである。伊達梵天丸《ぼんてんまる》は数え一一歳で元服し、実名「政宗《まさむね》」、通称「藤《とう》次郎」を名乗った。「藤」は姓の「藤原」にちなみ、「次郎」は「跡次（継）」を意味する。伊達宗家の嫡子の通称は、中世では「次郎」が多く、近世では「藤次郎」あるいは「総次郎」となっている。「総」は「総領」であることを示す。

排行に動植物名、鉱物名、干支《えと》、嘉字などを冠したものもある。「松三郎」「熊五郎」「金次郎」「岩五郎」「丑《うし》二郎」「辰五郎」「栄太郎」「嘉一郎」「善四郎」等々である。

律令制の官職名にちなむ通称は最も多くみられ、近世には武家のみならず庶民においても一般化した。在京の官職名は「官途名《かんと(ど)》」、国司名は「受領名《ずりょう》」と区別され、後者も含めて「官途名」と言うこともある（本書では官職名に統一する）。忠臣蔵《ちゅうしんぐら》で有名な赤穂浪士《あこうろうし》の首領、「大石内蔵助良雄《おおいしくらのすけよしお》」の内蔵助は通称で、中務省《なかつかさしょう》内蔵寮《くらりょう》の次官の職にちなむ。良雄は実名である。

武士は、「……右衛門《えもん》」「……左衛門《ざえもん》」とか、「……兵衛《べえ》」とかいう通称を名乗っている者が多いが、これは、武官として左右衛門府《えもんふ》、左右兵衛府《ひょうえふ》に勤務したり、その武官職を買ったりして通称としたのが始まりで、やがて勤務や買官の実態がなくても、それを通称として名乗るようになったからである。正式には「……右衛門尉《えもんのじょう》」というふうに、四等級からなる官職の等級も付すのであるが、近世には後述のように、正式に官位に叙任されていない者が官職名を名乗ることは規制されたので、等級部分を省いて通称とするようになった。近世の宗門人別改帳《しゅうもんにんべつあらためちょう》をみると、庶民でも成人男性の多くは同様の名前である。

中世後期には村落にも官職名が普及した〔坂田聡―二〇〇〇・〇六、薗部寿樹―二〇〇二〕。「……右（左）衛門」「……兵衛」という近世に一般化する名前は、一五世紀に急増している〔坂田聡―二〇〇〇・〇六〕。官職名は本来、宮座《みやざ》という村の鎮守《ちんじゅ》の祭祀組織における「官途成《かんと(ど)なり》」の儀礼を経て名乗るものであったが、しだいにその儀礼をせずに僭称《せんしょう》（上の身分の称号を勝手に自称）する者が増加した〔薗部寿樹—二〇〇二〕。その結果、近世には庶民においても、官職名が一般化するところとなったのであろう。「平右衛門」「右（左）衛門」や「兵衛」は姓、嘉字や排行などと組み合わされているのが通例である。「三郎兵衛」「源左衛門」「藤兵衛」「吉右衛門」「喜左衛門」「善兵衛」「太郎左衛門」「次郎右衛門」といった類いである。

庶民の通称の姓・官職名使用の意味

中世前期には、百姓が文書に姓と実名を用いている例は少なくないが、苗字が発生した中世後期の村落にあっては、姓と実名の使用は祭祀などの儀礼の場に限定され、苗字と通称、あるいは通称のみを記すのが一般的となる〔坂田聡—二〇〇〇・〇六〕。そして近世には、庶民は公的世界では通称を使用するのが原則となった。しかしながら、律令国家の天皇賜姓に由来する姓と官職名や排行を組み合わせた通称は、庶民層でも中世後期、近世を通じて多くみられる。あるいはこれも「王民」「王孫」意識と関係しているのかもしれない。

中世後期以降、庶民の通称にも律令制官職名が浸透していったのであるが、網野善彦氏は、こうした事態について、次のように述べられる〔網野善彦—一九八九〕。

「まだ著しく未開な特質を残した日本列島の社会に、高度の文明の中から生み出された律令がうけ入れられ、本州・四国・九州の大部分を支配する律令国家が成立したことは、甚大な影響をその後の歴史に及ぼしているが、ここにもその一端がよく現れているといわなくてはならない。アイヌ、琉球は別として、日本列島主要部の多くの庶民の意識が、このようなところでも国家に呪縛されていたことを、われわれは十分知っておく必要があろう」と。

書状・起請文での実名使用

実名《じつみょう》は諱《いみな》＝忌《い》み名であり、他人に明かすことは忌避《きひ》されたのであるが、文書によっては実名をしたためた。書状（書簡）もその例で、差出人は実名を記しているのが通例である。書状はもともと個人間の私的な通信に用いる人格性の強いものであるので、人格のシンボルである実名で出すのが礼式であった。中世以降、権力者の発する書状は公的な機能を持つようになり、公文書にも書状様式が浸透していくが、公文書であっても書状様式のものは実名で出した。実例をあげておこう。

室町幕府の諸機関の奉行《ぶぎょう》が将軍の意を奉じて（承《うけたまわ》って）出す奉書《ほうしょ》には、竪紙《たてがみ》と折紙《おりがみ》の二種類の料紙《りょうし》（用紙）が用いられている。竪紙は料紙を折ったり切ったりせずに横長にして使用する形式で、竪紙奉書の差出人＝奉行の署名は「豊前守《ぶぜんのかみ》」「下野守《しもつけのかみ》」といった官職名である。これを「官途書《かんと(ど)がき》」と言う。年月日は「書下《かきくだ》し年号」と言って「応仁《おうにん》二年四月五日」というふうに一行に書く。この様式は本来的に非人格的な公用の伝達文書の様式として生まれたものであり、「下文様《くだしぶみよう》」と称する。官途書にしているのはそれゆえである。また公文書には必ず年号を記す。これは現在でも同じである。

一方の折紙は料紙を横に二つ折りにした形式であり、これを用いた奉行の奉書は「光俊」「盛秀」といった実名で出され、年号は「付《つけ》年号」と言って月日の右肩に記される。この文書の様式は「書札様《しょさつよう》」と称する書状様式であるので、公文書であっても実名を記したのである。書状には年号を記さないのが本来のあり方である。今日でも書簡や葉書を出すときには月日のみで年号は記さない。しかし、公文書として出し、証拠価値を付与するために年号を記す必要のある場合には、月日の右肩に付したのである。ではなぜ、折紙を用いたのであろうか。書状は本来、竪紙を二枚重ねて手に持って書くのが作法で、一枚目で書ききれないときは、二枚重ねのまま翻《ひるがえ》して二枚目の料紙に書いた。一枚目で書き終えても二枚重ねのまま折りたたむ。今日、便箋で手紙を書く際、一枚に収まっても白紙の便箋を一枚添えて封筒に入れるのは、昔ながらの書状の礼式を踏まえているわけである。折紙にしたのは、そうすることで二枚重ねたように見立てたのであり、竪紙を二枚重ねるよりも略式である。近世に入り庶民レベルでも書状のやりとりが盛んになると、さらに略式化して、横に切った紙に書状をしたためるのが一般化する。

ちなみに、「候文《そうろうぶん》」はもともと私的な書状の文体であったが、近世には公文書にも用いられるようになる。それは公文書に書状様式が浸透した結果にほかならない。

書状の宛名には、「伊達殿」「伊達次郎殿（伊達晴宗《はるむね》）」「伊達左京大夫《さきょうのだいぶ》殿（伊達政宗）」「仙台中納言《ちゅうなごん》殿（伊達政宗）」というように、苗字、居所の地名、通称、官職名などが記されるのが通例である。ところが、一六世紀末〜一七世紀初期の伊達政宗に宛てた書状には、「政宗様」と実名を記したものが少なくない（『大日本古文書　伊達家文書』第一、二巻）。本来、宛名に実名を記すのは非礼である。しかしながら、前述のように戦国争乱の世にあっては、実力で天下に名をとどろかした人物に対しては、苗字や通称を省いて実名のみを記すのは、むしろ敬意の表現であった。政宗も天下に名を知られていたがゆえに、無苗字で実名を記され、殿よりも厚礼の様を付されたのであろう。

神罰・仏罰を保証とした誓約書である起請文《きしょうもん》にも、誓約者は実名をしたためた。仮名《けみょう》の通称よりも人格の象徴である実名をもってしたほうが、強い誓約の意思表示となるのは当然である。もし誓約を破った場合には、神仏の罰はその者の人格に及ぶのである。

中世後期に百姓層の家が形成されるに伴い、当主《とうしゅ》＝家長の名前が「家名」として代々継承されるようになった〔坂田聡—一九九七・二〇〇六〕。

当主名の襲名

近世前期には、家内奴隷《かないどれい》的な存在である譜代下人《ふだいげにん》や傍系親族を家内に抱え、「名子《なご》」「前地《まえじ》」「門屋《かどや》」などと呼ばれる農民を従属させて、比較的大規模な農業経営を営む百姓も少なからずいた。戦乱の終息した一七世紀には新田開発が全国的に進展し、また単位面積に労働力と肥料を集中的に投下する集約型農法によって、土地生産力も高まった。それを基礎に下人、名子や傍系親族も自立してゆき、経営の主体となる。その結果、地域によって差異はあるが、一七世紀後半から一八世紀にかけて小経営体の家が広範に成立した。

この家は、当主夫婦と直系親族を主体とする五人前後の小家族によって構成され、歴史学では小農民の家と称している。近世の村はその家連合体として構成されるようになる。こうした農村構造の変化を基礎に、当主名＝通名《とおりな》の襲名慣行は小農民層にも広まった〔大竹秀男—一九八二、大藤修—一九九六〕。それによって自己の家の連続性を表示したのであり、小農民も主体的な「家」意識を持つようになった表れと解してよかろう。

司法省が民法典編纂の参考資料とするために、全国各地の民事慣例を調査・集成して明治一三年（一八八〇）に刊行した、『全国民事慣例類集』の第二篇第二章「家産相続ノ事」でも、「凡《およ》ソ家督相続スルトキハ必ス公儀名ト唱ヘ其《その》家ノ通名ニ改ムル」（傍点、引用者）と総括しており、近世には当主名の襲名が普遍化していたことが知られる。

近世においては庶民が苗字を公称することは禁じられていたので、当主名は家を公に表示する機能を持ち、それゆえ「公儀名」とも称されていた。庶民も私的には苗字を持っていたが、それは同族の標識でもあった。そこで各家固有の当主名によって家の個別性と連続性を表示したのである。後述のように、当主以外の名前は一村内で重複しているのが常態であるのに対し、当主名は重複していないのは家の識別のためであり、村としても共同体規制を及ぼしていたのであろう。

複数の通名を用いていた農家もあり、その場合、家督《かとく》相続予定者は当主となる前に空いている通名に改名して、次期当主であることを示した例もある〔永田メアリー二〇〇六、加納亜由子二〇〇八〕。越《えち》後国頸城郡長岡村《ごのくにくびきぐんながおかむら》（新潟県上越市長岡）の一八世紀半ば以降の宗門人別改帳を分析された加納亜由子氏によると、持高一〇石以上の階層では家督相続に際して当主名の襲名がなされていたが、一〇石以下層にあっては、相続予定者はたとえば「茂右衛門」と「政右衛門」という二種類の通名をくり返し名乗り、当主になってもその名で通していたという。後者の場合、童名から通名への改名は結婚を機に行っており、この慣行は周辺の村々でも確認されている。

近世には都市の商工業者の間でも、小経営体の家が広く成立した。大坂では経営の安定化に伴い、一七世紀中頃より「家持《いえもち》」（家屋敷所有者）層から屋号《やごう》の形成が始まって、一七世紀末から一八世紀にかけて「店借《たながり》」（借家）層にまで及び、一八世紀前半には家持、店借ともに当主名の襲名事例が増加している〔深井甚三一九八〇、乾宏巳二〇〇二〕。

武士層では、苗字を家名として公に名乗ることが身分特権として認められ、また男子は成人すると実名と通称を持ち、実名には通字《とおりじ》を用いていたので、当主の通称を襲名する慣行は庶民層ほど一般的ではなかったようであるが、襲名事例も決して少なくはない。

たとえば、仙台藩主伊達家では藩祖政宗以来、代々の当主は「陸奥守《むつのかみ》」を通称として名乗っていた。徳川政権下では国持《くにもち》大名は最初従四位下《じゅしいのげ》に叙され、領国と同じ受領《ずりょう》名に任官されるのが原則となったことにもよるが〔黒田基樹―一九九七〕、伊達家自身は、「陸奥守」に、中世において先祖が奥州守護職《おうしゅうしゅごしき》（探題職《たんだいしき》）を務めていたことに由来する、奥州の正統な支配者としての自意識をこめていたという〔小林清治―一九七四〕。その家臣の涌谷《わくや》伊達家の当主は「安芸《あき》」を襲名している。

萩藩主毛利《もうり》家では、「大膳大夫《だいぜんのだいぶ》」と「長門守《ながとのかみ》」を「先祖由緒《ゆいしょ》」の「家名」として位置づけており、歴代にわたってどちらかを名乗っていた〔吉田真夫―二〇一〇〕。

伊豆国韮山《いずのくににらやま》（静岡県田方《たがた》郡韮山町）に役所を置く幕府代官職を世襲していた江川《えがわ》家では、当主は代々「太郎左衛門《たろうざえもん》」を通称とした。「江川太郎左衛門」と言うと、幕末の海防政策で敏腕をふるい、西洋砲術の普及や反射炉の建設などに尽くした人物として想起されるのが一般的であろうが、それは実名「英龍《ひでたつ》」という人物であり、江川家の当主は皆、通称は「太郎左衛門」であった。

跡継ぎ以外の男子のライフコース

以上のように、九世紀初期の嵯峨天皇の名前政策を機に童名と大人名の実名が分化して以来、男性はライフサイクルの節目に改名するようになった。このような改名によって、ライフステージと家・社会における地位＝身分を表示したのである。

もっとも、すべての男子が一家の主《あるじ》になれたわけではない。先述のように、一七世紀後半から一八世紀にかけて農村では、直系家族によって構成される小農民の家が広範に形成された。直系家族制のもとでは、跡継《あとつ》ぎ以外の子女は家から排出される。村における分家創出の余地が頭打ちとなり、さりとて養子の口も見つからないときは、跡継ぎ以外の男子は職を求めて都市に出ることが多くなった。商家に長年奉公し、主人から暖簾《のれん》と資産を分け与えられて別家《べっけ》させてもらった者もいるが、多くは、日雇い稼ぎや武家・商家への短期の奉公稼ぎなどによって生計を立てる、「日用取《ひようとり》」と呼ばれる単身の都市下層民の世界に流入することになった。また、博徒《ばくと》、盗賊などのアウトローの世界に身を投じる者もいた。

単身のまま生家に留まる者もいたが、その場合は「厄介《やっかい》」身分となり、家においても村においても一人前の扱いは受けず、日陰の存在であった。それが名前に反映している例もある。前出の越後国頸城郡長岡村では、生涯未婚であった者は童名のまま一生を過ごした例が多かったという〔加納亜由子―二〇〇八〕。武家でも、単独相続制が定着した近世中期以降は、生家に留まり、武士としての職にも就《つ》けない「厄介」者が増加している。

他家に養子に入ると、その家の命名法に従って改名した。たとえば、秋田藩三代藩主佐竹義処《よしずみ》の二男「義珍《よしはる》」は陸奥国《むつのくに》中村藩主相馬《そうま》家に養子入りすると、「叙胤《のぶたね》」と改名している。「義」は佐竹家、「胤」は相馬家の通字である〔大藤修―二〇〇八〕。

近世の宗門人別改帳に記載されるのは童名、通称、隠居名であるが、家の全男性成員の童名と通称に同字を使用していた例もある。陸奥国《むつのくに》安積郡《あさかぐん》下守屋村《しももりやむら》（福島県郡山市《こおりやまし》三穂田町《みほたまち》下守屋）では、一八世紀後半に当主名の襲名事例が現れると同時に、男性全員に「伝蔵」「伝次郎」「伝兵衛」というふうに頭《かしら》文字を同一にした名前を与えて、家の成員権を示す命名法も登場し、養子はそれに合わせて改名している〔永田メアリー―二〇〇六〕。

古代以来、致仕《ちし》や出家《しゅっけ》によって官を辞すことはあったが、何歳という決まりはなく、能力のつづくかぎり現職に留まっていた。「隠居《いんきょ》」という言葉には元は隠棲《いんせい》という意味しかなかったが、中世後期の室町時代から家督を譲り引退するという意味での隠居制度が登場し、武家や農民層に広まっていった〔飯沼賢司―一九九〇〕。ただし、東北地方や北陸地方の農村では死に譲りの地域が多かった。

隠居後の名前

中世では村の鎮守《ちんじゅ》の祭祀を司る宮座《みやざ》が村政の運営組織でもあったが、それを主導する老衆《おとなしゅう》のうちの最長老は、「常修」「西念」「浄仏」などの法名《ほうみょう》を名乗っていた。法名にするためには「入道成《にゅうどうなり》」の儀礼を行い剃髪しなくてはならなかったが、それには財力が必要であったので、法名はステータスシンボルでもあった〔坂田聡―二〇〇六〕。

近世の村の宗門人別改帳をみても隠居者の名前には法名が多いが、近世には鎮守の祭祀に一般の小百姓《こびゃくしょう》も参加するようになり、また檀家《だんか》制度が確立していたので、法名を名乗るのは特定の階層に限定されていたわけではないようである。前出の和泉国大鳥郡上神谷豊田村の元禄《げんろく》七年（一六九四）～享保《きょうほう》一五年（一七三〇）の「宗旨御改帳」には、隠居後の男性の改名事例が一二件確認できるが、うち一件が隠居後もしばらくは当主の時の名前を名乗ったのちに法名に改めているほかは、すべて隠居と同時に法名にしている。法名に改名したのは、世俗から退隠した身となったことを示していよう。

北関東の近世農村では、隠居後に当主名襲名前の名前に復している事例もみられる〔森謙二―二〇〇六〕。家名としての当主名から、一個人としての元の名前に戻ったわけである。

隠居には、跡継ぎ夫婦と同居して扶養を受ける形態と、隠居屋に移り住んで隠居分《ぶん》の田畑を耕作して自活する形態とがあり、後者は西日本一帯から東日本の茨城・福島両県あたりにまで広く分布している〔竹田旦—一九六四〕。家長・主婦としての責任・役割から解放され、学問や文芸活動に励んだり、物見《ものみ》遊山《ゆさん》を楽しんだりした老人もいたが、楽隠居には相応の資産がなければならず、大多数は老後も働けるかぎりは働いたようである。

近世の武士は、将軍を頂点にピラミッド型の主従関係に編成されて、主君に対し奉公義務を負っており、主君の許可がなければ隠居できなかった。この点は、家の事情が許せば自分の意思で隠居しえた庶民とは異なるところである。武士の隠居には病免隠居と老年隠居とがあり、幕府の役人は、病免隠居は四〇歳以上、老年隠居は幕末までは七〇歳以上でなければ認められなかった。諸藩の隠居許可年齢には差異があるが、概して高齢であり、隠居を認めない藩さえあった〔大竹秀男—一九九〇〕。隠居許可年齢を超えて奉公しつづける者も少なくなかった。仙台藩の隠居年齢の基準は六〇歳であったが、八〇歳、九〇歳以上で現職に留まっていた者もいる〔柳谷慶子—二〇一一〕。

隠居を認めないか、認めてもかなりの高齢を条件としていたのは、泰平の世となった近世には奉公の中心は役職の任務遂行となり、それには熟練を要したことと、隠居料の支給を抑えるためであっただろう。隠居制度があったとしても、必ずしもそれを実現しえたわけではないのである。

死後の名前—諡号

貴人の諱《いみな》＝実名は死後も敬避の対象であったので、死後の名として諡《おくりな》＝諡号《しごう》を贈った。天皇の諡号には漢風諡号と和風諡号とがあった。たとえば、「桓武《かんむ》天皇」（在位七八一～八〇六年）は漢風で、和風では「日本根子皇統弥照天皇《やまとねこすめろぎいやてるすめらみこと》」である。「仁明《にんみょう》天皇」（在位八三三～五〇年）以降は漢風諡号のみとなったが、「光孝《こうこう》天皇」（在位八八四～八七年）を最後にそれも中絶し、「崇徳天皇《すとく》」「安徳天皇《あんとく》」「順徳天皇《じゅんとく》」などのように非業《ひごう》の死を遂げた天皇以外には、諡号は贈られなくなった。

それに代わって贈られたのが追号である。諡号は生前の功績を讃えて贈るものであるが、追号にはそうした意味がこめられておらず、生前の居所の地名、ゆかりのある寺院名、山陵《さんりょう》名などにちなんで贈られ、「後鳥羽《ごとば》」のように以前の天皇の追号に「後」を冠したものもある。追号にも「村上《むらかみ》天皇」（在位九四六～六七年）までは天皇号が付されていたが、それを最後に天皇号は贈られなくなり、「冷泉院《れいぜいいん》」のような院号となった。

諡号と天皇号が復活したのは近世末期の天保《てんぽう》一二年（一八四二）であり、この年閏《うるう》正月、前年一一月に死去した兼仁上皇《ともひとじょうこう》に「光格《こうかく》天皇」と贈っている。天皇号だけでも約八七〇年ぶり、諡号と天皇号の組み合わせとなると実に約九五〇年ぶりの復活であった。

これは、尊王思想の高まりを背景にした、朝廷の朝儀再興の動きの一環であった。院号は、将軍、大名のみならず、近世には庶民まで戒名に使っていた。それと差別化し、天皇権威を高めるために、諡号と天皇号を再興したのである。再興天皇号は死後の称号であり、天皇位にある間は「禁裏《きんり》」「主上《しゅじょう》」などと呼ばれ、即位宣命《せんみょう》や宸筆《しんぴつ》宣命などを除いては、文書や記録に「天皇」と記されることはほとんどなかった〔藤田覚―一九九九〕。近代には一世一元の制が制定されて、「明治天皇」というふうに、在位中の元号にちなんで追号が贈られている。

平安時代、天皇の臣下に対しては、生前太政大臣《だいじょうだいじん》となり出家していない者に諡号が贈られた。たとえば藤原良房《ふじわらのよしふさ》の諡号は「忠仁公《ちゅうじんこう》」である。室町将軍は死後の称号を院号としていたが、朝廷が与えたものではなく、原則として創建寺院の号にちなみ、禅宗寺院の関与のもと幕府が決定していたようである。豊臣秀吉と徳川家康は天皇から、それぞれ「豊国大明神《ほうこくだいみょうじん》」「東照大権現《とうしょうだいごんげん》」という神号の諡号を贈られた。以後、将軍は二代秀忠《ひでただ》から一四代家茂《いえもち》までは朝廷から院号の諡号が与えられ、それが死後の公的呼称となり、公文書や歴史書にも用いられた〔中川学―二〇〇九〕。秀忠は「台徳院殿《たいとくいんでん》」、家光《いえみつ》は「大猷院殿《たいゆう》」である。

水戸藩二代藩主徳川光圀《みつくに》の諡号は「義公《ぎこう》」、同藩天保改革を行った九代藩主斉昭《なりあき》の諡号は「烈公《れっこう》」であるが、これは水戸徳川家で独自に贈ったものである。

死後の名前―戒名

死後に与えられる名前としては戒名《かいみょう》が一般的だが、本来は仏門に入った者に戒律を授けて与えた法名・法号を戒名と言い、出家者の名前であった。それがのちに、生前出家していない人が死後に仏式の葬儀をされ、受戒、引導《いんどう》によって形だけの仏弟子となって、戒名を与えられる風が広まったので、死者の名前のようになったのである。

庶民では近世前期までは、死後に恒久的な石塔墓標を建立され、戒名を与えられ、位牌《いはい》を作られて個別に供養祭祀されたのは、上層の家の家長夫婦に限られていた。それが一七世紀後半以降になると、墓標も過去帳に記された戒名の数や位牌も急増する。このことは各地の調査で明らかにされており、村落でも都市でも小経営体の家が広範に成立し、多くの家が自己の家の死者・先祖を主体的に供養祭祀するようになっていたことを、物語る。大多数の庶民が死後の名前を持つようになったのである〔大藤修―一九九六〕。

法名、戒名は古くは二字が通例で、たとえば御堂関白《みどうかんぱく》と称された藤原道長《ふじわらのみちなが》の法名は「行覚」であった。それがのちに道号・院号や宗派特殊のものを付すようになり、室町時代以降、これらを含めて法名、戒名と言い、元の二字を法号と呼ぶようになった。在俗の信者の戒名は、法号を中心として、上に院号、宗派法号、道号を、下に居士《こじ》・大姉《だいし》、信士《しんじ》・信女《しんにょ》、童子《どうじ》・童女《どうじょ》、孩子《がいし》・孩女《がいじょ》などの位階・性別・年齢を示す称号を付して、構成されている〔藤井正雄—二〇〇六〕。このような要素の組み合わせによって、戒名の格が示される。今日ではそれは布施《ふせ》の額次第となっているようであるが、前近代では身分、家格、家内での地位によって規定され、それを象徴した。

法号の上に冠するもののなかで最上の尊称は院号または院殿《いんでん》号で、足利尊氏《あしかがたかうじ》は死後「等持院殿《とうじいんでん》」と号し、以後、歴代の室町将軍は院殿号を用いた。殿を院の下に付したのは皇室、摂関家と区別するためであったと言われるが、近世にはその意識が変化して、院殿を院よりも格上として武家内部の身分差を表示するものとなった〔同前〕。

江戸深川の黄檗《おうばく》派海福寺の過去帳の分析によると、院殿は大名、上級旗本かその家族に限られ、院の多くは大名の家臣、旗本やその家族、有力商人である〔西木浩一—一九九九〕。

法号の下に付す位階で一般的なのは信士・信女で、その上位は居士・大姉である。位階が同じでも法号の字数でランクづけられており、四字—三字—二字の順となる。四字法号の居士・大姉に院号、院殿号や寺号が冠せられれば、さらに格上となる。仙台藩祖伊達政宗、二代藩主伊達忠宗《ただむね》の戒名はそれぞれ「瑞巌寺殿貞山禅利大居士」「大慈院殿義山崇仁大居士」で、「貞山公《ていざんこう》」「義山公《ぎざんこう》」が死後の公称であった。

庶民でも上層の家の当主とその妻は居士・大姉を付け、院号を冠することもあった。幕府は天保二年（一八三一）、百姓・町人が戒名に院号、居士号を付けるのは身分不相応として禁じ、葬式の規模や墓標の大きさも規制しているが〔『御触書天保集成』五五五一号〕、管見の範囲内では守られた形跡は認められない。戒名や墓標は地域社会での家の地位や経済力、家内部での地位を象徴するものであり、供養の厚薄ともかかわったからである。近世後期には、格式の低い家であっても、経済力を高めると寺院に多額の志納金を納めて、上位の格の戒名を追位してもらった例も珍しくない。

家の形成が広範な階層に及んだ近世には、家を連ねていく存在として子どもへの関心が高まり、「子宝《こだから》」意識が成立した。その死は家族に深い悲しみをもたらし、庶民も幼児の死に際して簡単ながら葬儀を営み、墓標を建て戒名を与えて供養するようになる。幼少の死者には童子・童女や孩子・孩女の戒名が与えられ、墓標は幼児をあの世で救う力があると信じられていた地蔵の形にされている。

近世には死後に戒名を与えて供養する風習が広まったのであるが、賤民はそれを表示する戒名を付され、死後においても差別的な扱いを受けていた〔小林大二―一九八七〕。幕末の幕府と長州藩の戦争には、長州藩の被差別民も「一新組《いっしんぐみ》」と称する常備諸隊の一つに組織されて参戦した。しかしながら、彼らは戦死しても戦死者名簿には「屠卒《とそつ》」としか記されず、平民の戦死者とは差別されていた〔井上勝生―二〇〇二〕。

生家を継げず養子の口もなく、新天地を求めて都市に赴いた若者も多かったが、彼らも一家を築かないかぎり死後は無惨であった。江戸に大量に滞留していた単身の労働力販売層である「日用取《ひようとり》」の者たちは、死亡すると奉公の斡旋《あっせん》業者である「人宿《ひとやど》」などの請人《うけにん》（身元保証人）に立った者に引き取られ、その檀那寺《だんなでら》に埋葬された。

だがそれは死体遺棄《いき》同前の処理で、深く埋葬せずに、遺骸《いがい》に土をかけておく程度であった。もちろん、戒名の授与、墓標の建立などはなされなかった〔西木浩一―一九九九〕。死後は大都市の一隅で名もない無縁仏《むえんぼとけ》となったのである。

名前に反映したジェンダー

名前は生物的な性別の識別記号としての機能を持つが、中世後期から、社会的・文化的に構築された性差＝ジェンダーも明瞭に反映してくる。

先述のように、女性は一四世紀以降、内親王宣下《ないしんのうせんげ》を受けた皇女、女房《にょうぼう》として朝廷に仕える女性や天皇から位階を授けられた女性は、「子」を付した大人名の実名《じつみょう》に改めたものの、それ以外は童名《わらわな》を生涯通称として使用するようになった。つまり、実名を持つのは天皇と関係のある一部の女性に限定されたわけである。

中世後期以降、女性は公的領域から排除されていき、社会的地位が低下したが、名前にもそれが反映しているのであり、肉体的には大人になっても、童同様、社会的には一人前としての扱いを受けなくなったことを示している。

宮中《きゅうちゅう》の女官は、天皇の側近くに仕え顔を合わせる機会のある「女房」と称される上級女官と、「女中《じょちゅう》」と称される下級女官に大別され、それぞれの中にも序列があった。

近世朝廷の女官制度について研究された高橋博氏によると、女房は「正子《まさこ》」「胤子《たねこ》」といった「二音節の嘉字一字＋子」の成人名を持っているのが通例で、位階持ちの者もいるのに対し、女中は「阿茶《あちゃ》」（御末《おすえ》の女中の上首の名前）とか、「たと」「かた」「まむ」「いそ」といった名前である。女中は宮中で一人前扱いされていなかったことが、名前にも示されている〔高橋博―二〇〇九〕。

嵯峨天皇が、内親王に「二音節の嘉字一字＋子」、臣籍に降下した皇女に「二音節の嘉字一字」で命名したのを機に、二音節の女性名が一般化し、庶民女性は平仮名や変体仮名（同音の漢字を当てたもの）で表記されるようになる。男性の名前は、使用されている漢字に何らかの意味がこめられている表意名前であるのに対し、庶民女性の名前は表音記号でしかなくなったわけである。

表音名前ではあっても、長寿を願って、「まつ」（松）、「たけ」（竹）、「つる」（鶴）などと、あるいは清廉実直《せいれんじつちょく》な性格になるようにと、「きよ」（清）、「なお」（直）、「まさ」（正）などと名づけたように、女性名にも親の何らかの願望がこめられているものも少なくはないが、表意名前の男性名との性差は明らかである。

また、男性名は、帰属する家や一族の系譜関係とメンバーシップ、家や社会における地位＝身分を表示する機能を持っているが、女性名には、漢字表記であれ平仮名表記であれ、そうした機能はない。

女性も隠居すれば法名に改めることが少なくなく、死去すれば戒名を与えられたものの、それ以外では基本的に改名しなかった。改名事例もあるが、それは嫁ぎ先の家族や親族に同名の女性がいる場合、身分違いの家に嫁いだ場合、あるいは領主家族に同名あるいは同音の女子が生まれた場合などで、定例化した人生儀礼としての改名ではない。

例をあげよう。秋田藩五代藩主佐竹義峯《よしみね》の長女「栄《えい》」と二女の「常《つね》」は、婚約に際してそれぞれ「照《てる》」、「富《とみ》」と改名しているが、前者は婚約者の母と同名のため、後者は婚約者の母の名に障《さわ》るため、というのが理由であった（『国典類抄』第一巻）。庶民の娘が武家に嫁いで改名した例もみられる。美濃《みのの》国安八郡西条村《くにあんぱちぐんにしじょうむら》（岐阜県安八郡輪之内町）の庄屋《しょうや》の家に文化《ぶんか》七年（一八一〇）に生まれた「ふみ」は、武士と再婚した際に「八重《やえ》」という武家風の漢字表記の名前に改めている（成松佐恵子―二〇〇〇）。

庶民の家では、当主死去時に男子がいないか、いても幼少の場合は、後家《ごけ》や娘が当主となることは認められており、女性当主は珍しくなかったが、当主名は襲名しなかった。しかし、当主となった女性が改名している事例もみられる。

河内国《かわちのくに》の在郷町《ざいごうまち》である古市《ふるいち》（大阪府羽曳野市）の商家西谷家では、万延《まんえん》元年（一八六〇）、当主「平右衛《へいえ》門《もん》」が死去すると、後家の「あい」が当主となり、「へい」と改名している。これは当主名の一字の「平」にちなんだもので、当主となった自意識が反映していよう。しかしながら、家業は架空の「平右衛門」名義で営んでいる〔藪田貫―二〇一〇〕。

また庶民では、嫁が姑《しゅうとめ》の名前を譲り受けていた例も見出されている〔柳谷慶子―二〇〇四〕。これは主婦の地位・権限の継承とかかわっていると思われるので、主婦名の襲名事例がどの程度の広がりを持っていたのか、今後検証することが求められる。

童名の大人　中世後期以降、大多数の女性は大人になっても童名で通したのであるが、中世には男性でもそうした例はみられる。たとえば、朝廷の駕輿丁《かよちょう》（駕籠《かご》や輿《こし》をかつぐ人夫）を務めた八瀬童子《やせのどうじ》と呼ばれる人々、牛車《ぎっしゃ》を牽《ひ》く牛を駆使する牛飼《うしかい》、獄囚《ごくしゅう》が釈放後に検非違使《けびいし》庁《ちょう》の下部《しもべ》となって、犯人の追捕《ついぶ》や流人《るにん》の護送に従事した放免《ほうめん》などは、「丸」を付した童名を名乗っていた。

飯沼賢司氏は、大人の丸型人名は、童が親の所有物であったように、主人に所有された人につけられた名前であり、それゆえ所有の物品や動物の名にも丸が付されたと解される〔飯沼賢司―一九八四〕。これに対し網野善彦氏は、童が神に近い存在とみなされていたように、丸を付した童名を名乗る大人は、神仏や天皇に直属して一般平民とは異なる特異な力を持ち、それを職能とする人々であり、丸型名前を与えられた動物や物品も鷹、犬、楽器、武具、船などであり、神仏のごとき呪的な力を持つことが望まれたからであった、という見解を示されている〔網野善彦―一九八九〕。

中世村落にあっても、宮座のメンバーになれない下層民は生涯童名のままであった〔坂田聡―二〇〇六〕。この場合は鎮守の祭祀組織に加われない者が童名であるので、神仏との関係ではなく、村落社会のマイノリティであったことによる。その点では、社会的に一人前扱いされなくなった女性が生涯童名であったのと通じる。

どうやら、大人が童名を使用した理由は一様ではなかったようである。事例に即して、その意味を追究することが求められよう。では、近世ではどうであっただろうか。

京都府左京区に所在する社団法人八瀬童子会は、中世以来の文書を保管しているが、そのうち重要と思われる文書が選択されて、『叢書　京都の歴史4　八瀬童子会文書　増補』（京都市歴史資料館発行）に収められている。それをひもとくと、寛治《かんじ》六年（一〇九二）の「八瀬刀禰《とね》乙犬丸解《げ》」では、「刀禰」という八瀬住民の代表者が「乙犬丸」という童名で、領主の青蓮院《しょうれんいん》に訴えている。ところが、天文《てんぶん》一九年（一五五〇）の「納禅院脇為納日記《おさめさせ》　八瀬庄」に出てくる年貢米の上納者四一名のうちには、「美濃《みの》」「讃岐《さぬき》」「丹後《たんご》」などの漢字表記の国名《くにな》が二三名、「わかさ（若狭）」「あふミ（近江）」「いよ（伊予）」といった仮名表記の国名が三名もいる。

国名は実名である。それ以外にも「堅秀」といった実名らしき名もみえる。他は入道や、「いや」「松」「松千代」「下若」などの、女性名あるいは男性の童名と思われる名であるが、丸を付した名は皆無である。

右史料集収録の明治三六年（一九〇三）調べ「八瀬村誌」によると、八瀬の男性は「国名」を襲名する慣行があり、建武《けんむ》三年（一三三六）、後醍醐《ごだいご》天皇行幸《ぎょうこう》の時、登山の御輿《みこし》をかつぎ、八瀬の住民に国名を名乗ることを許されたのが始まりだとしている。この伝承が確かなものかどうかは不明であるが、文書では国名は一六世紀半ばから確認でき、近世には一般化している。

近世で賤民《せんみん》身分に位置づけられた人々も成人男性はたいてい、「右（左）衛門」「兵衛」などの官職名を付した名や排行名であり、武士・百姓・町人らの名前と変わるところはなく、童名を成人名に改名している事例も確認されている〔三田智子―二〇〇六〕。村落でも管見の範囲内では、特定階層の男性の大部分が生涯童名であった例は確認できない。ただ先述のように、村によっては、跡継ぎ以外の男子が生家に留まって生涯未婚であった場合には、童名のまま一生を過ごしているが、どの地域でも通例であったわけではない。

近世社会において童名で通した大人男性の事例を意識的に発掘、分析した研究は皆無であるので、あくまで印象論にすぎないが、近世には成人名に改めるか童名を使用しつづけるかは、身分や職能、階層よりも、ジェンダーに規制されていた面が大きいのではなかろうか。だとすると、その意味を考えることが課題となろう。

近世の名前と国家・社会・民族

名前の管理と規制

近世の名前管理システム

古代律令国家は、戸籍に良人《りょうじん》については姓《せい》・名前・年齢、無姓の奴婢《ぬひ》などは名前・年齢を登録して、管理・支配していた。中世には戸籍は作られていない。この時代には権力が分散し、領主は村落に城館《じょうかん》を構えて直接領民を支配していたので、戸籍は必要なかったのである。豊臣秀吉《とよとみのひでよし》によって天下が統一され、近世的な国家・社会体制が築かれるが、それは武士・百姓・町人の身分的分離を原理としており、城下の武家地に集住した武士が村・町《ちょう》を介して支配する体制であった。

支配身分と被支配身分が空間的に分離して居住している体制のもとで、国家の公権力を担う武家領主が領民を管理・支配するためには、領民を帳簿に登録する必要がある。

近世初期には夫役《ぶやく》（人足役《にんそくやく》）賦課の台帳として人別改帳《にんべつあらためちょう》、キリシタン摘発のために宗門改帳《しゅうもんあらためちょう》を、それぞれ随時作成していたが、一六七〇年代になると、両者を合体させた宗門人別改帳を村・町を単位に原則として毎年作成し、家ごとに家族・奉公人の名前と年齢を登録させた。生死・移動や改名の際には、村・町の役人に届け出なければならなかった。

宗門人別改帳に登録された名前は通称と童名《わらわな》である。近世には庶民が苗字《みょうじ》を公《おおやけ》に名乗ることは認められていなかったので、苗字も記されない。領主に提出する公的な文書には、無苗字で通称のみを署名するのが原則であった。しかしながら、庶民も苗字を持ち、私的には用いていたのと同様、実名《じつみょう》をまったく持っていなかったわけではない。庶民上層の家ではたいてい系図を作成していたが、それには成人男子については実名と通称が併記されているのが通例で、実名は九世紀初期の嵯峨《さが》天皇期の名前政策に由来する嘉字《かじ》二字で付与されている。村役人、町役人で苗字の公称を許された者のなかには、公的文書に苗字・通称とともに実名・花押《かおう》を署している例もみられる。

武士については宗門人別改帳の作成はなされなかったが、主君に親類書《しんるいがき》を提出し、子が生まれれば届け出ることが義務づけられていた。改名も主君や奉行《ぶぎょう》、上司などに願い出て許可を得ることが必要で、改名後は各種帳簿類の登記名が変更された。

近世にはこのように、個々人の名前を管理するシステムが確立していたのである。それはとりもなおさず、人身管理のシステムでもあった。同時に、名前を把握されることによって、「日本人」として公認されたのである。

官職名の規制

室町・戦国期には律令官位制の形骸《けいがい》化が進み、武士に対する官位が乱発されるようになった。大名や有力在地領主は将軍の推挙を受けて朝廷から任官叙位され、公式に官《かん》途《と(ど)》名（在京の官職名）、受領《ずりょう》名（国司名）などの官職名を得る一方、自らは家臣たちに官途状という文書や口頭によって非公式に官職を与え、主従の絆《きずな》の強化をはかることが盛んになった。

その実態は、近年の諸氏の研究が明らかにしているところである。また、先述のように、村落にあっても、官途成《かんと(ど)なり》の儀礼を経ずに官職名を僭称《せんしょう》するようになるのが趨勢《すうせい》であった。そのため官職名を通称とする者が武士・庶民を問わず増大した。

近世には、武家の官位は公家《くげ》の官位とは別系統とされ、その叙任《じょにん》は将軍の朝廷への推挙を要件とするようになる。これによって武家官位の授与権は実質的に将軍が掌握するところとなり、武家官位制によって上級武士を編成したので、勝手に官職名を通称として使用することには規制を加え、名前による身分区別の明確化をはかった。その動きは四代将軍徳川家綱《とくがわいえつな》政権後期の寛文《かんぶん》期（一六六一～一六七三年）に現れ、大名家臣の名前が、たとえば「佐渡守《さどのかみ》」「中務大輔《なかつかさのたいふ》」から下司《したづかさ》（四等官の等級）をとった「佐渡」「中務」に変わるようになっている〔小宮木代良―一九九七〕。こうなると、国名、官名（役所名）である。

仙台藩でも、一七世紀前半には、官職名を名乗る者は武士のみならず従属農民層にまで広く存在していたのが、一七世紀後半から一八世紀にかけて整理され、下司を省略した名前になっている〔堀田幸義―二〇〇七〕。たとえば、寛永《かんえい》三年（一六二六）、藩主伊達政宗《だてまさむね》が涌谷《わくや》領主伊達定宗《さだむね》に野谷地《のやち》を宛行《あてが》った黒印状〔『仙台市史』資料編二所収〕の宛名は、「伊達安芸守《あきのかみ》殿」となっていたのが、定宗の子で伊達騒動の当事者となった宗重《むねしげ》は「安芸」を通称としている。

ちなみに仙台藩主の伊達宗家《そうけ》では、藩祖政宗以来、当主は官位叙任を経て「陸奥守《むつのかみ》」を通称として名乗っている。官職が上昇しても当主名としての通称は変えないのが通例であり、その場合は兼任の形をとった。下司付きの官職名を公式に名乗れることは、ステータスシンボルとなったのである。

のみならず、下司を付さない国名や官名を名乗ることも、身分・格式によって規制されるようになった。仙台藩では国名・官名は上級家臣の独占するところとなり、一八世紀に入ると中下級武士や庶民の通称から、「右（左）衛門」「兵衛」のように通称として社会的に定着していた名前を除いて、国名・官名は姿を消している〔堀田幸義―二〇〇七〕。

公的名前と官職名の私称

ただし注意しなければならないのは、公的な名前と私称としての名前が、異なっていたケースも想定されることである。官職名に対する規制が強まれば、領主役所に提出する宗門人別改帳や願書、訴状などの公的な文書には、「右（左）衛門」や「兵衛」に下司は付さなくなるであろうが、私的にはそれを付した名前を使用していた可能性もある。

近世においては、領主から許可されないかぎり、庶民が苗字を公に名乗ることは禁じられていたものの、私的には称していたように、名前についても同様な事態が生じていたとしてもおかしくはない。そのことをうかがわせる事例もみられる。

一八世紀半ば頃より、市場経済化の波に乗って経済的に上昇した百姓が、家の格式上昇も強く欲するようになり、旧来の村の家格秩序をみだすような振る舞いをして、旧特権階層との間で出入《でいり》（もめごと）をひき起こす事例が増えた。名前も家格を示す一つのシンボルであった。上野国《こうずけのくに》勢多《せた》郡《ぐん》花輪村《はなわむら》（群馬県みどり市花輪）では、源右衛門《げんえもん》という百姓が先祖の墓碑の法名と俗名を格の高いものに彫り直し、俗名を「尉《じょう》・佐《すけ》・督《かみ》」などの下司付きの官職名にして問題にされ、天保《てんぽう》一三年（一八四二）七月、「村御役人中」に対し詫《わび》証文を書かされている〔『群馬県史』資料編一五・近世七、阿部昭―一九九〇〕。

この村では、上層家格の百姓のみが下司付きの官職名を名乗れるのが郷例《ごうれい》（村の掟）であり、経済的にのし上がった百姓がそれに違反したため、出入となったのであろう。

官職名が規制され、下司付きの正式の官職名が権威を帯び、ステータスシンボルとなると、それを騙《かた》って世間をあざむく者も登場した。たとえば江戸深川の浄瑠璃《じようるり》語りの繁太夫《しげだゆう》は、「藤本豊後大掾《ぶんごのだいじよう》」という偽名で盛岡に入って興行し、その「仰山《ぎようさん》なる」名前にだまされた同地では、寄席《よせ》の札銭（入場料）が、藩の定めた上限一六文から二八文にまで引き上げられたという〔氏家幹人―一九八五〕。

公家や武家以外にも、神職などの宗教者や職人も下司付きの正式の官職名を名乗れたが、それには官位叙任や許状が必要であった。

神職の官職名

神職について述べておくと、近世においては、朝廷との間を取り次ぐ伝奏《てんそう》の公家が決まっている大社の神職は、その執奏《しつそう》によって官位を得ていたが、伝奏のいない中小神社の神職は、唯一《ゆいいつ》神道《しんとう》宗家で神祇《じんぎ》管領長上《かんれいちようじよう》を称した吉田《よしだ》家や、神祇伯《じんぎはく》の白川《しらかわ》家から神道裁許状《しんとうさいきよじよう》を受けて初めて、正式の官職名を名乗れるようになった。具体例をあげておこう。

駿河国駿東郡古沢村《するがのくにすんとうぐんふるさわむら》（静岡県駿東郡小山町《おやまちよう》古沢）浅間《せんげん》神社の神主《かんぬし》職を世襲していた高村《たかむら》家では、その系図によると、一七世紀初頭の八代までは代々「刑部《ぎようぶの》守（卿カ）」「下総守《しもうさのかみ》」「伊勢守《いせのかみ》」などを通称としていた。しかし、寛永《かんえい》二年（一六二五）に家督《かとく》を相続した九代から一二代までは「刑部」と、下司のない官名を名乗っている。正式な官職名を私称することが規制されるようになったためであろう。

一二代高村刑部昌治は、宝永《ほうえい》四年（一七〇七）に吉田家から神道裁許状を受け、「高村山城守《やましろのかみ》藤原昌治」と名乗り、恒例の神事を務める際に「風折烏帽子《かざおりえぼし》・狩衣《かりぎぬ》」を着用することを認められる。以後、高村家では代々神道裁許状を吉田家から受け、同家の執奏により正式な官職名を朝廷から得ることになった。

古沢村の近隣の村々の神職たちも、一八世紀前後頃に吉田家から神道裁許状を授かり、「右近《うこん》」→「下総守《しもうさのかみ》」、「民部《みんぶ》」→「大和守《やまとのかみ》」というふうに改名している〔『小山町史』第二巻・近世通史編〕。それは神職集団と地域社会におけるステータスを高めることになった。

職人の官職名

近世の職人は天皇の勅許《ちょっきょ》によって官位叙任されるか、勧修寺《かんじゅじ》、仁和寺《にんなじ》、大覚寺《だいかくじ》の三門跡《もんぜき》（皇族・貴族が出家して入室している寺院）から永宣旨《えいせんじ》を得れば、公式に官職名を名乗ることができた。これらは職人受領《ずりょう》と称される〔以下、山口和夫一九九〇〕。また、他の諸公家・諸門跡が出入りの職人に、国名・官名の呼び名を与えることもあった。

ところが職人たちの間では、官位制度の原則から一代限りのものであった先祖の勅許官職名を、代替わりに際しての継目の受領のないままに私的に世襲し、さらには何らの許可なく僭称する者も多かった。特に京都の職人の間では、朝廷との関係もあって官職名が定着していた。そこで、宝永《ほうえい》五年（一七〇八）、幕府は京都を対象に、職人が官職名を名乗る資格を勅許を得た当人のみに限定する触《ふれ》を出して、規制に乗り出した。この段階では国名や官名を呼び名や家名として使用することは許容している。

しかし、官職名の私的世襲や僭称はなくならなかった。そこで朝廷は幕府に要請し、宝暦《ほうりゃく》二年（一七五二）、京都に再度触を出させて、宝永二年の触の遵守《じゅんしゅ》を徹底するよう指示させた。明和《めいわ》三年（一七六六）には全国に触れさせ、国名・官名を名乗ることも禁止させる。幕府の触では三門跡の永宣旨受領は排除されていたが、その後、三門跡の働きかけにより、一七七〇年代初頭には幕府も三都（京都、大坂、江戸）においては公認する。

しかし、その後も職人たちは三門跡以外の公家・門跡から呼び名の許状を得たり、私称したりした。それがステータスシンボルとなり、稼業を利したからである。そのため三門跡は幕府に要請して、職人受領を勅許受領と三門跡の永宣旨受領に限定し、その他の非制度的な受領をあまねく否定する触を、文化《ぶんか》一一年（一八一四）に江戸に、翌年には京都・大坂に出させている。

受領は受ける側のメリットだけでなく、与える側も礼金・礼物を得る収入源だったため、朝廷、公家、門跡の間に確執《かくしつ》も生じさせたのである。神職についても、一八世紀中葉から吉田家と白川家が熾烈《しれつ》な争奪戦をくりひろげている。

武家の官位剝奪の意味

武家官位は家格によって最初と最高の官職・位階が定まっており、最高官位に昇りつめるまでの年数や経験年数が規定されていたが、必ずしも厳密に適用されたわけではない。泰平の世となった近世には、戦闘での武功によって立身出世する途《みち》は閉ざされていた。そこで、家格と官位を高めることを大名たちは競うようになる。

江戸城での儀礼の場における座次《ざじ》（席順）も官位によって決まっており、官位が同じ場合は叙任の早い方が上席となった。それが官位上昇競争に拍車をかけた〔橋本政宣―一九九九〕。その上昇は将軍の思召《おぼしめし》によっており、公式に願い出ることはできない。そのため、老中《ろうじゅう》や将軍側近、大奥などに賄賂《わいろ》を贈って内々に働きかける風潮を生んだ。特に一一代将軍徳川家斉《いえなり》の時代（一七八七〜一八三七年）には、それが激しくなっている。

武家官位の叙任文書を発給するのは天皇であるが、近世には将軍の推挙を要した。戦乱が終息した世では、戦《いくさ》で勝って領土を拡大し、それを家臣に御恩として与えることはできなくなる。官位というステータス、栄誉の授与権を将軍が実質的に握り、その授与を新たな御恩とすることにより、大名の忠誠を引き出すシステムとして武家官位制を機能させえたのである。しかし、大名が官位叙任を介して天皇とも君臣関係を取り結んでいたことは、外圧の中で尊王《そんのう》思想が高まり、天皇の勅命《ちょくめい》が政治的な重みを持つようになった幕末期には、大名は朝臣《ちょうしん》としての意識を強め、天皇への忠誠から将軍に反逆する契機ともなった。

官位を剝奪されることは、幕藩制国家における身分的位置づけを失うことであり、公《おおやけ》に対外的活動をすることができなくなる。元治《げんじ》元年（一八六四）七月一九日の禁門《きんもん》の変後、長州藩主毛利慶親《もうりよしちか》と世子《せいし》定広《さだひろ》は「朝敵」の烙印《らくいん》を押され、天皇から官位（慶親は従四位上《じゅしいのじょう》参議《さんぎ》左近衛権中将《さこんえのごんのちゅうじょう》、定広は従四位下左近衛権少将）を剝奪され、将軍からは「松平大膳大夫《まつだいらだいぜんのだいぶ》」（慶親）、「松平長門守《ながとのかみ》」（定広）の称号と将軍の偏諱《へんき》（「慶」は徳川家慶《いえよし》、「定」は家定《いえさだ》から賜与されたもの）の使用を停止された。この処分によって、毛利家は政治社会における大名家としての公的地位を否定され、政治活動を禁じられたのである。慶親は敬親《たかちか》、定広は広封《ひろあつ》という元の実名に復し、通称はそれぞれ「大膳」「長門」を称するようになる。

長州藩が政治の舞台に再び立つためには、まず両人の官位復旧がなされなくてはならず、そのための画策を展開する。それが実現したのは、慶応《けいおう》三年（一八六七）一〇月一四日、朝廷からいわゆる「倒幕の密勅《みっちょく》」（実際は岩倉具視《いわくらともみ》らが勝手に作った偽勅《ぎちょく》）を受け、挙兵倒幕を決意したあとの同年一二月八日、王政復古のクーデターの前日であり、これによって入京が許された〔青山忠正―二〇〇〇〕。

敬親は明治《めいじ》四年（一八七一）三月に死去するが、翌四月には維新の功績により従一位を贈られた。世が江戸時代であれば望むべくもない高位である。山口市の香山《こうざん》墓地（毛利本家の墓所の一つ）に建てられた慶親の石塔墓標には、「贈従一位大江朝臣《おおえのあそん》敬親卿《きょう》墓」と刻されている。「大江」は毛利氏の姓であり、既述のように天皇との関係は姓で結ばれる。

この墓碑銘には、官位を復旧されて「朝敵」の汚名をそそぎ、従一位まで追位されたことへの、毛利家としての誇りと名誉心が示されていよう。明治三四年（一九〇一）三月には正《しょう》一位という、天皇の臣下としての最高位を贈られる。そのことを刻した石碑も敬親の墓碑の脇に建てられている。

偏諱の賜与

偏諱《へんき》の賜与とは、上位者が下位者へ諱《いみな》＝実名《じつみょう》二字のうち一字（片名）を与えることである。前述のように、男子の元服《げんぷく》に際して烏帽子《えぼし》親が偏諱を賜与したが、一四世紀以降、武士社会では、それ以外にも主従の絆《きずな》を強める手段として、偏諱の賜与はしばしば行われるようになった。家臣にとっては、主君の苗字《みょうじ》や偏諱を賜《たまわ》ることは、自身や自家の格式を高める名誉なことであった。

近世には家格制が確立し、先述のように、将軍や大名の偏諱を与えられる家筋が固定された。ただし、将軍や大名の寵遇《ちょうぐう》を受けた家臣が偏諱を与えられた例もみられる。たとえば、五代将軍徳川綱吉《つなよし》の側近として出世した柳沢吉保《やなぎさわよしやす》は、元禄《げんろく》一四年（一七〇一）、「松平」の苗字と綱吉偏諱の「吉」を与えられ、実名を「保明《やすあきら》」から「吉保」に改めている。これはパーソナルな関係にもとづく偏諱賜与である。

近世社会が成立する過程で、中世の武士団の多くが、あるいは戦《いくさ》に敗れ、あるいは中央政権に所領を没収されて解体した。しかし、主従が離ればなれになっても、その絆を保ちつづけ、旧主家の当主が旧臣家の子孫に偏諱や官途名を与えていた例もみられる。近年、その事例が発掘され、由緒《ゆいしょ》論ともかかわって注目されているが、その一例をあげておこう。

現在の秋田県横手《よこて》市に居城を構えていた戦国大名の小野寺《おのでら》氏は、関ヶ原の合戦で西軍の上杉《うえすぎ》方に味方したため、石見国津和野《いわみのくにつわの》（島根県津和野町）の坂崎《さかざき》氏に預けられ、のちに入部した亀井《かめい》氏に仕え、一方の旧臣は秋田藩主佐竹《さたけ》氏に仕えるなどした。しかし、主従が遠く離れてしまったにもかかわらず、その絆は存続し、旧臣家の者たちは小野寺家の通字《とおりじ》の「道」を与えられ、それが旧臣家相互の紐帯《ちゅうたい》ともなっていた〔金子拓―二〇一二〕。

禁　字　偏諱の賜与は主君の実名の敬避と表裏の関係にあり、主君と同じ実名を名乗ることや、同字を名前に使用することは憚《はばか》られたことを示している。憚るべき名前や字を指定して禁じることもあった。これは「禁字《きんじ》」と呼ばれている。

近世の禁字政策に関して初めて研究された今野真氏は、禁字を、天皇・将軍・藩主およびその家族・先祖の名前や名前の一部の文字、あるいはその文字の読みを指定して、名前に使用することを禁止すること、また禁止の対象となった文字、と定義されている〔今野真―一九九四〕。禁字は早く大宝《たいほう》元年（七〇一）完成の大宝律令にみえ、皇祖以下の御名《ぎよめい》敬避が規定されている。これは、国家としての諱《いみな》、すなわち「国諱《こつき》」であった。

近世には、諸藩で家中《かちゆう》・領民を対象に禁字法令が発布されている。禁字法令が出された契機・時期と禁止の対象となる名前や字の範囲は、藩によって、また同じ藩でも時代によって異なっているが、禁止された名前・字や同音の名前・字を持つ者は改名しなくてはならなかった〔今野真―一九九四、堀田幸義―二〇〇七〕。

諸藩の禁字政策を網羅的に分析された堀田幸義氏によれば、一七世紀後半から禁字法令がみられはじめ、一八世紀、とりわけ後半以降に一般化していく傾向にある。禁字の主たる対象とされたのは藩主家の先祖を含む成員である。もともとは、個人対個人の主従関係において主君の名前を憚ったのが始まりであるが、近世中・後期には藩主家としての権威を高めるために、藩主以外の家成員の名前も敬避の対象としたのである。ただし、そこには嫡系中心という家の原理が貫かれており、傍系親族は対象とされないか敬避方法に違いがあった。また、藩主の正室と子女の名前は敬避の対象とされ、側室腹の子女も含まれているのに対し、母親の側室の名前は除かれており、正室《せいしつ》と側室《そくしつ》の扱いの差異も厳然としている〔堀田幸義―二〇〇七〕。

秋田藩における禁字例の初見は、五代藩主佐竹義峰《よしみね》が嫡孫《ちゃくそん》の徳寿丸を跡継《あとつぎ》に定め、寛保《かんぽう》二年（一七四二）一二月二六日に実名「義眞《よしまさ》」に改名させた際、実名に「眞」の字や「まさ」と同音の字を用いている者に改名を命じた措置《そち》である〔『国典類抄』第一巻〕。注目されるのは、義眞のうち「眞」の字のみを禁字に指定していることである。このことは、佐竹氏の通字《とおりじ》の「義」の方は、それを使用することが容認されていた一門以外の家臣はさすがに自発的に憚《はばか》ったのに対し、藩主跡継の実名であっても、通字以外の字は家臣もそれまで使用していたことを示す。それをも禁止の対象とし、同音の字さえも不可としたのである。

義峰は分家の佐竹壱岐守《いきのかみ》家の出身で宗家《そうけ》を継いだが、子がなかったので分家の従兄弟《いとこ》義都《よしくに》の子である義堅《よしかた》を養嗣子としていた。ところが義堅は早世してしまう。そのため幕府に願い出て義堅の子の徳寿丸に嫡孫承祖《しょうそ》、すなわち祖父から嫡孫に直接家督を相続させることに決め、義眞と改名させるという、異例の措置《そち》をとった。

義峰の跡継《あとつ》ぎを誰にするかについては家臣の間で議論があり、義堅を養嗣子とするのもすんなりと決まったわけではない。義堅没後は義眞が宗家跡継となったとはいえ、祖父・父ともに宗家の出身ではなく、しかも数え一一歳の若年であった。出自の正統性の面からも年齢的にも家臣に対する立場は弱かった。そこで、通字以外の眞の字、さらには同音の字まで使用を禁止することによって、義眞を権威づけようとしたのである〔清水翔太郎─二〇一二〕。

秋田藩の政務を執り行った会所の記録係が、明和《めいわ》七年（一七七〇）から明治《めいじ》二年（一八六九）に至る百年間の藩の法令を書き留めた「町触控《まちぶれびかえ》」〔『秋田藩町触集』上・中・下〕をひもとくと、安永《あんえい》二年（一七七三）以降、藩主佐竹家子女の誕生時の命名やその後の改名に際して、「同文字」および「同唱」の名前の者は改めるよう、領民にまで布達するようになっていたことが確認できる。「同唱」名も禁じたのは、音声で呼ばれることを忌避《きひ》したのであろう。本来敬避の対象となっていたのは実名であり、幼名を敬避する社会習俗は存在しなかったのであるが、近世後期には藩主子女の幼名まで敬避することが強制され、藩主家族全員の名前が家中と領民の名前に規制を及ぼすようになっていたのである。

一八世紀後半〜一九世紀前半には、全国各地の諸藩で禁字法令や同名禁止令が出されていたことが確認されている〔堀田幸義─二〇〇七〕。幕藩体制が動揺していたこの時期、それを維持するために幕藩領主家を権威づけるさまざまな施策が講じられているが、禁字・同名禁止令もその一環に位置づけることができよう。

明治から昭和《しょうわ》にかけて官僚、政治家として活躍し、内閣総理大臣も二度務めた若槻礼次郎《わかつきれいじろう》も、幼少時に改名を余儀なくされた経歴を持つ。彼は慶応《けいおう》二年（一八六六）、出雲国松江《いずものくにまつえ》藩士の家に生まれたが、回想録によると、幼名は「源之丞《げんのじょう》」であったところ、誕生した殿様の子が「源之丞」と名づけられ、「源」の字がつく者は改名しなくてはならなくなったので、「礼次郎」に改めたのだという〔高梨公之―一九八一〕。

彼が成人した時には世が変わり、あとで述べる一氏一名の原則が打ち出され、改名が禁じられていたので、生涯「礼次郎」を名乗り、その名で歴史に名前を残したのである。

身分・格式と職階による名前規制

名前はまた身分・格式や職階によっても規制された。仙台藩では一七世紀後半から一八世紀前半にかけて、家臣たちの名前を管理する体制を整えるとともに自発的な改名行為を規制し、その一方で身分序列、役職序列、支配系列ごとに改名について規定して、改名を強制している。それにより、老中《ろうじゅう》・若年寄《わかどしより》などの幕府要職者、仙台藩家格最上位の一門《いちもん》の当主《とうしゅ》と嫡子《ちゃくし》・嫡孫、藩の要職者と嫡子、上司などの名前は敬避すべきものとなり、同名の者は改名しなくてはならなくなった。それは藩の支配機構に連なる村役人や町役人にも適用された。陪臣《ばいしん》（藩主直臣《じきしん》の家臣）はまた、直臣と同名を名乗ることすらできなくなった〔堀田幸義―二〇〇七〕。

大名であっても、自身が名乗っている官職名と同じ名前の者が幕府の要職に就任すると、別の官職名に変えなければならなかった。その場合は朝廷に叙任文書の発給を求めることはなかった〔堀新―二〇一〇〕。

このような措置は書札礼《しょさつれい》ともかかわっていた。先述のように、上位者に提出する文書の宛名や上位者が出す文書の差出人名は無苗字とするのが礼式であったので、身分制や職制において上下関係にある者たちが同名では差し支えたのである。

『南総里見八犬伝《なんそうさとみはっけんでん》』の作者として知られる近世後期の戯作者《げさくしゃ》滝沢馬琴《たきざわばきん》は、数え五八歳時の文政《ぶんせい》七年（一八二四）、江戸飯田町の家と通称の清右衛門《せいえもん》を娘婿《むこ》に譲り、神田同朋町《かんだどうぼうちょう》に住む息子宗伯《そうはく》のもとに移って「笠翁《りゅうおう》」と号した。ところが宗伯の仕える松前章広《まつまえあきひろ》が「祐翁《ゆうおう》」と称していたので、「翁」の字を憚って「篁民《こうみん》」に改めている。この改名理由は馬琴の書状に記してあり、すでに高梨公之氏が紹介されている〔高梨公之―一九八一〕。

馬琴は松前家の家中《かちゅう》の者でも領民でもないので、おそらく自主的に息子の主君の号を敬避したのであろう。それも老人の号で一般的に使用する「翁」の字を憚ったのであるから、いささか自主規制がすぎる感もするが、名前についても規制されている時代に生きた人間のメンタリティをうかがわせるエピソードではある。

仙台藩では、藩祖伊達政宗以来、歴代の藩主は「陸奥守《むつのかみ》」を通称としていたので、家臣たちは、海魚「鮭《むつ》」の発音が「陸奥」と同音になってしまうことから、これを憚って「六ノ魚《ろくのうお》」と呼んでいたという〔伊達邦宗―二〇〇二〕。

主君や領主の名前を冒《おか》さないよう、動植物名や物品名の発音にまで気をつかっていたエピソードは、これ以外にも伝承されており、盛岡藩主南部《なんぶ》家のように、藩主が「美濃守《みののかみ》」を名乗っていた時には、「美濃紙」「美濃茶」「簑《みの》」「みの虫」まで別の名前で呼ばせようとした例もある〔同前、豊田国夫―一九八八、堀田幸義―二〇〇七〕。

共同体の名前規制

以上のように、国家・社会体制の整備された近世には、名前の管理システムが確立し、人々の名前は政治権力や身分格式、職階などによって規制されたのである。

のみならず、村内部においては名前にも共同体としての規制が働いており、身分階層＝家格によって名乗れる名前が決まっていた例もある。井戸田博史氏は、次のような事例を見出されている〔井戸田博史一九八六〕。

河内国若江郡長田村《かわちのくにわかえぐんながたむら》（東大阪市長田）では、村を開発した草分《くさわけ》百姓一〇三軒のみが「何右衛門《えもん》」と名乗ることができ、氏神《うじかみ》である若宮正八幡宮《わかみやしょうはちまんぐう》の宮座《みやざ》という祭祀組織のメンバーも独占していた。後から村に入った百姓は右衛門名を名乗れず、「何兵衛《べえ》」という名前にしなければならなかった。ところが一八世紀中葉頃になると、経済力を向上させた兵衛方の百姓のなかには勝手に右衛門名を名乗る者が現れ、右衛門方と兵衛方の間で名前と宮座加入権をめぐって激しい争論がくりひろげられ、幕府代官所への訴訟《そしょう》沙汰《ざた》となった。

この件は最終的には代官の裁定により、兵衛方の百姓を分村させ、兵衛座という宮座を新設することで解決をみている。

それぞれの村社会には独自の身分階層が存在し、それは家格という形をとり、それによって村の秩序が規律されていた。家格は、村内で苗字を名乗れる資格、氏神＝鎮守《ちんじゅ》の祭祀組織への加入資格、衣服、家屋の作り、門構え、当主の名前、戒名の格、墓標の形態や大きさなど、さまざまな指標によって表示されていた。

しかし、商品貨幣経済の進展した一八世紀半ば以降、経済的な階層分化が進んで家格と経済力が釣り合わなくなり、家格は低くても経済的に上昇した百姓は、旧来の家格秩序をみだす行為をするようになる。そのため、家格と村内での諸権利をめぐって、全国各地の村で紛争が頻発している。先にみたように、経済的に上昇した百姓が墓碑に下司《したづかさ》付きの官職名を刻して、旧特権階層から指弾された事例もある。

名前の重複と共同体

それぞれの家の当主名は家の標識である家名でもあったので、村内で同じ当主名が複数存在すると家々の識別に差し支える。そこで、当主名は重複しないよう、また村によっては上記の例のようにどのような名前にするかについて、村としての共同体規制が加えられた。

その一方、宗門人別改帳をみると、当主以外の男性や女性にあっては一村内で同名の者が複数いることは、むしろ常態ですらある。このことは、当主名以外の名前の重複については、村は規制していなかったことを示す。

相模国《さがみのくに》三浦郡《みうらぐん》八幡《はちまん》久里《くり》浜村《はまむら》（神奈川県横須賀市久里浜）の元治《げんじ》二年（一八六五）三月作成の宗門人別改帳に記載された、百姓家一四八軒の家族員の名前を調べられた山口徹氏によると、同名は男性は四七七人のうち四六パーセントの二一八人、女性は四一九人のうち七四パーセントの三〇八人にものぼっている〔山口徹―一九八九〕。しかしながら、当主は一四八軒のうち同名はわずか一件、二人のみである。

女性の同名比率が大きく、一つの名前を一〇人から二〇人で名乗っている例もある。男性は先述のようにライフサイクルの折々に改名し、当主名は家を識別する家名であるので重複が規制された。対して女性は、出生時につけられた名前を使用しつづけ、しかも二音節の平仮名二字の名前で、類型化した名前が多かったので、男性名に比べ同名比率が大きくなったのであろう。男性名であっても、当主名は重複が避けられたから、当主名以外の名前に限れば同名比率は高まる。

当主以外の男女の名前は家内で識別できればよいのであって、村レベルでは当主の名前を付して、「誰々倅《せがれ》（女房・娘）の誰々」「誰々のところの誰々」とか、屋敷名や屋号あるいは家屋敷所在地の小字名《こあざめい》を付して、「何々屋敷の誰々」「何屋の誰々」「どこどこの誰々」などと、自称したり他称されたりしたので、村内で同名の者がいても差し支えなかった。

村外の者に対しては、「何々村百姓誰々の倅（女房・娘）の誰々」と、村名を付して当主との関係で称した。近世においては、領主が制度的な身分に直接編成したのは各家の当主であり、当主以外の者については、家族は「何々郡何々村百姓倅（女房・娘）誰々」と当主との親族関係で、奉公人は「何々郡何々村百姓下人《げにん》誰々」と主人との主従関係で、それぞれ把握していた。したがって、当主さえ識別できればよかったのである。

注目されるのは、宗門人別改帳では女房は「誰々女房」とだけ記されて、名前が省略されている例が多いことである。女性は結婚すると、夫の付属物として領主から把握され、固有名詞は無視されたことを示している。

アイヌの命名規則と共同体規制

以上のように日本の村にあっては、当主の名前は重複しないよう共同体としての規制が加えられたが、それ以外の者の名前は同名比率が高かった。こうした日本社会の名前のあり方とは正反対の名前文化を、アイヌ社会は持っていた。無文字のアイヌ社会では名前は発音表示であったが、そこには他人や死者と同じ名前をつけないという命名規則が存在した。

このような命名規則が、どの程度の空間的範囲に生活する人々に適用されていたのかを、遠藤匡俊氏が一九世紀初・中期について分析されている〔遠藤匡俊―二〇〇一・〇四A〕。それによると、命名規則の適用範囲は集落のみならず、それがまとまったアイヌの地域社会にもとづいて松前《まつまえ》氏が蝦夷《えぞち》地に設定した地域単位である、「場所」にも及んでいたことが確認でき、さらに場所をも越えて広範囲にわたり適用されていた可能性さえあるという。

無文字社会であるにもかかわらず、命名に際して、広域的に名前に関する情報交換を行っていたのである。

アイヌは、現世で同じ家屋に住み同じ集落で暮らした人々は、死後の世界においても同じような家屋や集落で生活をつづけると信じていた。したがって、他人と同じ名前をつけないという命名規則は、ある時点での同時居住者のみならず、死者にも適用されたのである。遠藤氏は、唯一無二の名前を保持するという命名規則は、個性を備えた個としてのアイヌが現世と死後の世界において集団生活を営むうえで、好都合であったとされる〔遠藤匡俊―二〇〇一〕。

かかるアイヌ社会の名前文化と比較すれば、同じ共同体に属すメンバーの名前が重複することも意に介さなかった日本社会にあっては、名前は個々人の個性を表すものという観念が薄かったことになる。重複が避けられた当主名にしても、個人名ではなく家名である。

このような日本人とは異なる名前観念と習俗を持っていたアイヌに対し、近世末期、日本は千島列島を南下してきたロシアへの対抗から、蝦夷地を二度にわたって幕府の直轄下に置いて「内国」に編入し、日本文化への「同化」政策の一環として名前を和風に改めさせる手段もとることになるが、これについては後述しよう。

武家の家内秩序と男性の呼称

話を日本社会にもどすと、家内部においても、男性でも当主・嫡子とそれ以外の者とでは名前に差異がつけられていたことは、先にみたところである。近世の日本社会に生きた人々は、重層的な規制のもとで生活を営んでいたが、名前についても同様であったのである。呼び名である呼称も家格や家内での地位に応じて異なっており、上級武家では呼称を規定して家臣たちに周知させていた。それについて研究された堀田幸義氏によれば、次のようである〔堀田幸義―二〇〇七〕。

徳川将軍家では、西の丸に入った世子《せいし》は「若君様」と称され、天皇から任官叙位されると「官職名＋殿」で呼ばれた。家督《かとく》を継いで本丸に移ると「上《うえ》様」、将軍職に就くと四代家綱《いえつな》以降は「公方《くぼう》様」と呼ばれた。家康は将軍就職とともに「公方様」と呼ばれたが、二代秀忠《ひでただ》と三代家光《いえみつ》はそれぞれ大御所《おおごしょ》の家康と秀忠の死去を機に「公方様」の呼称が定着しており、それまでは「将軍様」の呼称が一般的であった。将軍就職と同時に「公方様」の呼称が通用するようになったのは、慶安《けいあん》四年（一六五一）、将軍家光の死後に将軍となった家綱《いえつな》以降である〔藤井讓治―二〇〇二〕。

「公方様」が将軍の呼称として四代家綱より確立したのは、この時から将軍＝天下人《てんかびと》となったからである。家康と秀忠は将軍職を退いた後も「天下人」としての実権を保持し、大名や旗本に対する所領の宛行《あてが》いも行っている。天下人としての権能が将軍職に属するようになるのは、家綱からである〔藤井讓治―二〇〇八〕。将軍職を退き西の丸に移ると、家康以来、「大御所様」と呼ばれた。

幕藩体制の確立していなかった江戸時代初期には、幕府は領国の主《ぬし》である大名に、国家公権を分有する地域的「公儀《こうぎ》」として領国を安寧《あんねい》に統治する能力を求め、相続人選定にあたっても「器量《きりょう》・器用《きよう》」

の原理を優先させていた。一七世紀中期になると「器量・器用」の原理は否定され、家筋優位の原則を打ち出すが、家筋を構成する嫡庶長幼の序については柔軟な対応を示し、相続人の条件として大名・家臣・親族の支持を重視したため、この段階では嫡出長男子単独相続は確立しなかった。

幕藩体制が確固としたものとなった延宝《えんぽう》八年（一六八〇）に将軍となり、三〇年近くその職にあった五代将軍綱吉《つなよし》は、身分秩序の強化によって政治・社会秩序の維持をはかり、家内秩序も嫡庶長幼の序によって律しようとした〔福田千鶴―一九九九〕。

堀田幸義氏が主たる分析対象とした仙台藩主伊達家においても、この時期に、当主＝家長を中心とした家内秩序が呼称によって表示されるようになっている〔堀田幸義―二〇〇七〕。

伊達家では当初は当主＝藩主は「殿様」、嫡子＝世子は「名前＋様」で呼ばれていたが、一七世紀末から一八世紀前半にかけて当主、隠居、世子の呼称がそれぞれ「屋形《やかた》様」「大屋形様」「御曹司《おんぞうし》様」と固定化された。これらは、もともとは貴人の名前を呼ぶことを敬避するために、建物や部屋を呼んでそこに住む貴人を表わした呼称であるが、それが家内の特定の地位に付いた呼称となったのである。

堀田氏はこれを「身分呼称」、一方、個人名や通称化した官職名、あるいは居住地名を冠して「様（殿）」で呼ぶ呼称を「個人呼称」と概念化されている。家内や社会の身分秩序を分析するうえで有効な概念であろう。

伊達家と同じ国持《くにもち》大名家の格式であった秋田藩主佐竹家では、一七世紀半ばには嫡子固有の身分呼称がほぼ成立しており、伊達家より早い。佐竹家にあっては中世段階から嫡出長男子は幼名を「徳寿丸」と名づけられ、出生時より嗣子であることが内外に示されており、早くから嫡庶長幼の序の家内秩序が成立していたようである。それが、嫡子の身分呼称成立時期の差と関係しているのであろう。また、伊達家では嫡子は家督相続まで「御曹司様」と呼ばれていたのに対し、佐竹家では元服《げんぷく》を機に「御曹司様」から「若君様」に呼称を変えている。当主になると「屋形様」あるいは「殿様」と呼ばれた〔大藤修―二〇〇八〕。

伊達家でも佐竹家でも、家継承のラインに連なる嫡系成員については、こうした身分呼称が確立したのであるが、庶子については個人呼称が用いられており、呼称によって嫡系原理を軸とする家内秩序が厳然と示されている。それは他の武家にあっても同様であった。

幕府から「屋形号」を認められていない一般の大名家では、当主は「殿様」、嫡子は「若殿様」と呼ばれた。将軍直属の臣下で知行高一万石未満の者は直参《じきさん》と呼ばれ、将軍に御目見《おめみえ》できるか否かで旗本《はたもと》と御家人《ごけにん》に区分されていたが、旗本の家では、当主・嫡子の身分呼称はそれぞれ「殿様」「若様」であった。御家人は「檀那《だんな》様」と呼ばれたが、幕府官僚機構において御目見以上の役職に昇進すれば、呼称は「殿様」となった。

大名家臣の家の嫡系成員の身分呼称も家格によって異なっていたことは、堀田幸義氏が明らかにしている〔堀田幸義―二〇〇七〕。仙台藩士の家格筆頭である一門の家では、嫡子は「若殿様」、当主は「殿様」、隠居は「大殿様」で、一般大名家における身分呼称と同じであるが、主家の伊達家のそれとは差別化されている。

武家の家内秩序と女性の呼称

武家にあっては、女性の呼称も家格や家内での地位によって決まっていた〔堀田幸義―二〇〇七〕。

徳川将軍家では世子の正室の呼称は「御簾中《ごれんちゅう》様」で、夫が将軍職に就《つ》くと「御台《みだい》（所《どころ》）様」、大御所となると「大御台（所）様」に変更された。

仙台藩主伊達家では、当主正室の呼称は当初は「奥様」であったが、当主が「屋形様」と呼ばれるようになると「御前《ごぜん》様」に変化した。ただし出自によっても異なっており、将軍家、公家や伊達家出身の場合は、嫡子正室、当主正室を通して「姫君様」と呼ばれた。夫が隠居すると、出自に関係なく呼称は「大御前様」に統一されている。

伊達家の娘たちの呼称は、近世前期には嫡出・庶出の別が厳密ではなかったが、中期になり嫡庶長幼による序列づけが確立すると、正室腹は「名前＋姫様」、側室腹は「御＋名前＋様」と、呼称方法の違いによって嫡出・庶出の別が明示されるようになった。側室腹の娘が正室の養女となると、正室腹の娘の呼称に変更されている。娘も母が正室か側室かで呼称が差別化されたとはいえ、いずれも個人名を冠した個人呼称であり、家内での地位に固有の身分呼称ではない点にも、留意しなくてはなるまい。

秋田藩主佐竹家においては、嫡子正室は「若御前様」、当主正室は「御前様」、夫死去後は「後室《こうしつ》様」と呼ばれている。娘については、側室腹の庶出であっても、名づけ時から家臣の日記には「名前＋姫様」と表記されているので、伊達家のように嫡出・庶出による呼称の区別はされていなかったようである〔大藤修―二〇〇八〕。

当主の身分呼称が「殿様」であった一般の大名家と旗本家では、その正室は「奥様」、嫡子正室は

「若奥様」と呼ばれた。御家人の呼称は「檀那様」であったが、妻も「御新造様」と呼ばれ、旗本の妻とは差別化されていた。しかし、御家人であっても御目見以上の幕府役職に昇進すれば、本人は「殿様」、妻は「奥様」と呼称も変更された。

　近世には妾《めかけ》を抱える風が武家の間に広まり、ことに上級武家では数名、ときには数十名の妾を抱えており、それは父系の血筋を絶やさないため、家名断絶を避けるため、という名目で正当化されていた。妾は法制上の身分は奉公人であったが、実生活においては、子を産んだ妾が妻同様の処遇を受けていた例は珍しくない。

　将軍家や大名家では、側妾《そくしょう》が自身の部屋と配下の女中を与えられると「側室《そくしつ》」となり、正室に準じる扱いをされた。将軍家ではおおむね、出産した側妾については、大奥の職制上の地位を昇進させたのちに「御内証之方《ごないしょうのかた》」「御部屋様《おへや》」「御袋様《おふくろ》」といった呼称が与えられている。「内証」は奥の部屋の意で、そこに住む人を「御内証之方」と称して、名前を呼ぶことを敬避したのである。

　秋田藩三代藩主佐竹義処《よしずみ》の庶出子千代丸は、嫡子義苗《よしみつ》が死去したため嫡子となり、家臣たちから「御曹司様」と呼ばれるようになるが、それに伴い生母の側妾「おりう（隆）」は「お町のつぼね」に移って局《つぼね》＝部屋持ち身分となり、呼称も「おりうとの」から「お袋様」に変更されている。女子を産んだ側妾が「お袋様」と呼ばれるようになった例もある〔大藤修―二〇〇八〕。

　江戸時代の大名は参勤交代制により江戸と国元の間を往復していたので、江戸藩邸の正室と同様の役割を果たす存在が国元にも必要となり、正室並みの国元の側室が「御国御前《おくにごぜん》」とか「国夫人《くにふじん》」などと呼ばれて厚遇されていた例もみられる〔柳谷慶子―二〇一〇〕。

庶民の相続慣行と跡継ぎの呼称

庶民の家成員の呼称に関する歴史学的な分析はなされていないが、柳田国男が収集した族制に関する民俗語彙《ごい》では、当主・主人の呼称は「オヤケ」「オヤカタ」「アダ」などで、これは長男の呼称ともなったという〔柳田国男―一九四三〕。長男の呼称としてはこのほか、「ソウリョ（惣領）」「アトトリ（跡取り）」「アトツギ（跡継ぎ）」「カトク（家督）」「ホンヤドリ（本家取り）」などがあり、家督継承者を意味している方言が多い。対して次男以下の呼称には、「オジ」「オンチャ」「オジコ」「シャテイ（舎弟）」など傍系親族を指す言葉や、「ニバンセ」「サシツギ」「ユジンコ（用心子）」といった、相続人予備軍たることを諷《ふう》した戯《ぎ》称《しょう》が少なくない〔竹内利美―一九七四〕。

このような長男と次男以下の呼称は、長男を家督相続予定者とする地域が多かったことを示している。『全国民事慣例類集』の第二篇第二章第二款「相続の権」の項でも、全国的には相続形態にバリエーションがあるものの、「長男ヲ以テ相続人ト定ルコト通例ナリ」と総括している。現在は山形県に属する出羽国村山郡《でわのくにむらやまぐん》では近世に長男子相続が慣行化していたが、宗門人別改帳においても長男は「惣領《そうりょう》」と表記されている〔大藤修―一九九六〕。

明治三一年（一八九八）公布・施行の明治民法では、家督相続の嫡出長男子相続制が定められ、国家の法によって、一定の相続形態が一律に全国民に強制されるところとなった。近世にあっても武家の相続制度は中期以降はそれが原則となっており、庶民でもその相続慣行が優勢であったのであるが、家業の再生産条件や地域の生活文化によって、それとは異なる相続形態もとられていた。男女にかかわらず初生子に家督を継がせる初生子相続慣行は、かつては東北、関東、北陸、東海の東日本に広く分布していたし、西南日本には、末子《まっし》（「ばっし」とも言う。通常は末の男子）に家督を相続させる慣行もみられた（『全国民事慣例類集』、内藤莞爾―一九七三、坂根喜弘―一九九六）。

初生子相続にあっては弟がいても初生子の姉が相続するので、「姉家督」とも呼ばれた。初生子が女子の場合は婿《むこ》養子を取って当主にしているのであるが、潜在的には家付き娘に家督を継がせていると観念されていた。それゆえ、婿養子を迎えても家付き娘が数年間当主の座に座り、夫の能力と人柄を見きわめたうえで家督を譲っている例もみられる（柳谷慶子―二〇〇七）。夫が当主として不適格と判断したときは離縁した。入り婿の場合でも離縁は夫から妻への離縁状の交付を要件とするが、家を出ていくのは夫の方であり、家付き娘の方は当主とするにふさわしい男と再婚して、家を存続させようとした。

仙台藩領の陸奥国《むつのくに》牡鹿郡《おしかぐん》根岸村《ねぎしむら》（宮城県石巻市根岸）では、近世に初生子相続慣行がみられたが、宗門人別改帳にも初生の女子については、誕生時から「嫡子」「嫡女」あるいは「嫡孫」などと記載して、将来家督を継ぐ存在であることを表示している点に、柳谷慶子氏は注目されている（同前）。同じ年の帳面であっても、初生の子や孫は家によって「嫡子」「嫡女」「家督」「孫嫡子」「孫嫡男」「孫嫡女」と表記が異なっている（「天保《てんぽう》四年（一八三三）根岸村当人数御改牒」、『石巻の歴史』第九巻・資料編三所収）。おそらく、各家が申告した呼称をそのまま記載したのではなかろうか。かつて姉家督慣行が存在した地域では、初生の女子は「惣領娘」と呼ばれていたという伝承もある（前田卓―一九七六）。

長男子相続と初生子相続の場合は、出生とともに跡継ぎとしての地位が確定するので、それに応じた身分呼称も生まれる。対して末子相続の場合は、そういうことにはならない。そのあと男子が生まれないともかぎらないからである。したがって、この慣行では跡継ぎの地位が不定にならざるをえない（内藤莞爾―一九七三〕。末子相続がみられた地域においては跡継ぎ固有の身分呼称が検出されていないのは、それゆえであろう。

以上の事例からすると、明治民法制定以前における庶民の家成員の家内での地位と呼称のあり方は、相続慣行と密接にかかわっていたことがうかがえる。それが、明治民法で規定された一律の家制度が浸透したことで、どのように変化したのか。この点の検討が今後の課題となろう。

書状本文中での相手の指称

書状の本文中においては相手の名を記すことは憚られたので、二人称で指称し、発信者と受信者の身分関係によって使い分けていた。

仙台城下北目町《きためまち》の検断《けんだん》という町役人職を世襲していた関口家には、「御用書法《ごようしょほう》幷《ならびに》相《あい》定《さだむる》文体等《ぶんたいとう》」と題する、文書の作成手引が伝わっている〔『仙台市史』資料編三所収〕。近世は村・町の役人を通じて文書によって支配がなされた時代であり、彼らは職務遂行の過程で種々の文書を作成・授受した。領主役所に提出する文書は、領主側の定めた雛形《ひながた》にのっとって作成しなければならなかったし、書状は相手の身分に応じて、書札礼《しょさつれい》という礼式を踏まえる必要があった。そのため、文書の作成手引を作っておいて参照したのである。

収録されている文例や書札礼に関する仙台藩の規定の年代からすると、寛政《かんせい》年間（一七八九〜一八〇一年）に、それ以前の文書作成手引や蓄積・保管してきた文書をもとに、編集し直したもののようである。そのなかには、御用《ごよう》で出す公的な書状の本文中における相手の指称法に関する記述もみえる。

それによると、支配頭《がしら》以上に対しては「御自分様《ごじぶん》」、諸士（中・下級武士である平士《へいし》・組士《くみし》）には「其《そこ》元様《もと》」「各様《おのおの》」、同輩（検断）には「其元」あるいは「貴様《きさま》」「貴殿《きでん》」、下輩《げはい》には「御自分《ごじぶん》」と、それぞれれ称する定めになっている。諸士に私的な用件で出す書状の場合は、御用状に比べてより丁重な「貴体《きだい》（台）様」を用いる。

これらは対面した時の呼称でもあり、自分と相手との身分関係によって、相手に対する呼称を使い分けなくてはならなかった。見知らぬ人と顔を合わせた時には、服装や髪型から相手の身分を判断して、しかるべき呼称を用いなければならない。

近世後期の著名な洋画家、蘭学者《らんがくしゃ》で三河国《みかわのくに》（愛知県）田原《たはら》藩の家老ともなった渡辺崋山《わたなべかざん》（崋山は号、実名「定静《さだやす》」、通称「登《のぼる》」）は、天保《てんぽう》二年（一八三一）九月、相模国《さがみのくに》の厚木《あつぎ》地方（神奈川県厚木市）に旅した折、村人に訪問先の百姓家への道を尋ねたところ、「御殿様」と呼ばれたことを旅日記にしたためている〔「游相日記」、『渡辺崋山集』第一巻所収〕。身なりから、身分の高いお武家様と判断されたのであろう。

書状本文中や対面した時における自称も、自己認識や相手との身分関係における自己の位置づけを示す。今野真氏の論考は、書状などの本文中での豊臣秀吉の自称文言を、織田信長、徳川家康、伊達政宗などのそれと比較して論じた先駆的研究である〔今野真—二〇一一〕。

社会集団・社会関係と名前

女性当主と名前

近世には武士は主従関係を結び、主君に奉公しなくてはならなかったため、女性が家督《かとく》を相続することは否定されていった。一方、百姓・町人の家は領主にとっては財政基盤であるので、当主《とうしゅ》死去時に男子がいないか、いても幼少の場合は、養子を迎えるか実男子が成人するのを待って相続させるまでの間、後家《ごけ》や娘が中継ぎとして当主になることは認められていた。

近世には、一組の夫婦と子ども二人前後の小家族によって構成される家が一般化したので、そうした事態が発生しやすく、女性当主はめずらしくなかった。『全国民事慣例類集』をみると、女性当主の場合、親類代判となって親類の後見的監督に服するか、自身が家の代表者として実印を行使する権限を有したかは、地方によって異なっていたようである。

私はかつて、出羽国村山郡《でわのくにむらやまぐん》（山形県山形市・天童市・西川町）に属する三カ村の近世後期の宗門人別改帳《しゅうもんにんべつあらためちょう》を分析して、農民の相続形態を検討したことがある〔大藤修一九九六〕。そこで検出できた女性相続事例は九件で、後家が七件、娘が一件である。うち親類代判となっているのは数え七〇歳の高齢の女性当主の場合のみであり、他はすべて前家長と同じ印が押されており、女性当主名の田畑質入証文も数枚残っているので、当地方では女性当主であっても実印の行使権と家産管理権を持っていたようである。

しかしながら、宗門人別改帳には、女性当主は女性名単独では「名前人」（筆頭者）として記載されず、「百姓某後家（娘）〇〇」というふうに、前家長との関係で表記されている。出羽国村山地方では、現実には女性が当主であるにもかかわらず、代官所に提出した文書には、その家の通名《とおりな》である男性名や盲人の弟の名前が記されている。領主との関係においては、男性が家の代表者であるという体裁をとっていたのである。

村落社会にあっても、村山地方に広く存在した契約講という各家の当主によって構成される自治組織では、女性当主は排除されていた〔『河北町史編纂資料編第三四輯　大町念仏講帳』天明《てんめい》四年（一七八四）条〕。京都にあっても、女性当主は町《ちょう》共同体では半人前として扱われ、会合の種類によっては招かれなかったという〔安国良一―一九九〇〕。

駿河国駿東郡藤曲村《するがのくにすんとうぐんふじまがりむら》（静岡県駿東郡小山町藤曲）は農村の復興のために、天保《てんぽう》一一年（一八四〇）から安政《あんせい》二年（一八五五）まで、二宮尊徳《にのみやそんとく》が考案した報徳仕法《ほうとくしほう》を実施するが、農業出精人を入札《いれふだ》で選出した際、女性当主は前家長の夫の名前で出席して入札している〔大藤修―二〇〇二〕。女性当主が家の代表として村の公的社会関係に参入する際には、男性名を使用していたわけである。

こうした事例から、近世の村・町にあっては、女性当主は一人前の家の代表者としては扱われていなかった、というのが通説化していた。私もそう理解していた。ところが最近、関東甲信地方の村々では一八世紀後期以降、女性当主が村の寄合に参加し、村役人選出の入札を自身の名前で行っていた事例が、青木美智子氏によって多く見出された〔青木美智子―二〇一一A〕。そのうちの一つの武蔵国入間郡赤尾《むさしのくにいるまぐんあかお》村《むら》（埼玉県坂戸市赤尾）では、一八世紀半ばまでは、女性当主がいても惣百姓《そうびゃくしょう》連名印の文書には女性名はみられなかったのが、一七七〇年代から同種の文書に女性名が登場し、村の寄合にも参加するようになっている。

　注目されるのは、赤尾村の女性相続は一八世紀半ばまでは中継ぎ相続にとどまっていたのが、一八世紀後期以降、一〇年以上、あるいは三〇～四〇年にもわたって当主でいつづけたケースが増加していることである。なかには、成人男子がいるにもかかわらず、女性が当主となっていた例も存在する。一九世紀になると、母から娘へ、あるいは祖母から孫娘へと女性間で相続を行う形も散見される。

　近世後期には中継ぎ相続にとどまらない女性相続の事例も出現していたことは、大口勇次郎氏によっても、東北・関東・近畿の三カ村の宗門人別改帳から検出されており、男性優位のイデオロギーによって相続序列を律していては、もはや家産を維持するのが困難な事態を迎えていたからだと、説明されている〔大口勇次郎―一九九五〕。

　近世後期にあっては、商品貨幣経済の進展により家の浮沈が激しかった。その渦中で家産・家業を維持する必要から、性別にかかわらず能力を重視して相続人を選定する傾向も出てきたことは、十分想定できよう。また、青木美智子氏が分析対象とされた関東甲信地方では、次のような事情も考慮しなくてはなるまい。

　すなわち、この地方の農村では、一八世紀半ば以降、没落した農民が都市に流出したことと、相次ぐ凶作・飢饉《ききん》で餓死者や病死者が大量発生したことにより、人口が激減し、耕し手のない田畑が増加して荒廃化が進行していたことである。家内人数が減少すれば女性相続の発現率が高まり、女性当主の単身世帯も増加する〔長野ひろ子―一九九〇、大藤修―二〇〇一〕。いきおい、女性が当主でいる期間も長くならざるをえない。青木氏の分析された赤尾村でも、女性相続は貧農零細層に多発している〔青木美智子―二〇一一B〕。

かかる近世後期の社会経済状況のもとで村を運営していく必要から、女性当主も一人前の家の代表者として認め、村政に参加させる村も出現したのではなかろうか。都市においても、近世末期の京都には町惣代となった女性も現れている〔牧田りゑ子―一九八六〕。

近世の村や町の自治的運営のあり方は、近代のように全国一律の国家法によって決められていたわけではなく、それぞれの村・町の裁量にゆだねられていたがゆえに、その運営を維持していく必要によっては、女性の参加を認める場合もあったのである。

明治《めいじ》国家が明治一三年（一八八〇）に制定した区町村会法では、選挙権については性別条件を付さなかったので、女性戸主に選挙権を認めた地域もみられたが、明治一七年（一八八四）の区町村会法改正によって、選挙権と被選挙権は男性に限定された。国政参加権からも女性は排除される。女性の参政権が認められたのは第二次大戦後のことである。

職業名と職能集団

職業によっては固有の名前を用いる。今日でも、大相撲の力士は四股《しこ》名、芸能人は芸名、作家はペンネームを使用している。野球選手でも最近は、「イチロー」「サブロー」「T・岡田」といった名前で選手登録をする例が増えている。

近世においては、今日よりもはるかに多く種々の職業（職能）名が存在していた。たとえば医師は、近代では戸籍名で営業しているが、前近代では独自の職業名を用いていた。近世中・後期には百姓・町人の家からも医師が輩出し、村や町に居住する村医師、町医師が増えた。彼らは、村・町の住民としては、宗門人別改帳に登録された名前でメンバーとして認められ、社会関係を結んでいたが、医業は医師としての職業名で営み、独自の集団と社会関係を形成していた。

駿河国駿東郡御厨《みくりや》地域（今日の静岡県駿東郡小山町から御殿場市、裾野市北部にかけての地域で、中世には伊勢神宮の荘園である御厨であったことにちなむ地名）の村々にも、近世後期には多くの医師が存在し、仲間を結成していた。その医師仲間が天保《てんぽう》九年（一八三八）に作成した議定《ぎじょう》書に名を連ねている二三名全員が、「玄仲」「玄俊」「宗仙」といった医師としての職業名で署名している（『小山町史』第二巻・近世資料編一）。

医師や画師、仏師などのなかには、僧侶の位階である法印《ほういん》・法眼《ほうげん》・法橋《ほう(つ)きょう》を与えられた者もおり、その称号はステータスシンボルであり、技能の権威づけとなった。

盲人男性は当道《とうどう》座という社会集団に属して、鍼灸《しんきゅう》、按摩《あんま》、音曲《おんぎょく》などを生業《なりわい》とすることが多かったが、集団内部には階層的身分序列が存在し、それに応じた名前を名乗って、メンバーシップと地位を表示していた。仲間入りするためには、当道の師匠について、髪を剃って法体《ほったい》となり、名前を与えられなくてはならなかった。

嘉永《かえい》三年（一八五〇）、駿河国駿東郡須走村《すばしりむら》（静岡県駿東郡小山町須走）の吉兵衛という人物が、小関検校《けんぎょう》支配下の座頭《ざとう》「房之一《ぼうのいち》」に弟子入りした際には、「徳栄」という名前を与えられている。その名づけ状には、「向後《きょうこう》（以後）小関検校下房之一弟子徳栄と、何国に於《お》いても相名乗《あいなの》るべく候《そうろう》」と記されている〔同前〕。弟子入りすると初心《しょしん》に位置づけられるが、その身分で生業を営む場合には、全国のどこでも「徳栄」の名前を使用することを義務づけられたわけである。

初心から打掛《うちかけ》になると、「房之一」「城慶《じょうけい》」などといった一名《いちな》または城名《しろな》を名乗る。初心・打掛は無官で、座頭《ざとう》の官位を得て晴れて正式に座入りが認められた。座頭は一～四度の四階級に分かれ、衆分《しゅうぶん》と呼ばれる一～三度の座頭は「〇一座頭」あるいは「城〇座頭」と名乗り、在名《ざいみょう》という四度座頭になると苗字を許され、苗字を冠して「座頭〇一」とか「座頭城〇」と名乗る。勾当《こうとう》、検校《けんぎょう》の官位に昇進すると、「苗字＋勾当」「苗字＋検校」と名乗り、他者からもそう呼ばれた。また、地位によって装束《しょうぞく》も異なっていた〔加藤康昭―一九七四〕。

勾当、検校は苗字のみで名前を名乗らず、また呼ばれなかったのは、実名敬避の観念と関連し、それがステータスを表していたのであろう。女性の盲人は瞽女《ごぜ》仲間を形成しており、やはり地位が上昇すると名前を変えている〔同前〕。

斎藤善之氏によると、近世の水主《かこ》（船乗り）集団では独自の職業名が用いられ、集団に属すると地位相応の名前を与えられ、昇進に伴い改名する慣行があり、船頭になると「……太夫《だゆう》」と名乗ることが多かったという〔斎藤善之―二〇〇七〕。太夫《たゆう》名は、律令制下の位階制度における五位の通称「大夫《たいふ》」に由来しており、これ以上と以下とでは身分的に大きな格差があった。それゆえ、太夫の称号はステータスシンボルとなった。遊女も最高級の者は太夫名を名乗り、芸能集団においても、その頭《かしら》や主立った者は太夫を称している。

鉱山で採鉱労働に従事する「掘大工《ほりだいく》」（採掘夫）や「掘子《ほりこ》」（鉱石搬出夫）は、一鉱山を超えた金掘《かなほ》りとしての社会集団を形成し、各地の鉱山を渡り歩いていた。この金掘り集団への加入は「出生《しゅっしょう》」と称されていた。それまでの人間関係を断ち切って鉱夫として生まれ変わる、と考えられていたからである。それゆえ、鉱夫に取り立てられる際に改名して、生まれ変わりを象徴することも行われていたという〔荻慎一郎―二〇一二〕。

奥女中の名前

近世の将軍家の居城である江戸城、大名家の居城と江戸屋敷、旗本や大名の大身家臣の屋敷は、政務・軍務を担う表の領域（表向《おもてむき》）と、当主家族の生活の場である奥の領域（奥向《おくむき》）に区分されていた。武家の奥向には女中が奉公していたが、将軍家や大名家の奥女中《おくじょちゅう》は多人数にのぼり、職階のヒエラルヒーが築かれていた。藩士の娘が大名家の奥向に奉公する場合に限り、本名を名乗った例も稀にはあったが、大多数は女中名をもらって奉公し、職階が上がると名前も改めた。畑尚子氏は次のような例を紹介されている〔畑尚子―二〇〇九〕。

武蔵国多摩郡宮下村《むさしのくにたまぐんみやしたむら》（東京都八王子市宮下町）の旗本領《はたもとりょう》の名主《なぬし》を務めていた荻島家に、文政《ぶんせい》二年（一八一九）に生まれた「まさ」は、天保《てんぽう》三年（一八三二）、福井藩越前松平《えちぜんまつだいら》家の常盤《ときわ》橋上《かみ》屋敷の奥向に奉公に上がり、「八十路《やそじ》」という女中名をもらっている。この名前から、役職は仲居《なかい》、御使番《おつかいばん》、御半下《おはした》のいずれかであろうと畑氏は推測される。

「まさ」は奉公をやめたあと結婚したものの、夫婦仲がしっくりいかなくなり、嘉永《かえい》四年（一八五一）、離縁を実現するために、元奉公先の越前松平家の屋敷に駆け込んでしまう。武家屋敷への奉公は、女性の側から離縁を求める拠り所とされていた駆込み寺と類似の機能を果たすこともあったが、これもその一例である。

当時、越前松平家上屋敷は焼失していたので、中《なか》屋敷の神田橋御殿《ごてん》に再勤することになった「まさ」は、今度は「やま」という女中名を名乗った。畑氏によれば、この名前をもらっているところから、御《お》三之間《さんのま》くらいの役職に就《つ》いたと思われ、職階は以前より上昇しているという。翌年には芝の薩摩藩邸に移り、「喜尾《きお》」という名前を与えられて、右筆《ゆうひつ》（文書・記録の執筆・作成にあたる職）として働くことになった。慶応《けいおう》二年（一八六六）には表使《おもてつかい》に昇任し、「滝尾《たきお》」と改名している。この職は、奥向の買い物を取り仕切り、広敷《ひろしき》役人（奥向の事務や警護を担当する男性役人）との交渉をしたりする渉外係である。

明治元年（一八六八）に奉公を辞したが、同四年、人別帳上の名前を「まさ」から「滝尾」に改名している。最後の女中名を本名としたのである。そこには奥女中をしていたという自負がこめられていただろうと、畑氏は解される。富裕な商家や農家では、行儀作法と教養を身につけさせて良縁を求める花嫁修業の目的で、娘を武家屋敷の奥奉公に上がらせることは広く行われていた。江戸城や大名屋敷への娘の奉公が認められることは家の名誉であり、本人のステータスも高まり、実家に対する発言力がアップした。くだんの「まさ」の義理の兄は日記で、彼女が奥奉公していないときは「まさ」と呼び捨てにしているのに対し、奥奉公中は女中名に「様」という敬称を付している。

江戸城本丸大奥の女中の最上位は上臈御年寄《じょうろうおとしより》であり、「万里小路《までのこうじ》」「常磐井《ときわい》」「飛鳥井《あすかい》」「山野井」「梅園」「花園」「歌橋」などを名乗り、次位の御年寄の名前は「滝山」「浦尾」「瀬川」「花嶋」等々であった。奥女中名の継承について分析した畑氏によれば、上臈御年寄の名前は部屋親・部屋子の間で継承され、宿元（身元引受人）の家を一にしているので、宿元ごとに名跡株《みょうせきかぶ》があったようである。対して御年寄以下の女中名は役職に与えられた名前で、その職に就いたときに空きのある名前を選んだらしい。

幕府の奥女中は三〇年以上勤めて隠居すれば、住居が下され、死去するまで生活に困らないよう後扶持《あとぶち》が与えられた。隠居すると剃髪《ていはつ》し、院号を与えられて「〇〇院」と称し、比丘尼《びくに》と呼ばれた。ただし側室は例外で、三〇年に満たなくても主人が死去すれば比丘尼となり、二丸《にのまる》や桜田屋敷に住まいを与えられた。

遊女の名前

近世には公娼《こうしょう》制がとられ、「傾城屋《けいせいや》」「遊女屋」という営業主が売買春業を幕府や藩から公認された空間は、郭《くるわ》と呼ばれた。郭は「曲輪《くるわ》」に由来する言葉で、塀で囲まれ、堀や溝が巡らされ、出入り口が限られており、市街地のはずれに設けられた。それまで市中に散在していた傾城屋や遊女屋は、近世には郭という世俗社会から隔離された空間に集められたのである。

曽根ひろみ氏によれば、売買春営業の空間を隔離したのは、近世初頭の遊女屋の営業主には牢人《ろうにん》が多く、また牢人や武芸者が居住、出入りして治安をみだしていたからで、治安対策上の理由によるという〔曽根ひろみ―二〇〇三〕。

こうした遊郭の世界に入って遊女奉公する際には、「傾国名《けいこくみょう》」「傾城名」と称される遊女としての名前を使用した。延宝《えんぽう》六年（一六七八）に成った、近世前期の遊里《ゆうり》百科全書と評される藤本箕山《きざん》『色道大鏡《しきどうおおかがみ》』には、各地の遊郭で採集した「傾国名」が収録されている。

それをみると、①「花夜《はなよ》」「初雪」「初藤」「夕顔」「花鳥《かちょう》」「松風」「小夜風《さよかぜ》」「名月」「白露《しらつゆ》」といった風流・優雅な、いわゆる狭義の源氏名《げんじな》、②「和泉《いずみ》」「出雲《いずも》」「因幡《いなば》」「筑前《ちくぜん》」「駿河《するが》」「周防《すおう》」「長門《ながと》」などの国名、③「今川《いまがわ》」「市川《いちかわ》」「豊浦《とよら》」「掛川《かけがわ》」「舟橋《ふなばし》」「三嶋《みしま》」「沼津《ぬまづ》」などの小地名、④「掃部《かもん》」「縫殿《ぬいの》助《すけ》」「勘解由《かげゆ》」「主計《かずえ》」「内蔵助《くらのすけ》」「蔵人《くろうど》」「木工《もく》」などの律令制官職にちなむ名前、⑤「亀之助《かめのすけ》」「九之《くの》助《すけ》」「類之助《るいのすけ》」「七十郎《しちじゅうろう》」「作十郎《さくじゅうろう》」「左源太《さげんた》」「左源次《さげんじ》」「数馬《かずま》」などの官職名以外の男性名、が大半を占めている。

源氏名は本来は『源氏物語』の帖名《じょうめい》にちなんだものであるが、のちにはそれとは無関係につけられた風流・優雅な名前、さらには遊女の名前全体を指すようになった。『色道大鏡』は「傾城の名は、風流なるをもて第一とす」としているが、採集された遊女名には男性的な名前が多いのは驚きである。官職名は世俗社会では男性が通称として名乗るものであるので、男性名に含めてよいだろう。国名も男性の通称によくみられるが、それを遊女の名前にしたのは、男性名であることを意識してのものであったのかどうか、断定はしえない。

女性が名乗った男性的な名前は「権兵衛名《ごんべえな》」と総称されており、女歌舞伎《おんなかぶき》に由来するのではないかと、角田文衛氏は推測されている〔角田文衛―一九八七〕。江戸時代初期には女歌舞伎が隆盛し、遊女によって演じられた。男役を演じる男装の遊女が男性的な名前を名乗ったのが始まりで、寛永《かんえい》六年（一六二九）に女歌舞伎が風紀をみだすという理由で禁じられたのちも、遊女名として残ったのではないか、というのである。遊女が男性名で男性に性を売ったのは、あるいは男色《だんしょく》の問題とも関連していたのかもしれない。

遊女にも等級があり、最高位は太夫で、その地位に就くと「……太夫」と称した。太夫の遊女名は遊女屋によって決まっている場合が多く、襲名された。

『色道大鏡』は、遊郭では客も本名ではなく別名を用いたとしており、その名前も採集している。それによれば、通称の頭文字（市、三、彦、善、金、吉など）、排行名（太郎、二郎、四郎、五郎など）、実名の片字や氏姓《しせい》の片字（道《みち》、時《とき》、常《つね》、藤《ふじ》、重《しげ》、郷《さと》など）を、「遊客名」としている。遊郭では、遊女も客もその空間でのみ通用する名前で接したのであり、そこでの関係はあくまで一時の仮想であった。

奉公空間と名前

近世の世俗の社会においては、女性はたとえば「某村百姓某娘○○」というふうに、所属する家の当主との親族関係によって幕藩権力から身分編成されていた。それが、将軍家・大名家の奥向や遊郭などの、世俗社会から隔離された空間に入り奉公することになると、その空間における独自の身分関係、社会関係に位置づけられ、世俗社会におけるのとは異なる職能を果たすことになる。

それゆえ、名前を変えて別人となる措置《そち》をとったのではなかろうか。遊女の場合は、たとえ客に身をゆだねようと、それは遊女名での商売上の行為にすぎず、人格までゆだねたことにはならないわけである。客の方もまた別名で接したこと、上記のとおりである。

武士が幕府や藩の役職に就いても、一律に名前を変えることはなかった。男性役人の大部分は表の領域の役務に従事し、奥向の役職に就くことがあっても、奥女中のように奥の空間で生活していたわけではない。男性役人は世俗の社会から隔離されてはいなかった。それゆえ、奥女中のように、世俗の名前とは別の名前で奉公するようなことはなかったのかもしれない。この点はジェンダーとかかわっており、今後深めるべき論点であろう。

ただ、男性役人であっても、前述のように上役と同名の場合は改名した。男性も幕府・藩の役所という職場＝空間に身を置けば、職制の上下関係によって名前を規制され、改名を余儀なくされる場合もあったのである。庶民から調達されることの多かった足軽《あしがる》などの武家奉公人では、次に述べるように奉公人としての名前が定まっていた例もある。

役職名の継承と売買

幕府大奥の女中名は人ではなく役職に付いたもので、役職者の交替に伴い名前も継承されたのであるが、同様の事例は多くみられる。いくつか例をあげておこう。

仙台藩主伊達家の家臣であった高野家では、足軽の名前が固定されていた。同家の足軽は弥組・彦組・助組・甚組の四組に分けられて編成され、「弥一郎」のように「所属組名＋数字＋郎」で命名されている。名前の頭《かしら》文字によって所属する組を表示していたわけである。足軽の供給源は百姓や木挽《こびき》であったが、新規に召し出された者は前任者の足軽名を名乗り、足軽小頭《こがしら》に昇任すれば、やはり前任者の名前を襲名した。そして足軽小頭から歩行《かち》に昇進するとその役職名前に改め、実名も与えられている〔堀田幸義―二〇〇七〕。

これは武家奉公人の例であるが、農家の男性奉公人が、奉公人としての名前を主人から与えられていた例も見出されている〔永田メアリー―二〇〇六〕。

近世には、えた頭《がしら》の「弾左衛門《だんざえもん》」が、関東八カ国とその近国の賤民を支配していた。この名前は役職に付いたものであり、世襲していた矢野家の当主名は「内記《ないき》」である。矢野は苗字で姓は藤原を称していたが、慶応《けいおう》四年（一八六八）正月、平人《へいにん》身分に引き立てられた際、江戸町奉行に「弾」という苗字と「内記」の名前で御用を務めたいと願い出て、認められた。当主名で役職を務めることにしたわけであるが、旧官名や旧国名を通称に用いることが禁じられると、明治三年（一八七〇）一二月、東京府庁に「直樹《なおき》」への改名を申請している〔高橋梵仙―一九七八〕。

今日、大相撲《おおずもう》の世界では年寄株が売買され、取得するとその名跡《みょうせき》の年寄名を名乗っている。役職が株化＝名跡化し、物権として売買されるようになったのは近世であり、多様な役職が株化していた。塚田孝氏によると、近世後期の江戸の町では木戸《きど》番の役職が株として売買されるようになっており、取得者は「番屋名前」を襲名している〔塚田孝─一九九二〕。

近世城下町の町人居住区域では、街路をはさんで両側に軒を連ねる家屋敷の集合体である町《ちょう》が基礎単位をなしており、町人たちの共同体であると同時に支配の末端組織でもあった。町と町の境界には木戸を設けて番人を置き、夜間には木戸を閉じて不審者の通行を防止していた。江戸の木戸番たちは集団を形成しており、役職の株化は利害集団としての成熟と関連していると、塚田氏は解される。

この指摘は相撲年寄集団にも当てはまり、一八世紀に組織が整えられるに伴い、今日にも年寄株として存続している年寄名が成立している〔高埜利彦─一九八九〕。

以上のような役職と名前が一体化していたケースでは、役職に就けばその役職固有の名前を名乗り、その名前で集団に帰属し、役職をめぐる固有の社会関係に身を置いて、職務を遂行することになったのである。

身分の株化と名跡の継承・売買

身分が株化していた例もみられる。村には百姓株が存在し、売買の対象ともなった。また、相続人がいなくて絶家《ぜっけ》となった名跡を、他家の跡継ぎ以外の男子や奉公人、あるいは村外からの移住者などに継がせて再興させることも、広く行われていた。名跡を継げばその家の当主名に改名し、当該の家を取り巻く社会関係のなかで生活を営むことになる。

旗本《はたもと》と御家人《ごけにん》は将軍直参《じきさん》の武士であるが、一八世紀中葉頃より困窮のために、富裕な農民や商人などにその身分を株として売ることが盛んになった。その場合、株の売り手と買い手が養子縁組をしたうえで家督《かとく》を譲る、という形式をとるのが一般的であった。家督を相続すればその家の苗字と当主名を継承し、武士としての集団と社会関係に参入する。

このように、身分の株化＝物権化により、庶民が金銭でもって武士身分を取得する現象も生じたのであり、名変わりが身分と社会関係の変更を象徴した。

名前の使い分け

前近代には成人男子は実名《じつみよう》＝諱《いみな》と仮名《けみよう》＝通称を持っていたが、双方ともに本名を構成する要素である。それとは意味を異にし、同一人物が別々の名前を使い分けることも珍しくなかった。その契機もさまざまである。先に述べた本名以外の職業名で活動するケースもその一例である。

近世の身分制は職業（職能）別に編成されており、身分と職分《しよくぶん》が一体化しているのが基本であったが、社会的分業の進展により両者が分離する事態も現れた。近世社会において、一人が二つの名前を使用した「壱人両名」の事例を研究した尾脇秀和氏は、それが出現する大きな契機を身分と職分の分離に見出されている〔尾脇秀和―二〇一二〕。

一人が二つの身分に帰属することになった場合にも、それぞれ別名にした。近世には百姓や町人が武士身分に取り立てられた例は無数にあり、後期には領主への献金によって武士身分を獲得する者が増加した。完全に武士化すれば一人一名前であるが、百姓・町人としての身分も維持し、その家業も継続した場合は名前を使い分けていた。例をあげよう。

仙台藩領の陸奥国桃生郡前谷地村《むつのくにものうぐんまえやちむら》（宮城県石巻市前谷地）の百姓で、農業経営の他に酒造業と金融業を営んで財をなした斎藤《さいとう》家は、近代には全国第二位の巨大地主に成長したことで知られる。当主は代々「善次右衛門《ぜんじえもん》」もしくは「善右衛門《ぜんえもん》」を通称として名乗っていた。同家は仙台藩にたびたび献金しており、その功績により七代当主は天保《てんぽう》一五年（一八四四）、同藩の中級武士である大番士《おおばんし》に取り立てられた。七・八代当主は武士身分としては「斎藤善次右衛門」の名で知行《ちぎょう》地を領有する一方、百姓身分としては「久三郎」の名で土地を所持している〔小倉博―一九二八〕。

出羽国酒田《でわのくにさかた》（山形県酒田市）の豪商で、近代には全国第一位の巨大地主となる本間《ほんま》家の中興の祖とされる三代当主は、実名を「光丘《みつおか》」、通称を「久四郎」と称した。彼は商業と金融業で蓄積した資本を土地に投下して一代で数百町歩の大地主となり、庄内藩に多額の献金をして、明和《めいわ》四年（一七六七）に武士身分に取り立てられ御小姓格《おこしょうかく》となった。それを機に商業は「本間庄五郎」の名で営み、酒田町の自治を担う三六人衆の一員としての名義も同名に改め、武士身分としては「本間久四郎光丘」の名で藩主酒井家に仕えた。御物頭《おものがしら》次席に昇進すると、通称を「四郎三郎」に改名している〔佐藤三郎―一九七二〕。

近世後期には百姓や町人が朝廷の地下官人《じげかんじん》（下級官人）になる例が増えるが、その場合も百姓名、町人名と官人名を使い分けている〔西村慎太郎―二〇〇八〕。他国に進出した近江《おうみ》商人が、本籍地での百姓身分を残したまま出店先に寄留した場合、百姓名とは別名を使用していた例もみられる〔藤田貞一郎―一九九二〕。

同一人物が異なる領主に属した場合も、それぞれ別の名前を使用していた〔尾脇秀和―二〇一〇〕。畿《き》内《ない》近国は異なる領主の所領が錯綜しており、一村が複数の領主に分有される相給《あいきゅう》支配形態が一般的であった。村内の土地は一区画ごとに領主に分有され、百姓もいずれかの領主に所属しており、株化していた。そのもとで他領の百姓株を買得したりすると、一人が異なる領主に属し、各々の領主に対して年貢《ねんぐ》・夫役《ぶやく》（人足役）を負担することになった。その場合は同一人物が別々の百姓名前を使い分けて矛盾を調整している。

それぞれの領主に提出する宗門人別改帳には別名義で登録しているので、いわば二重戸籍であり、別人格を装ったわけである。幕府は容認していなかったが、領主は支配下の百姓数を維持して財政基盤を確保するために黙認していた。

塚田孝氏は、江戸の非人小屋頭《ひにんごやがしら》が町方との関係においては、非人組織内部での名前とは別の名前を使用していた事例を見出している〔塚田孝―一九九二〕。江戸の非人は非人頭―小屋頭―抱《かかえ》非人という支配関係で組織されており、町方を勧進《かんじん》（物乞《ものご》い）して生活を支えていた。勧進場（持場）の対象となる町々を分割して割り当てていたのは非人頭であり、そのもとで小屋頭は町方と密接な関係を取り結んでいた。この町方との関係における名前は特定の人物に付いたものではなく、固定され継承されていたのではないかと、塚田氏は推測されている。

同一人物が名前を使い分ける契機はさまざまであったとはいえ、相異なる社会関係に身を置くことになった場合である点では共通しており、それぞれ別個の名前で、別人格として社会関係を取り結んでいたわけである。

社会関係は活動空間ともかかわる。芸能集団は支配領域を越えて活動することが多かったが、その頭《かしら》が領内と領外とで自称を変えていた例もある。

芸人などでは太夫《たゆう》の称号がステータスシンボルとなっていたことは、先に述べたところである。弘前《ひろさき》藩領に存在した歌舞伎《かぶき》集団の頭は、一七世紀中期以来、「太夫」の称号でもって藩に対して自己主張をしており、領内で他に優位する芸能集団としての自意識を示していたが、一八世紀初期には藩主との密接な関係を背景に、「御国太夫《おくにだゆう》」という権威を笠に着た自称を使うようになった。しかし、この自称は領外で興行する際には役に立たない。そのため、領外では「津軽之喜太夫《つがるのきだゆう》」と称している〔浪川健治―二〇一〇〕。

号で結ぶ文人の人間関係

学問、文芸、芸術などの活動は号で行った。近世はプロの学者、文人、芸術家が誕生した時代である。彼らにとって号は職業名でもあり、号で歴史に名を残している。たとえば「荻生雙松《おぎゅうなべまつ》」「松尾宗房《まつおむねふさ》」と言っても、どういう人物かわかる人はほとんどいないであろう。しかし、それぞれに「徂徠《そらい》」「芭蕉《ばしょう》」という号を付せば、江戸時代の著名な儒学者、俳諧師《はいかいし》であると、たいていの人はすぐさま思いつく。ちなみに、雙松、宗房はともに実名であり、通称としては、徂徠は「総右衛門《そうえもん》」を、芭蕉は「甚七郎」「忠右衛門」「藤七郎」などを、それぞれ称している。近世前期の画家、狩野探幽《かのうたんゆう》の実名は「守信《もりのぶ》」、通称は「采女《うねめ》」で、「探幽斎」「白蓮子《びゃくれんし》」などと号した。彼の場合は実名でもある程度知られている。幕府御用絵師となり、子孫は代々、実名は「守」、号は「探」を通字《とおりじ》として継承し、守信・探幽を祖とする家筋と流派に属することを表示している。

泰平の世が長くつづき、庶民の間にも文字文化が浸透した江戸時代には、武士や庶民も学問・文芸・芸術活動を盛んに行っていた。それらが社会に広く受容されていたからこそ、専業のプロとしての生活も成り立ったのである。武士や百姓・町人などはそれぞれ固有の身分名を持っており、その名で家職を営み、人間関係を形成していたが、そのかたわら学問・文芸・芸術活動を行う際には号を使用し、それでもって前者とは質を異にする人間関係を築いた。もっとも双方の人間関係が全く無関係であったわけではなく、後者の人的ネットワークが家職の遂行にも役立つ面はあった〔杉仁―二〇〇一〕。

一八世紀後半に町人文人として活動した木村蒹葭堂《きむらけんかどう》は、大坂北堀江《きたほりえ》五丁目の造り酒屋「坪井屋《つぼいや》」の主人であり、通称は「吉右衛門《きちえもん》」、「蒹葭堂」はその居室につけられた堂号である。彼は町共同体の一員として「坪井屋吉右衛門」の名で家業を営み、町年寄も務めながら、「木村蒹葭堂」の名で文人としても活躍した。蔵書家、収集家、本草《ほんぞう》・博物学者、画家、篆刻《てんこく》家など、名声を博した分野は広く、上方《かみがた》を代表する詩文結社「混沌詩社《こんとんししゃ》」の中心メンバーであった。文人としての交遊関係はきわめて広く、さまざまな分野の人間と身分を超えて同好というつながりで人的ネットワークを築いていた〔有坂道子―二〇〇七〕。

近世後期には、多様な文化活動を通じてさまざまな身分・職業の人々が結び合い、身分・職能団体とは原理を異にする、任意的結合体としての文化結社を生み出していた。そこでの交遊は世俗の身分名ではなく文人としての号でなされた。身分名は幕藩権力によって管理され、その名で人身が把握・管理されていたのであるが、号は管理されていない。したがって、号で行う活動とそれで結ぶ人間関係は、権力の身分統制の枠外にあったのである。

一八世紀後半から、儒学者や蘭学者、国学者たちは一つのテキストを集団で読み、討論する会読《かいどく》を盛んに催していた。前田勉氏は、この会読を、門地《もんち》や身分・格式の差異を超えて、お互いが対等な立場で関係し合う公共空間であり、政治的な「公論」形成の場ともなったと評価される〔前田勉―二〇〇九〕。

会読のみならず、個々人の自発的な意志によって、身分を超えて集うさまざまな文化的な交流の場についても、杉本史子氏が、ハーバーマスの言うところの、公共圏の形成に該当するとの見解を提示されている〔杉本史子―二〇〇〇〕。

近世も後期ともなると、身分制社会にあって、多様な公共空間が広く成立していたのである。それが身分制を内から克服する大きな契機となったことは、間違いあるまい。

文芸のなかでも俳諧は広く民衆の間に定着しており、近世後期には全国至る所に俳諧サークルが形成され、定例の句会を開いていた。そこから多くの俳句集も生まれた。一例をあげよう。安政《あんせい》三年（一八五六）正月、駿河国駿東郡柳島《やなぎしま》村（静岡県駿東郡小山町柳島）の勝又氏が座主となって句会が開かれた。その記録の「月並句合《つきなみくあわせ》」をみると、一五〇人を超える俳人たちが集い、実に一七〇〇余の句を詠《よ》んでいる。しかも「月並」とあるので、句会の開催は月例化していたことが知られる。参加人数の多さは、俳諧が上層農民のみならず、一般農民の間にも広く浸透していたことを物語る。女性俳人もみえる。

俳句集には俗名は記されず、全員、俳号で登場する。句会の場はおそらく、村落社会における地位や性別にかかわらず、俳人として平等な立場で交遊する、世俗の秩序を超越した文化的公共空間であっただろう。そこでの評価基準は、世俗での地位ではなく、あくまで俳人としての能力であったに相違ない。それは、人間を身分、家柄、性別などにかかわらず能力で評価する、近代的な人間観を胚胎《はいたい》させる契機ともなったと思われる。

駿河国駿東郡地方では、俳諧の他にも、漢詩、和歌、謡曲《ようきょく》、長唄《ながうた》、浄瑠璃《じょうるり》、書画、囲碁《いご》、生け花、料理、弓術《きゅうじゅつ》等々、多様な嗜《たしな》みが村人の間にも受容されており、近世後期にはそれらを通じた交遊が盛んに行われていた。種々の芸を集団で楽しむ一大文化イベントさえ催されており、それを中老衆《ちゅうろうしゅう》、若者仲間という村落の年齢集団も支えていた。

村落社会にあっても、文化的社交を通じて、伝統的な共同体的人間関係とは異質な、個人の自由意志で取り結ぶ結社的人間関係を胚胎させていたのである〔大藤修—二〇〇一〕。

行者名で結ぶ人間関係

人と人を結ぶ紐帯《ちゅうたい》の主要なものに信仰がある。近世にはさまざまな民衆宗教が生まれたが、その一つに富士講《ふじこう》があった。富士山信仰で結ばれた団体で、特に江戸市中で隆盛した。この富士講を母体に、武蔵国鳩ヶ谷宿《むさしのくにはとがやじゅく》（埼玉県川口市）の小谷三志《こたにさんし》が、一九世紀初頭に「不二孝《ふじこう》」を創唱した。三志は行者《ぎょうじゃ》名で、正式には「禄行《ろくぎょう》三志」、本名（通称）は「庄兵衛《しょうべえ》」である。

彼は、富士登山と加持祈禱《かじきとう》を主とする従来の富士講のあり方を批判して、実践的な生活倫理を説き、「不二孝」と称した。富士信仰の道は「二つなき道」であり、その根本は「孝」の実践である、という考えから名づけたものであるが、のちには「不二道《ふじどう》」と称している。不二孝（道）には広範囲にわたって多くの農民や商人たちが入信し、仲間を形成した。そのネットワークは関東から東海、甲信、畿内《きない》にまで及んでいる。

三志の弟子たちは、入門して数年修業し行者の域に達したと認められると、師から、「行三《ぎょうさん》」（行者の「行」と三志の「三」）を組み込んだ行者名を授けられた。たとえば、三志門下筆頭の高弟と言われる、下総国豊田郡水海道《しもうさのくにとよだぐんみつかいどう》（茨城県水海道市）の商人鈴木忠八の「頂行三達《ちょうぎょうさんたつ》」、同国豊田郡中妻村《なかづまむら》若林金吾の「欽行三悟《きんぎょうさんご》」、常陸国真壁郡下高田村《ひたちのくにまかべぐんしもたかだむら》（茨城県筑西市下高田）太助の「太行三勤《たいぎょうさんきん》」、といった類《たぐ》いである〔岡田博─二〇〇〇〕。

一人前の行者と認定されると、仲間同士では行者名で交流した。「行三」の行者名を名乗ることによって、三志門下に属す同行《どうぎょう》の士であることを示したのである。また、行者名には右の例の後二者のように、通称の一字を用いているものが多いが〔同前〕、それは不二孝（道）のネットワークに組み込まれたことを示してもいよう。

身分、職業、支配領域を超え、同じ道を実践する同行の絆《きずな》で結ばれた不二孝（道）仲間も、一種の公共圏の形成と評価してよいだろう。実際にも彼らは、「土持《つちもち》」と称する土木工事の無償労働奉仕のような社会奉仕事業を盛んに行い、公共の福利への貢献に努めた。近世末期には、疲弊した農村を復興するために二宮尊徳《にのみやそんとく》が考案した報徳仕法《ほうとくしほう》が、今日の福島県から滋賀県に及ぶ広範な地域で実践されたが、その広域にわたる展開を支えた社会的基盤の一つとなっていたのも、不二孝（道）仲間であった。

尊徳は三志と交友関係にあり、三志の思想から影響を受けていたが、報徳仕法の実施に際しても三志の門弟たちが尊徳の手足となって働き、米麦等の物資の大量調達、経済情報の収集・提供、仕法資金の活用増殖などに大きな役割を果たしていたのである〔同前〕。

アウトローの別名・異名

私はかつて、国立歴史民俗博物館主催の「日本人の名前と社会」をテーマとする共同研究に参加したことがあるが、平成六年（一九九四）六月一八日の研究会では山本光正氏が、「『御仕置例類集《おしおきれいるいしゅう》』にみる別名《べつみょう》・異名《いみょう》」と題する報告をされた。「御仕置例類集」とは、幕府の最高裁判所である評定所《ひょうじょうしょ》の一八世紀後期以降の判例集である。山本氏は、この判例集において犯罪者や容疑者の別名・異名が記されている例を、二百数十例見出された。

「安五郎事《こと》吉五郎」「太七事幸左衛門」「いよ事しま」などとあるのは、本名とは別の名を使用していた例である。博奕《ばくち》や盗み、スリなどを稼業として渡世《とせい》していた場合は、別名はいわば職業名でもあり、素性《すじよう》を隠すために用いたのである。

「異名井戸平事堺屋平兵衛」「きられ丹次事吉兵衛」「むらさきひも丹七事喜七」「みそ小僧喜之助」「こりこう長吉」などは、異名で呼ばれていた例である。異名は本人も称していたかもしれないが、もともとは仲間や世間がつけた「あだ名」である。一八二〇年代から三〇年代初めにかけて、江戸市中の武家屋敷ばかりをねらって盗みを働き、世間の評判を博した稀代の大泥棒「無宿次郎吉《むしゆくじろきち》」は、「鼠小僧《ねずみこぞう》」という異名をとっていた〔「浮世の有様」、『日本庶民生活史料集成』第一一巻所収〕。彼はこの異名で今日にも名を残している。

本名は実親や名づけ親など特定の関係者が命名したものであるが、あだ名は社会が命名したものであり、この社会的命名を「あだ名」と言うようになったのは中世末らしい〔阪下圭八―一九八七〕。鼠小僧次郎吉も無宿であったが、「御仕置例類集」には、「無宿彦七事次助」「藤七事当時無宿藤心伜《せがれ》藤次郎」「千住無宿きねつみ幸七」「神田無宿ほうかむり忠事忠五郎当時忠次」「橋本無宿へび市事市太郎」のように、無宿であることが明記されている例もみえる。無宿とは、それぞれの身分の人別帳から除籍された者である。

無宿発生の契機には、親が子を家から追放する勘当《かんどう》や領主の追放刑、村・町の制裁としての追放もあったが、最大の契機となったのは「欠落《かけおち》」である。欠落とは居住の村・町から無断で出奔《しゆつぽん》することで、文書では「与風出《ふとで》」と表現されている例も多い。

欠落が発生すると、家族や親類、五人組、村・町の役人は領主役所に届け出て、捜索しなければならなかった。一八〇日間探しても見つからなければ無期限の永尋《ながたずね》の扱いとなるが、欠落者が罪を犯した場合に連帯責任を負わされるのを免れるために、久離《きゆうり》という親族関係を断ち切る措置《そち》をとることが多かった。久離を領主役所に願い出て久離帳に記載されると、親族の縁は絶ち切られ、居住の村・町の人別帳から除籍されて「無宿」となった。

一八世紀後半より関東とその周辺農村では、商品貨幣経済の浸透により農民層の分化が進み、加えて自然災害にもたびたび見舞われたため、没落して村を離れ、人別帳から除籍されて無宿となる者が多く発生した。彼らのなかには博徒《ばくと》の仲間に入って渡世する者や、長脇差《ながわきざし》を帯するなど浪人の風体《ふうてい》をし、集団で村々町々を徘徊して金銭を強要する者も少なくなかった。アウトローの世界には独自のネットワークが形成されており、そこに入り込むと、別名を使ったり、異名で呼ばれたりしたのである。

それは別名・異名で取り結ぶ体制秩序外の社会関係であり、その取り締まりが治安対策上の大きな課題となった。

名前をめぐる民族と国家

人名は、それぞれの「民族」（エスニックグループ）の歴史と文化を反映しており、民族的なアイデンティティの根源ともなっている。

人名と民族・国家

一方で人名は、「国民」としてのアイデンティティを示すものでもある。したがって国家は、他民族で新たに自国家に帰属した者あるいは編入した者に対し、自国民としてふさわしい人名に変更することを、しばしば強制する。また社会的差別を恐れて自発的に改名する場合もある。したがって人名は、民族と国家の矛盾・相克の焦点ともなるわけである。

人名をめぐる民族と国家の問題は、近代国民国家のもとで先鋭な形で発現することになるが、日本史において国民国家形成の前史に位置づけられている近世にあっても、同様な問題は存在した。

倭寇勢力の圧伏と近世国家

一四世紀以降、東アジアの海域では、倭寇《わこう》勢力による海賊行為を伴う私的交易が活発に展開していた。中国・朝鮮側からは倭人《わじん》の海賊とみなされ「倭寇」と呼ばれたこの勢力は、実態は日本のみならず中国、朝鮮、琉球などさまざまな国の出身者を含んでいた。彼らは服装と言語を共通にしており、それは「倭服」「倭語」と呼ばれたが、日本の服装・言語とまったく同じなのではなかった。

村井章介氏は、「こうした人間集団のなかに、民族的な意味での日本人、朝鮮人、中国人がみずからを投じた（あるいはむりやり引きこまれた）とき、かれらが身におびる特徴は、なかば日本、なかば朝鮮、なかば中国といったあいまいな（マージナルな）ものとなる」として、「こうした境界性をおびた人間類型」を「マージナルマン」と呼ばれる（村井章介一九九三）。そして、「かれらの活動が、国家的ないし民族的な帰属のあいまいな境界領域を一体化させ、〈国境をまたぐ地域〉を創りだす」とされる。

倭寇勢力の創り出した「国境をまたぐ地域」に国家の楔《くさび》を打ち込んだのは、豊臣秀吉《とよとみのひでよし》であった。明《みん》帝国を中心とした東アジアの国際秩序が揺らぐなかで、国内統一を進めていた秀吉は、日本列島周辺の海上支配権を倭寇勢力から奪取して、海上交通の安全を「公儀《こうぎ》」（国家公権）として保障するために、海賊行為を禁止する措置《そち》をとった。

彼は、天正《てんしょう》一四年（一五八六）頃より海賊行為の禁圧に乗り出しているが、同一六年には刀狩令《かたながりれい》と同時に海賊停止《ちょうじ》令を発した。主眼は海民調査にあり、海賊禁圧の徹底を名目に、海で生活する人々すべてを国単位に豊臣政権が掌握し、水主《かこ》（水夫）として兵糧米《ひょうろうまい》輸送などに動員する体制を築こうとした。

秀吉は、他国出身の倭寇であっても日本国に永住することを望めば、「日本国民」となることを認める方針をとっていた。倭寇の名前は出身の国・民族によって多様であったであろうが、「日本国民」となった者は日本風の名前に改めたものと思われる。日本近世国家は、国内統一とともに、国境を越えて活動する倭寇勢力を圧伏することによって、成立したのである。

朝鮮人被擄人の「日本人」化と「改名」

天正一九年（一五九一）に奥羽を平定して国内統一をなし遂げた豊臣秀吉は、かねてよりの野望であった、朝鮮、琉球、その他の遠国《おんごく》・異域を服属させ、明《みん》国を征服して、東アジア世界の天下を一統する事業に乗り出し、翌年、朝鮮半島への出兵を開始した。この出兵では、戦闘員、非戦闘員を問わず膨大な数の朝鮮の人々が、被擄人《ひりょじん》として連行された。その多くが海外に奴隷《どれい》として売られ、一部は朝鮮に送還されたが、数万規模の人たちが日本国内に留められたと推測されている〔中野等―二〇〇八〕。

西日本の大名たちは競って朝鮮の陶工を連れ帰ったが、毛利輝元《もうりてるもと》が連行した陶工の一人、李敬は、長州藩の御用焼物所の御用細工人として召し抱えられた。彼は、日本では「坂本助八」という日本式の苗字《みょうじ》と名前を名乗り、のちに「坂《さか》」と苗字を改め、初代藩主秀就《ひでなり》から「高麗左衛門《こうらいざえもん》」の名前を与えられている〔『長門市史』歴史編〕。

日本に留まった被擄人の大部分は農村に耕作者として投入されたが、彼らは日本社会への「同化」を余儀なくされ、日本式の苗字と名前に変えているので、史料的に彼らの実態を明らかにすることは困難になっている。しかし、キリシタンとして長崎で摘発されたことにより、出身と名前を記録にとどめることになった朝鮮人被擄人は、「川崎屋助右衛門尉《すけえもんのじょう》」と日本式の屋号と名前になっている〔中野等―二〇〇八〕。

日本の近世は国家の「国民」把握と統合が強まり、社会的・経済的・文化的にも「国民」としてのまとまりが進んだ時代で、国民国家形成の前史に位置づけられているが、その初発から民族問題を抱え込んでいたことを見落としてはなるまい。

西欧人の「日本人」化と「改名」

西欧人が日本に住み着いた場合も、日本式の苗字・名前を称した。慶長《けいちょう》五年（一六〇〇）に豊後国《ぶんごのくに》臼杵《うすき》（大分県臼杵市）近くの海岸に漂着したオランダ船リーフデ号に、水先《みずさき》案内人として乗り込んでいたイギリス人のウィリアム・アダムス（William Adams、一五六四〜一六二〇年）は、徳川家康《とくがわいえやす》の外交顧問となり、相模国《さがみのくに》三浦郡《みうらぐん》逸見村《へみむら》（神奈川県横須賀市西逸見町）に知行地《ちぎょうち》を与えられ、「三浦按針《みうらあんじん》」と名乗った。苗字の三浦は知行地の地名にちなみ、按針という通称は水先案内を意味する。

「異国渡海御朱印帳」では、慶長一九年（一六一四）、シャム（タイ）に向かう船に幕府が与えた朱印状について、「みうらあんじんに下され候《そうろう》」と記している〔『大日本史料』第一二編一三〕。アダムス自身も、一六一三年一月一二日付けでバンタム（インドネシアのジャワ島西部の地名）にいる友人のアウグスチン・バルディングに送った書翰の中で、「余《よ》は日本語にて、アンジウ《（ン）》・サンマ（按針様）と呼ばる、此《この》通称を以て、余は諸国の海岸に普《あまね》く知られたり」（原文英語）と述べている〔同前〕。

アダムスは母国のイギリスに妻と二人の子を残していたので、家康に帰国を懇願したが、彼を外交で活用しようとした家康はこれを認めず、やむなく「三浦按針」の名で家康に仕え、諸国にもその名で知られるところとなった。一方で彼は、イギリスの東インド会社との雇用契約書や同会社重役に出した書翰では、「William Adams」の名を用いている〔同前〕。

日本に対しては「三浦按針」の名で、イギリスに対しては「William Adams」の名で、それぞれ仕えていたのである。先に一人の人間が異なる社会関係に身を置くことになったときに、異なる名前を使い分けていた事例を紹介したが、アダムスの場合は、二つの国との関係においてそれを行っていたわけである。

日本への永住を余儀なくされたアダムスは、日本人女性と結婚して二人の子をもうけ、女子には「スザンナ」、男子には「ジョセフ」と命名している。イギリス人風の名前をつけているところに、彼のイギリス人としてのアイデンティティが示されていよう。

イギリスと日本それぞれにおいて家族を持ったアダムスは、一六二〇年五月、死に際して、遺産管理人と定めたイギリス商館長リチャード・コックスら六名との連名で、遺産処分の遺言状を作成した。それには、日本と東洋の各地に所有する資産・財貨・債権は、イギリスの妻子と日本の二人の子に半分ずつ譲与することが記されている（同前）。

刀については、リチャード・コックスに一振を与え、他の刀と脇差《わきざし》はすべて子息ジョセフに譲与することにしている。ジョセフが跡目《あとめ》を相続し、自分と同じく侍《さむらい》として幕府に仕えることを望んでいたことがうかがえる。その望みどおり、ジョセフは「三浦按針」の家名と逸見村の知行地を相続することを認められた（岡田章雄一一九四四、『新横須賀市史』通史編・近世）。数奇な運命をたどったアダムスは、異郷の日本で自身を祖とする「家」を創設したのであるが、ジョゼフの跡は絶えたようである。

リーフデ号でウィリアム・アダムスらとともに日本に来航したオランダの船員、ヤン＝ヨーステン（Jan Joosten、生年不明、一六二三年没）も、徳川家康に仕え、外交関係の諮問に応じた。「ヤン＝ヨーステン」は名で、姓は「ファン・ローデンスタイン（van Lodensteijn）」である（岩生成一一九五八）。「日本人」としての名は「耶楊子《やようす》」。その名は東京駅の「八重洲口《やえすぐち》」にとどめている。これは八重洲方面への出口を意味するが、耶楊子の屋敷のあった地が「八代洲（やよす）」と呼ばれるようになり、八重洲橋それがさらに「八重洲（やえす）」に変わったのである。

混血児・生母の追放と「神国」観念

一六世紀末から一七世紀初期にかけては、海外交易によって多くの外国人男性が来日し、長期滞在者はほぼ例外なく日本人女性と関係を持ち、その間に生まれた混血児も少なくなかった。イギリス商館員のウィリアム・イートンは、江戸参府《さんぷ》の途次、大坂に滞在した折に「はや」という女性と関係し、生まれた女児は「ヘレナ」と名づけられている。「はや」がイーストンに宛てた、元和《げんな》二年（一六一六）と推測される手紙も確認されている〔荒野泰典―二〇〇三〕。

日本の支配者も、外国人男性と日本人女性の関係をことさらに規制しようとはしなかったが、一六三〇年代後半になると、禁止政策に一転する。幕府はキリシタン禁圧の徹底のために、寛永《かんえい》一三年（一六三六）、外国船の入港を長崎に限定するとともに、日本人の海外渡航と在外日本人の帰国を禁止する措置をとり、ポルトガル人との混血児とその母を国外に追放した。三年後にはイギリス人やオランダ人との混血児とその母も追放し、外国人男性と遊女以外の日本人女性との関係を禁止した〔同前〕。西欧人で唯一交易を許されたオランダ人は長崎出島《でじま》に隔離され、日本人女性でそこに入れるのは遊女のみとなる。

国内的には国家的制度として寺檀《じだん》制度を確立し、日本国内に居住する人々に対し、いずれかの寺の檀《だん》徒《と》となることを強制した。キリスト教の禁止は「神国」観念に立脚しており、キリスト教は神国日本固有の人倫秩序を破壊するというのが、その理由であった。近世の神国観念は中世の神仏混淆《こんこう》の宗教理論を歴史的背景として成立しており、神国ゆえに他国より優れていると自負する日本型華夷《かい》思想でもあった（高木昭作―二〇〇三）。

こうした国家イデオロギーにもとづく寺檀制度のもとにあっては、檀那寺《だんなでら》からキリシタンでないことを証明してもらう、いわゆる寺請《てらうけ》が、神国の構成員＝「日本人」たる証明ともなったのである。その日本人に「夷人《いじん》」の血が混じるのを防ぐために、防波堤とされたのが遊女であった、と理解することができよう。

日本人の純血主義のイデオロギーはおそらく、性交渉も含めて対外交渉が国家によって管理・制限された、近世に成立したのではなかろうか。被差別民は外国人に出自するとする言説が近世に生まれたのも（同前）、そうしたイデオロギーと関係していよう。それは、「日本国民」に編入した異民族の処遇にも、作用することになったのではなかろうか。

中華たる日本国の「化外《けがい》」の地と位置づけていた「蝦夷地《えぞち》」居住のアイヌ民族に対し、近世後期にはロシアの蝦夷地接近に対処するために和人《わじん》への「同化」を強制し、近代には「日本国民」として編成する。また、近代の「帝国」化の過程で琉球《りゅうきゅう》、台湾《たいわん》、朝鮮《ちょうせん》なども版図《はんと》に組み込んでゆき、その住民を「日本国民」に編入した。しかしながら、後述のように、その一方では生来の「日本人」との差異化をはかり、差別している。

これも、純血主義のイデオロギーを宿す「日本人」観と、密接にかかわっていただろう。

外国に渡った日本人の「改名」

日本人が外国に渡り、その社会の一員となった場合には、その国の人名に合わせた名前を名乗っている。

中世後期、朝鮮半島には多くの日本人が渡っていたが、朝鮮は倭寇対策の一つとして「向化《こうか》」させて優遇する政策をとった。「向化」とは、朝鮮国王の徳を慕って帰化《きか》するという意味で、「向化」した日本人は「向化倭」と呼ばれた。その一人、日本名「兵左衛門《ひょうざえもん》」と思われる人物は、朝鮮では「表思温」と名乗っている〔村井章介─一九九五〕。「表」が姓《せい》で、「思温」が個人名である。

近世には海運が発達し、漁業も盛んになったので、難破して漂流する船も多く発生した。日本人の海外渡航が禁止された体制のもとにあっても、漂流の末に外国に渡った者は少なくない。その名を知られている代表例は浜田彦蔵《はまだひこぞう》であり、アメリカに渡って「ジョセフ・ヒコ（Joseph Heco）」と名乗った。

彼は天保《てんぽう》八年（一八三七）、播磨国《はりまのくに》加古郡《かこぐん》阿古宮村《あこみやむら》（兵庫県加古郡播磨町）の農家に生まれた。幼名《ようみょう》は彦太郎。父の死後、母の再婚により、隣村の本庄村《ほんじょうむら》（同）の船頭の家で育てられた。嘉永《かえい》三年（一八五〇）、江戸見物の帰途、乗船が遠州灘《えんしゅうなだ》で暴風に遭《あ》って太平洋を漂流していたところをアメリカ船に救助され、翌年、サンフランシスコに到着した。アメリカでは実業家サンダースの庇護を受け、一八五四年、メリーランド州ボルチモアのミッションスクールに入学してカトリックの洗礼を受け、「Joseph Hico」と改名する（のちに「Hico」を「Heco」に改めた）。五八年にはアメリカの市民権を獲得し、日本からの帰化第一号となった〔近盛晴嘉─一九八六〕。

彼はアメリカ滞在中、政財界に多くの知己《ちき》を得、開国後の安政《あんせい》六年（一八五九）、数え二三歳の時にアメリカ領事館通訳として帰国し、日米間の外交交渉に活躍した。のち領事館を辞して横浜で貿易に従事するかたわら、岸田吟香《きしだぎんこう》らと日本最初の民間邦字新聞「海外新聞」を発行した。明治元年（一八六八）には、佐賀藩とグラバー商会の間を斡旋して、高島炭坑の共同経営を成立させている。翌年、大阪造幣局の創設に尽力し、明治五年（一八七二）には井上馨《いのうえかおる》の招きで大蔵省のお雇いとなって、国立銀行条例の編纂、茶の輸出、精米所経営などにかかわった。

ジョセフ・ヒコは維新の指導者たちと親交があり、幕府と新政府に対し、アメリカで得た知見にもとづいて国政改革に提言を行っている（『日本近代思想体系1　開国』所収）。帰国してからの彼は、母国の近代化に多様な分野で貢献し、明治三〇年（一八九七）一二月一二日、東京の自宅で没した。享年、数え六一歳であった。

おそらく、「日本人」としての自意識を持って、母国のために献身したのであろう。日本国籍に復帰することを望んでいたようであるが、当時は国籍法が未成立で法的根拠がなかったために、外国人として東京青山の外人墓地に埋葬された。妻の浜田鋹子《ちょうこ》が建てた角柱型石塔墓碑の正面上部には、「SACRED TO THE MEMORY OF JOSEPH HECO / WHO DIED DEC 12TH 1897/AGED 61 YERS」と、その下には「浄《ジョ》世《セ》夫《フ》彦《ヒコ》之墓」と、それぞれ刻まれている。後者の文字の方がはるかに大きい。アメリカ人としての名に漢字を当て、しかも用いられた漢字の意味からすると、そこには夫が浄土《じょうど》に往生《おうじょう》することを願う日本人妻の思いがこめられているように感じられる。のみならず、洗礼を受けているにもかかわらず十字架は彫られておらず、右側面には「高智院法幢院浄瓣居士《こうちいんほうどういんじょうべんこじ》」という戒名《かいみょう》まで刻されている。あるいはそれは、夫の意向に妻が従ったのかもしれない。

外人墓地に建てられたこの和洋折衷の墓碑銘は、日本人として生まれながら、漂流によって偶然にもアメリカに渡り、帰化してアメリカ人となり、母国に帰ってからはその近代化のために献身し、日本人への復籍を望みながらかなえられなかった、「浜田彦蔵」こと「ジョセフ・ヒコ」の数奇な運命と、彼および妻の複雑な思いを語りかける。

国籍法が制定されたのは、彼の死の翌々年、明治三二年（一八九九）のことであった。

日中両属下の琉球の人名

沖縄島では一四世紀に中山《ちゅうざん》、山南《さんなん》、山北《さんほく》という三つの小王国（三山《さんざん》）が成立していたが、一五世紀初期の尚巴志《しょうはし》による武力統一により、一四二九年、中山王を頂点とする統一国家の琉球《りゅうきゅう》王国が成立するに至った。三山時代の一三七二年、中山王が中国明《みん》王朝の「冊封《さくほう》」体制に入って朝貢《ちょうこう》を始め、他の二山もこれにつづいていた。統一琉球王国も明朝との朝貢貿易を行う一方、日本、朝鮮、東南アジア各国とも交易を展開し、アジアの一大交易拠点へと成長していった。

ところが、一六〇九年、薩摩《さつま》藩《はん》島津《しまづ》氏に攻略され降伏したのを機に、琉球王国は薩摩藩の支配下に置かれ、近世日本の幕藩体制に組み込まれることになる。一方、中国では一六四四年に明から清《しん》に王朝が交替したが、琉球王朝は清王朝とも冊封・朝貢関係を取り結んだ。薩摩は琉球経由で中国の物産を入手するために、琉球王国の存続を認め、中国との朝貢貿易を継続させる方針をとった。よって、琉球王国は中国と日本に両属することになった。それは近世琉球の人名にも反映する〔以下、『沖縄県姓氏家系大辞典』、田名真之―一九八九、上野和男―二〇〇二〕。

琉球の伝統的人名は屋号《ヤンナー》と個人名から成る。屋号は屋敷を含む住居を指す標識であり、地域社会においては世帯や家族を特定する機能を果たしていた。一方、個人名は生涯使用する名前で、主として祖父母の名前を継承して命名され、長男・長女以外については、傍系親族に拡大するか、あるいは祖父母の上の世代の先祖にさかのぼって、特定人物の名前を継承した。父方・母方双方の祖名を継承した点が特徴であり、琉球社会がもともと双系的な親族関係を基礎とする社会であり、双系的な先祖観を持っていたことによるとされる。

近世琉球の身分制は、士《サムレー》（士族）＝官人層と百姓《ハクソー》という二大身分によって構成されていたが、それが明確化されたのは家譜編纂《かふへんさん》事業による。一六八九年、その事業を永続的に行う役所として系図座が設置され、士族は家譜を提出させられ、認可されれば士身分と認定され、否認されると百姓身分にされた。それによって、「系持ち」＝士身分、「無系」＝百姓身分と、明確に区分されることになったのである。

この家譜には、琉球名のみならず、中国式の姓と名前（唐名）、日本式の苗字と名前（名乗《なのり》）も記され、系図座に管理された。中国との長い冊封・朝貢関係を通じて、中国への使者などは中国式の姓・名前も名乗っていたが、近世の家譜編纂に際して琉球王から王府の役人に姓が与えられたので、姓が士族層に広まることになった。沖縄島の士族は「毛《もう》」「翁《おう》」「馬《ば》」などの中国的な一字姓であるが、宮古《みやこ》・八重山《やえやま》諸島の両先島《さきしま》の地方役人は「白川《しらかわ》」「山陽《さんよう》」などの日本的な二字姓にされ、差異化がはかられている。

この姓と儒教的価値観の士族層への定着により、姓をシンボルとし、先祖祭祀を支柱とする父系親族組織である「門中《もんちゅう》」の制度が発達した。この門中制度は、士族の集住する首里《しゅり》・那覇《なは》に近い沖縄島南部の農村部も模倣するようになり、近代には父系血縁重視のイデオロギーが沖縄島北部農村や離島にも流入して、その形成が進んだ。

中国式の個人名は「唐名《トーナー》」と呼ばれ、始祖からの世代序列を示す輩行《はいこう》制原理によって命名された。同一世代の男子は名前のうちの一字（輩字＝系字）を共有し、漢字二字名では最初の文字がそれに相当する。たとえば「必昌、必英、必保、必栄」といった具合である。中国の漢民族社会では、輩字は宗族という父系親族組織における世代序列を表示したが、琉球社会では家族単位で兄弟が輩字を共有している。

琉球でも父系親族組織の門中が形成されたものの、門中の世代序列よりも、家族のそれが重視されたのである〔上野和男―二〇〇二〕。

近世には琉球は日本の支配も受けることになったので、日本式の苗字と名前も受容した。苗字は、日本社会で永続的な家が形成されたのに伴い発生した家名であり、武士層では領地の地名にちなむものが多かったが、琉球の士族の苗字も同様であった。しかしながら、転封《てんぽう》や領地の取り上げが日常的に行われたために、代々継承される家名としての性格は弱く、家譜編纂が行われても、その中心軸とはなりえなかった。

薩摩藩は琉球を支配しながらも、和風俗への「同化」政策はとらず、差異化をはかっていた。苗字についても一六二四年に「大和《やまと》めきたる名字」の使用を禁じている。ために、「前田→真栄田」「横田→与古田」「船越→富名腰」「徳山→渡久山」のように、二字苗字が本来の地名の由来を無視して、同音の三字苗字に変えさせられた（薩摩藩の領分になった奄美《あまみ》では一字苗字にされた）。しかし、薩摩藩の命令は早い時期に厳格ではなくなったこともあって、二字苗字はもとより日本風の苗字も多く存在している。

日本社会では、すでに述べたように、九世紀初期の嵯峨《さが》天皇の時代に名前の唐風化がはかられ、童《わらわ》名《な》と成人名としての実名《じつみょう》に分化した。世代序列を示す中国の輩字＝系字も導入されたが、家の形成に伴い代々一字を継承して家系を示す通字《とおりじ》に転換する。この日本風化した実名＝名乗と通字も琉球の士族層に受容された。

通字は琉球では最初の一字を継承したので、「名乗頭《なのりがしら》」と呼ばれる。日本では通字は代々の家長に継承される例が多かったが、琉球の名乗頭は父系血縁に沿って継承され、姓と組み合わされて門中のメンバーであることの標識となった。中国式の姓と、日本式の通字の影響を受けた名乗頭によって、門中のメンバーが確定されたのであり、そこでは日本的な苗字は何ら意味をなさなかった〔同前〕。

琉球の伝統的な個人名は一生を通じて使用されるものであったが、日本的な成人名としての名乗＝実名の導入によって、「童名《ワラビナー》」に転化する。

琉球人の人名の使い分け

以上のように、中国と日本に両属した近世琉球王国の士族層では、琉球の伝統的な人名の他に中国的な人名と日本的な人名も持ち、原理的に異なる三つの人名の体系が併存することになったのである。たとえば、琉球名「樽金《たるかね》」を称するある士族は、「白必昌」という中国式の姓・名前（唐名）と、「渡名喜元慎」という日本式の苗字・名前（名乗）も併せ持っている。

中国と日本との関係においては、それぞれ中国式の姓・名前と日本式の苗字・名前が使い分けられた。琉球国王は将軍代替わりと琉球国王代替わりに際して、それぞれ慶賀使《けいがし》と謝恩使《しゃおんし》を日本に派遣したが、その使節はたとえば「金武朝興」「与那城朝直」のように苗字・名乗を使用している。一方、中国への使節は姓と唐名を名乗った。ただし、国王は日本式の苗字・名乗は持たず、日本との関係においても、「尚益《しょうえき》」「尚敬《けい》」のような中国式姓名を用いている。

外来の人名体系の導入は、門中制度の発達のように、琉球の社会組織を変容させもした。しかしながら、日本の通字の影響を受けた名乗頭は、日本のような家系ではなく、父系親族組織＝門中のシンボルとなり、他方、中国では父系親族組織＝宗族における世代序列を表示した輩字は、琉球にあっては家族内部の世代序列を表示するものとなったように、改変して受容し、琉球独自の人名文化を創出してもいたのである。

ロシアの千島アイヌ「同化」政策と「創氏改名」

海獣毛皮を求めて一六世紀末に東進を始めたロシアは、一七紀末までにシベリア、カムチャッカを征服し、一七一一年には北千島に足を踏み入れ、南下して領土に編入していった。一八世紀半ばを過ぎた頃には、南千島のエトロフ島に対面するウルップ島に進出し、ウルップ島にラッコの猟場を持つエトロフ島のアイヌと対立を深め、一七七一年、エトロフアイヌがロシア人を襲撃するというウルップ島事件が発生している。

統治下においた先住民のアイヌに対しては、税としてラッコの毛皮を徴収するとともに、ロシア文化に「同化」させる政策を実施した。それは、多神教であった千島アイヌの宗教をロシア正教に改宗させ、ロシア系の洗礼名と氏《うじ》（姓）を与えることを柱としている。これについて研究されたザヨンツ・マウゴジャータ氏によれば、次のようである〔ザヨンツ・マウゴジャーター二〇〇九〕。

○アイヌ名のロシア系洗礼名への改名事例

男性の改名例：コンカマクル→ヤーコフ、クサンクスクル→イヨン、イワシビ→イワン、エクルクンチ→エフィチ、ニムルシトアイノ→ニキファル

女性の改名例：カウランケマット→マウラ、ヤマビット→ワルワラ、ツバスタイマット→マリア、スペダエイ→フェドリア

○ロシア系氏（姓）の付与事例

チェルヌイ、ストロージェフ、プレチン、カラシリイコフ、チェブロフ、スパンドリコフ、スパンベルグ、ノビヴィコフ、パルミン、チェプロフ、パニカロフ

アイヌの男性名の語尾の「アイノ」や「クル」は「人」を意味し、女性名の語尾の「マット」は「女」という意味である。千島アイヌでは、父母の名前が子に継承される場合もあったという。先述のように、蝦夷地に住むアイヌには、家族、集落、地域社会で現世・来世を通じて名前が重複しないようにする命名規則が存在したのであるが、千島アイヌはそれとは異なる名前文化を持っていたわけである。

こうした千島アイヌ固有の名前をロシア系の洗礼名に改名させ、氏（姓）に相当するものは持っていなかったアイヌに、ロシア系の氏（姓）を与えたのであるから、まさに「創氏改名《そうしかいめい》」である。しかしながら、アイヌは自己のアイヌ名を捨てず、与えられた氏・洗礼名と併用した。たとえば、「ワルワラ・ヤマビット・ストロージョフ」「イワン・イワシビ・プレチン」といった具合である。最初は洗礼名、中はアイヌ名、最後は氏である。

蝦夷地・南千島の「日本国」編入

日本の近世国家は中国の冊封《さくほう》体制には属さず、自己を「中華」とし、周辺の国家・民族を野蛮な「夷狄《いてき》」とみなす国家意識を持っていた。

現北海道の蝦夷島《えぞがしま》と住民も、近世にはこうした華夷《かい》意識によって編成されており、アイヌは「蝦夷人《えぞじん》」「夷人《いじん》」とされ、その住む土地は日本国=中華の「化外《けがい》」の地たる「蝦夷地《えぞち》」として位置づけられ、「人間地」（和人地）たる松前藩《まつまえ》領の「松前地」から区分されていた。

松前地は渡島《おしま》半島南部に当たり、日本国の国郡制下に位置づけられ、「陸奥国《むつのくに》松前」とされていた。蝦夷地は日本国の外にある「異域」として位置づけられ、その押えの役《やく》を担った松前氏には、蝦夷地に住むアイヌとの交易独占権が将軍から与えられていた。それが、石高《こくだか》に結ばれた耕地を持たない松前氏の知行《ちぎょう》の内容をなしており、松前氏はアイヌとの交易場である商場《あきないば》を家臣に知行として分与した。これを商場知行制と言う。

一八世紀前半になると、商人が松前藩主・家臣へ運上金《うんじょうきん》を上納する代わりに、商場での交易権と漁業権を取得して場所経営を一任される、場所請負制に転換する。請負商人たちは交易よりも、自ら資本を投下して漁業を経営する方に力を注ぐようになり、アイヌをその労働力として編成していった。その結果、アイヌは交易主体としての自立性をしだいに喪失し、経済的支配下に置かれるところとなる。

一方、千島列島では、ロシア人がアイヌを支配下に組み込みながら南進をつづけていた。寛政《かんせい》四年（一七九二）には、ロシア使節ラクスマンが蝦夷地のネモロ（根室）に来航し、通商を要求する。北辺の守りを固めることは喫緊《きっきん》の国家的課題となり、幕府は寛政一一年（一七九九）、東蝦夷地と南千島のクナシリ島、エトロフ島などを直轄化する。文化《ぶんか》四年（一八〇七）には西蝦夷地も直轄とし、松前氏を陸奥国梁川《やながわ》（福島県伊達市梁川町）に移した。

文政《ぶんせい》四年（一八二一）には蝦夷地を松前藩に返還するが、安政《あんせい》元年一二月二一日（西暦一八五五年二月七日）に日露和親《にちろわしん》条約が締結されると、同二年、再び全蝦夷地を幕府直轄とする。日露和親条約では、エトロフ島以南を日本領、ウルップ島以北をロシア領としている。日本とロシアとの国家間の利害調整により、千島列島に国境が設定されたのであり、その結果、千島アイヌは「日本国民」と「ロシア国民」に二分されることになった。

北蝦夷地（カラフト、サハリン）については国境画定に至らず、従来のしきたり通りとしたので、日露人民雑居の姿となり、その解決が以後の外交懸案となったが、幕府が倒れたため明治《めいじ》に持ち越される。

アイヌ「同化」政策と「改名」

上記のように、日本の近世国家は、華夷《かい》主義にもとづいてアイヌを「蝦夷人」「夷人」として編成していた。場所請負制によって蝦夷地の漁場に出稼ぎする和人が増加し、アイヌとの交流が進んでも、アイヌが日本風俗を受容することは阻止し、華夷を弁別する方針をとっていた。

それが幕府直轄にすると「同化」主義に転換し、アイヌに対しても海外渡航禁止、キリシタン禁制、殺傷罪などの日本国の法規範を適用し、和人への「同化」政策を実施することになる。同化政策は、アイヌ民族固有の文化を否定し、風俗を和風に改める「改俗」と、名前を和風に改める「改名」からなる。

改俗は一般的には「帰俗」と呼ばれたが、それは、日本に帰服して風俗を日本風に改め、「日本人」化することを意味した〔菊池勇夫—一九八四〕。風俗の改変は、熊をもっとも偉大な神として崇《あが》めて行う熊祭の禁止のように、アイヌの精神文化にも及ぶものであったが、特に着物の襟《えり》の合わせ方を左前（左衽《さじん》）から右前（右衽）に改めさせ、女子の入墨《いれずみ》と男子の耳輪を禁じ、日本の成人男子の象徴である月代《さかやき》（前頭部を剃ること）と髷《まげ》結いを強制し、髭《ひげ》を剃らせるなど、外面的な習俗の矯正《きょうせい》に主眼がおかれた。

まず外面を「日本人」風に改めさせ、日本式名前を使用させたうえで、日本語、耕作の道、儒教の徳目を教え、仏教に帰依させるなどして、これまで野蛮な異民族として扱ってきたアイヌを「文明」化し、「日本人」に改造しようとしたのである。

第二次幕府直轄期の安政三年（一八五六）には、アイヌに対する「蝦夷人」「夷人」という呼称を「土人《どじん》」に改めた。西洋列強の接近により西洋人を「夷人」と呼ぶようになったので、内国民化したアイヌをそれと区別するために別の呼称にしたのである。この場合の土人は、その土地に生まれ住みついている人という意味で、近代の用法のような差別・蔑視のニュアンスは希薄だったという〔同前〕。改俗・改名した土人は「公儀《こうぎ》の御百 姓《おひやくしよう》」として、日本国の身分制に位置づけられた。

幕府が対アイヌ政策を華夷主義から同化主義に転換し、アイヌを内国民化したのは、アイヌがロシアに通じるのを阻止するとともに、「日本人」であるアイヌが前々から居住している土地は「日本領」である、と主張するためであった。この論理は、今日の「北方四島」（国後《くなしり》、択捉《えとろふ》、歯舞《はぼまい》、色丹《しこたん》）の返還要求でも用いられている。

昭和《しようわ》二六年（一九五二）調印のサンフランシスコ平和条約には、千島列島の放棄が定められていた。そこで日本政府は、国後、択捉などを千島（クリル）の範囲から切り離す論を組み立て、「北方領土」と呼ぶことにした。そして、そこは「日本人」であるアイヌ先住の地であり、かつて「外国人」が定住した事実がなく、一八世紀末からは江戸幕府直轄地として開拓されたことを根拠に、日本固有の領土であることを主張し、ソ連に対し返還要求を展開することになる。ソ連崩壊後今日に至るも、それは日本とロシアの外交上の懸案事項となっている。

しかしながら、領土問題をめぐる日本、ロシアそれぞれの主張にあっては、千島列島はもともとロシア領でも日本領でもなく、一八世紀以降の両国の国家利害のせめぎ合いのなかで、先住民のアイヌ民族は他律的に「ロシア国民」あるいは「日本国民」に編入され、苦難の歩みを余儀なくされた歴史的いきさつと、アイヌの権利問題が、まったく無視されている、と言わざるをえない。

アイヌ「和名」化の実際

蝦夷地と南千島の幕府直轄化に伴い、人別帳《にんべつちょう》も導入された。全域で作成されたのかは不明であるが、今日に伝存する人別帳などにもとづいて、遠藤匡俊氏がアイヌ社会における「和名」化の過程を分析されている〔遠藤匡俊―二〇〇四B〕。それによると、一九世紀初頭から和名化が進められ、多くの集落で和名化が生じている。

千島列島を南下してきたロシア人の前進基地、ウルップ島に隣り合うエトロフ島では、一九世紀初頭か蝦夷島では、安政《あんせい》三～五年（一八五六～五八）段階で和名化率の高かったのは、千島列島に近いネモロ（根室）とアッケシ（厚岸）であるが、それでも前者は六九％余、後者二七％余であり、全員が和名に改めていたわけではない。他の場所では一％未満から二二％余にすぎない。しかも和名化は、まだアイヌ名を命名されていない無名の段階である五歳以下から進められている。

このことから、遠藤氏は、アイヌの人々は自身の意志で和名を受け入れるかどうかを判断し、倭人側役人もそれを尊重した可能性がある、と推測されている。では、和名化に応じた場合には、どのような名前にしたのであろうか。

寛政《かんせい》一二年（一八〇〇）、幕府によって「開島」されたエトロフでは、七郷二五村に分けられ、アイヌのなかから惣乙名《そうおとな》、脇乙名、惣小使《こづかい》以下の役職者が任命された。彼らは改俗・改名に応じているが、改名例をいくつか紹介すると次のようである〔『根室市史』上巻〕。

○惣乙名　ルリシビ→瑠利助《るりすけ》　○脇乙名　イワレカアイ→和助
○乙名　イケツルハ→鶴吉、ヤイリフカツ→八重作、サケロク→酒六、ベツウク→可助
○総小使　ヌントル→髭助《ひげすけ》、クテキラ→知助

○小使　シャナシュカ→嘉助、ニシリキンテ→西助
○土産取《みやげとり》　イタクロシケ→黒市、シリアイノ→四郎助、モンシビ→茂仁助

アイヌ語名に同音の漢字二字ないし三字を当てて和名としているものが多いが、「髭助」は髭の濃い容貌から命名したものであろう。役職者でも官職名は与えられていない。

安政四年（一八五七）の「根室場所役土人名前調」（玉虫左太夫「入北記」、『根室市史』上巻）には、改俗改名した「役土人《やくどじん》」の和風村役人名と和名が記されているが、「庄屋《しょうや》」（惣乙名）は「四郎右衛門」、「惣名主《そうなぬし》」（脇乙名）は「五郎右衛門」、「惣年寄《そうどしより》」（惣小使）三名中一名は「新右衛門」という官職名、となっている。

「名主」（乙名）五名は全員二字名であるが、「年寄」（小使）は二四名中五名が「……右衛門《えもん》」「……左衛門《ざえもん》」「……兵衛《べえ》」といった官職名である。ここでは和名に差異が設けられている。庄屋、総名主、総年寄の官職名は地位にもとづくものであることは明白であるが、年寄の一部にも官職名が与えられているのは、改俗帰順の度合によるのであろうか。

和名の多くは会所の和人役人が命名したであろうが、文化《ぶんか》元年（一八〇四）に創建された蝦夷《えぞ》三官寺の一つ、アッケシの国泰寺《こくたいじ》の住職が、「夷人久助」に依頼されて生児に「一郎」と名づけている例も確認できる（「国泰寺日鑑記」文化一五年（一八一八）二月一七日条、『新厚岸町史』資料編一所収）。「国泰寺日鑑記」では、和名を名乗るアイヌについては、「夷人」あるいは「新和人」を冠して表記しており、生来の和人とは区別している。

ところで、蝦夷地アイヌには、他人と同じ名前はつけないという命名規則が存在したことは、先に述

べたところであるが、和名化した場合には同一集落で同名の事例が多くなっている。しかしながら、和名に改名した後であっても、近世、明治期を通じてアイヌの人々は日常生活においてはアイヌ名を使用しつづけており、アイヌ名では命名規則は守られていたという〔遠藤匡俊―二〇〇四B〕。

先の千島アイヌも蝦夷地アイヌも、ロシアや日本の「同化」政策に応じたとしても、それは表面的な装いにとどまり、根源では民族的アイデンティティを根強く持ちつづけていたのである。改俗者の比率は改名者の比率よりもさらに低い〔浪川健治―二〇〇四〕。

名前の方は、和人に対するときは和名、アイヌどうしではアイヌ名と、使い分けが可能であるのに対し、それができない髪型、服装、入墨、耳輪などの身体風俗の改変には、より抵抗感が強かったことがうかがえる。

北奥アイヌの「同化」

奥州北部の弘前《ひろさき》・盛岡《もりおか》両藩領にもアイヌが居住していた。彼らは近世初めに日本国内に取り込まれたのであるが、「狄《えぞ》」「蝦夷《えぞ》」という身分に編成され、異民族として差別的扱いを受けていた。しかし、蝦夷地の内国化とアイヌの「同化」政策は、弘前・盛岡両藩のアイヌ政策にも影響を及ぼす〔菊池勇夫―一九九四、浪川健治―二〇〇五〕。

津軽藩は、宝暦《ほうりゃく》六年（一七五六）に「狄」としてのアイヌ支配を廃止し、百姓化をはかっていたが、文化《ぶんか》三年（一八〇六）には「同化」政策をさらに進めている。百姓となったアイヌは、名前も「又右衛門」「四郎三郎」「七郎右衛門」といった和名を名乗り、身体風俗も和風に改めていたことは、天明《てんめい》八年（一七八八）に津軽半島北端沿岸部のアイヌ村落を訪れた菅江真澄《すがえますみ》の日記から知られる〔「率土《そと》か浜つたひ」、『菅江真澄全集』第一巻所収〕。

盛岡藩も明和《めいわ》八年（一七七一）に「蝦夷」身分を廃していたが、一九世紀初頭には、アイヌ以外の領民をも対象にした「夷風《いふう》」排除の風俗統制を実施した。それは、成人・既婚女性に対する眉《まゆ》剃り強制、アイヌの衣服とみなされていたアッシの着用と蝦夷地産細工物使用の禁止、などを内容とする。

歯を黒く染め眉を剃るのは成人あるいは既婚者の標識であり、お歯黒は近世には庶民女性にまで広く定着したようであるが、眉剃りは奥羽では行わない女性も多かった。盛岡藩はそれを「夷風」とみなし、眉刷りを強制したのである。

このように、弘前・盛岡両藩は、領内に居住するアイヌに対し、異民族として身分的に位置づけ差別してきたのが、ロシアとの緊張の高まりを機に、「同化」主義に政策転換している。それは、彼らを「日本国民」の一員として位置づけ、「日本人」に改造することにほかならない。のみならず盛岡藩では、「夷風」の排除をアイヌ以外の領民にも及ぼしている。中華たる日本の「国民」にふさわしい風俗に改めさせようとしたわけである。

対外関係の緊張は、蝦夷地に近く、領内にもアイヌ民族を抱える北奥の領主をして、「日本国民」「日本風俗」なるものを、強く意識させる契機となっていたことが知られよう。

近代の「氏名」と「帝国」日本

近代的「氏名」の創出と「国民」編成

近代日本の国際関係と「国民」編成の原理

近世の幕藩制国家は、東アジアの国際関係を規律していた華夷《かい》秩序の中で、自己を「中華」とする国家意識を持つようになり、周辺の国家・民族を野蛮な「夷狄《いてき》」とみなして対外関係を編成していた。西洋諸国とは、一六三〇年代のいわゆる「鎖国」体制の確立により、オランダ以外の国とは絶交していたが、一九世紀に入ると欧米列強の市場開放を求める圧力が強まり、「開国」を余儀なくされるに至る。それによって、東アジアの国際関係とは秩序原理を異にする、資本主義的な優勝劣敗の原理が支配する世界システムに組み込まれた。

当時、欧米諸国の間に通用していた国際法=「万国公法《ばんこくこうほう》」は、世界の国々を「自主の国（文明国）」―「半主の国（半未開国）」―「未開国」に分類していた。「自主の国」は完全なる主権国家であり、欧米キリスト教国が該当する。「半主の国」は「半未開国」であるがゆえに国家主権を半分しか認められず、「未開国」は国家主権がまったく認められていなかった。そして、「自主の国」には、「半主の国」と

「未開国」を植民地とする権利が付与されていた。日本は、トルコ、ペルシャ、中国などと同様、「半主の国」として位置づけられ、それゆえ欧米列国から不平等条約を押しつけられた〔井上勝生―一九九四〕。

このような、非情な弱肉強食の世界システムに編入された日本の国家目標は、必然的に、封建的な分割支配と身分制による人間関係の分断を廃し、日本国土の住民を均質な「国民」として編成・統合するとともに、「文明開化」＝欧米文明化と「富国強兵」を実現し、不平等条約を改正して、「自主の国」＝主権国家への仲間入りをすることにおかれる。

近世末期の内と外から迫りくる危機＝秩序の崩壊に対決し、新たな国家秩序を編成する中核として浮上したのが天皇権威であり、近代天皇制は「国民国家」日本の形成過程に登場した編成原理であった〔安丸良夫―一九九二〕。

近世においては一般の武士は主君の「家中《かちゅう》」に編成され、人民は特定領主に支配される「領民」として存在しており、社会の構成員は身分制によって上下に序列づけられていた。明治維新は「王政復古」という形で行われ、「一君万民」の原理によって近世の領主制と身分制は否定され、人々は天皇の「臣民《しんみん》」として「日本国民」に編成されるところとなる。

先述のように、古代律令国家のもとでは、天皇から姓《せい》を賜与された者が「良人《りょうじん》＝王民」、賜与されなかった者は「賤」と区別され、良人も「臣《しん》＝官人」と「民《たみ》＝百姓」に分かれていた。それに比べると、近代天皇制国家においては、近世の賤民身分も廃止され、名目上は全国民が天皇のもとに「臣民」として同等の地位に置かれた点に特徴があり、近世には多元的であった忠誠の対象が天皇に一元化されている。

もっとも、旧身分により「華族《かぞく》」「士族《しぞく》」「平民《へいみん》」の区別がなされ、旧賤民は平民とされながらも社会的差別は根強く残った。また、全国民が臣民として天皇・国家に忠誠と奉公を尽くすことが求められながらも、権利が平等に付与されたわけではない。

それは国政参加権一つとっても明白である。明治《めいじ》二二年（一八八九）、大日本帝国憲法と同時に公布された衆議院議員選挙法では、選挙人は満二五歳以上の男性で直接国税一五円以上の納入者に限られ、大正《たいしょう》一四年（一九二五）に改正されて納税額による制限要件が撤廃されたものの、女性と生活困窮のため公私の援助を受ける者には参政権は認められなかった。また満二〇歳になって兵役《へいえき》を負った男性であっても、二五歳にならなければ選挙権はなかった。女性の参政権が認められたのは戦後になってである。

「帝国」化と他民族の「日本国民」への編入

「帝国」化の途《みち》を歩んだ日本は、周辺の地域・国家を版図《はんと》に組み込んでゆき、諸民族を日本国籍＝「日本国民」に編入した。そして、「皇国臣民」に「同化」して、天皇と日本国家へ忠誠・奉公を尽くすことを強要しながら、一方では「生来」の「日本人」との差異化をはかり、差別した。この点は、古代律令国家が、日本に「帰《き》化《か》」した渡来人を「蕃人《ばんじん》」と呼び差別したのと同根である。小熊英二氏の言葉を借りれば、「日本人」であって「日本人」ではない境界的な存在〔小熊英二―一九九八〕として扱ったのであるが、これについては後述しよう。

近代における「日本国民」編入の他民族に対する差別的扱いは、先に指摘したように、近世に成立したと推測される、純血主義のイデオロギーを宿す「日本人」観と密接にかかわっていたにちがいない。

この「日本人」観は「神国」思想をバックボーンにしていたが、近世の「神国」思想は神仏混淆《こんこう》の宗教理論にもとづいていたのに対し、近代には仏教を排除した神道《しんとう》理論を支柱とするものとなり、それが「国体《こくたい》」思想として、明治維新から第二次大戦敗戦に至るまでの日本の支配イデオロギーをなした。

国名・旧官名の通称使用禁止

明治初年の名前に関する政策については、高梨公之氏と井戸田博史氏の研究に詳しい〔高梨公之—一九八一、井戸田博史—一九八六〕。それを参考にして、近代的な「氏《し》名《めい》」の成立過程をたどることにしよう。

明治三年（一八七〇）一一月、新政府は、国名ならびに旧官名を通称に使用することを禁止する太政《だじょう》官《かん》布告を出した。既述のように、律令制官職にちなんだ通称を用いることは、庶民の成人男子にまで広く一般化していた。それを禁止した理由は何だったのか。

高梨氏は、「ほしいままの僭称《せんしょう》をおさえようとしたのか、官名はそもそも人名になりえないと考えたのか、それとも人の名のうちにその身分を示す語のまじることをやめさせようとしたものか、その辺の事情ははっきりわからない」とされる。一方、井戸田氏は、こう解釈される。前年七月に古代律令国家の官制に復古する中央政府の官制改革がなされたので、官員が通称に官職名を用いると在任官職なのかどうか紛らわしくなる。そこで、第一義的には在官者およびこれに準ずる者の名前を対象にこの禁令を発したが、いったん布告すると適用範囲が拡大されて、庶民にまで及ぼされたのではないか、と。

華族・士族は実名《じつみょう》を持っていたので、それを名乗れば禁令に抵触しなくてすんだのに比べ、庶民の多くは通称のみであったので影響が大きかった。この禁令を受けた地方官庁には、積極的に実施しようとした所と、そうでない所があったが、厳格に実行されて村民すべてが改名させられた村もある。庶民の成人男子は、「何右衛門《えもん》」「何左衛門《ざえもん》」「何兵衛《べえ》」などと名乗る者が多かった。改名を強制された所では、官名部分を除いて「四郎右衛門」を「四郎」と、頭字《かしらじ》部分を残して「武右衛門」を「武一」と、同音の異字を用いて「甚兵衛」を「甚平」と改めたり、あるいはまったく別名にしたりしている。

国名の通称は、本来は「武蔵守《むさしのかみ》」などという国司名であったのが、近世には官位叙任《じょにん》を受けていない者が、下司《したづかさ》（四等官の等級）付きの正式の官職名を通称とすることは規制されたので、下司を除いた国名を名乗るようになったものである。国司名は官職名であるので当然禁止の対象となるが、国名も国司を連想させるという理由で禁止されたのである。

先述のように、近世には天皇から官位叙任されて下司付きの官職名を公式に名乗れることは、ステータスシンボルとなっていた。のみならず、下司を付さない国名や官名を名乗ることも、「右（左）衛門」や「兵衛」のように通称として社会的に定着していた名前を除いて、身分・格式によって規制されるようになっている。衛門や兵衛にしても、どちらを名乗るかによって村落内の身分階層を表示していた例もある。したがって、国名・旧官名の通称使用禁止令は、新政府が意図していたかどうかは不明にしても、名前から身分表示機能を剝奪する効果を及ぼすことになった点で、歴史的意義は小さくない。

この禁令をどの程度実施するかについては、政府の意思は統一されておらず、地方官庁の対応もまちまちであったため、いつしか沙汰《さた》やみとなってしまったようである。しかしながら、たとえ一部に旧官名や国名の名前が残ったとしても、近世のような身分・格式による名前規制がなくなった以上、名乗る側に家格表示意識があったにしろ、もはやステータスシンボルとしての社会的機能は発揮しえなかったであろう。

近世には、天皇・将軍・藩主とその家族・先祖の名前や名前の一部の文字、あるいはその文字の読みを指定して、名前に使用することを禁止する、いわゆる禁字法令が出されていたことは、先に述べたところである。このうち、将軍・大名とその家族・先祖の名前については、幕藩体制の崩壊に伴い禁字規制は消滅した。もっとも、旧家臣や旧領民の間には旧領主やその家族・先祖の名前を憚《はばか》る意識は残ったかもしれないが、それがどの程度のものであったのかは今後の検討課題である。

天皇の実名敬避

では、近代天皇制のもとで、天皇の名前はどのように扱われたのであろうか。新政府は明治元年（一八六八）一〇月、当代の天皇とその父の孝明《こうめい》天皇、祖父の仁孝《にんこう》天皇の諱《いみな》＝実名、すなわちそれぞれ「睦《むつ》仁《ひと》」「統仁《おさひと》」「恵仁《あやひと》」に用いられている「睦」「統」「恵」の三字を禁字に指定し、名前に使用することを禁止するとともに、印刷物でその字を用いるときは「欠画《けつかく》」にするよう指令している。欠画とは文字の最後の字画を省略することである。

天皇家の通字の「仁」は禁字とはなっていないが、それと組み合わされた「睦」「統」「恵」が禁字なので、結局、当代と父祖三代の諱のフルネームが敬避されたことになり、天皇家というよりも、この三代の人格を敬った性格が強い。明治五年（一八七二）一月には、この三字の欠画を解除している。

さらに翌年三月、太政官は、歴代天皇の「御諱ならびに御名」の「熟字」（フルネーム）を人民が名乗ることは禁じるが、その文字の名前使用は憚《はばか》るには及ばない旨、布告した。これに関して東京府が諡《おくりな》（死後の称号）の扱いについて質問したところ、太政官は六月、歴代の諡は熟字のまま用いてもよい、と指示している。それにより、諱の熟字のみが禁止対象となり、諡、たとえば「清和」「光孝」「仁孝」

「孝明」などは国民が名前に用いてもよいことになったのである。

明治元年段階では、敬避の対象が当代の天皇とその父祖の諱に限定されていたのに比べ、明治六年になると歴代天皇の諱に拡大されている。しかしながら、歴代の天皇は一般的には諡で知られており、諱はほとんど知られていないのであるから、戸籍係がよほど気をつけてチェックしないと、その禁止の徹底は容易ではなかったであろう。後述する朝鮮人の創氏改名の際には、歴代天皇の諱のみならず諡も氏《うじ》や名前に用いることを禁じている。

「一氏一名」の原則の創出

近世には苗字《みょうじ》の公称は支配身分の特権とされ、庶民は特に領主から許されない限り苗字の公称はできなかった。新政府は、明治三年（一八七〇）九月、平民にも苗字の公称を許可する。これは、四民平等の理念にもとづく身分解放政策の一環であるとともに、国民の把握・管理を確実にすることにも狙いがあった。

近世においては村・町《ちょう》の請負的統治であり、年貢その他の諸負担も村・町として請け負っていたが、近代には国家が直接家を把握し、それぞれの家の戸主を通じて家族を管理するシステムをとっており、税や兵役《へいえき》も個々人に課した。そのためには国家が確実に家と人を把握する必要があり、家名として苗字を名乗らせたほうが、家と個々人を識別しやすかったわけである。それゆえ、明治八年（一八七五）二月には、戸籍に苗字を登録していない平民に対して、苗字登録を強制する平民苗字必称令を出している。

前近代には姓《せい》と苗字が併用され、男性は人生の節目ごとに改名し、成人すると実名《じつみょう》＝諱《いみな》と仮名《けみょう》＝通称の二種類の名前を持った。こうした慣行は近代国家においては、官員の管理や国民の把握・管理にとって支障となる。そのため、まず官員名と公用文書において、苗字と実名への一本化がはかられた。

明治三年一二月、在官者は苗字と実名で表記することとし、翌年一〇月には公用文書にも苗字・実名を使用することを定めている。

本来、天皇の臣下として仕える際には、天皇から賜与された姓を用い、叙位任官文書にも姓が記されたのであるが、苗字で叙位任官されて仕えることになったのであり、そこに近代天皇制国家官僚の特徴が見出せよう。

明治五年（一八七二）五月になると、実名と通称のどちらかを本人に選択させる方針に改め、官員のみならず国民全員に強制する。維新の立役者の西郷《さいごう》が「吉之助《きちのすけ》」よりも「隆盛《たかもり》」の名で知られているのは、実名を選んだからである。従来は、名前のみならず、苗字を改めることも珍しくなかった。そこで同年八月に、苗字・屋号・名前の改称禁止令を出している。

明治四年四月には戸籍法を制定し、翌年、全国一斉に戸籍を編製した。この戸籍は近代日本の「国民」編成の出発点となるもので、明治五年の干支《えと》にちなんで「壬申《じんしん》戸籍」と呼ばれる。戸籍には苗字または姓、実名または通称が登録され、それが国家公認の「氏《うじ》」と「名前」となった。ここに「一人＝一氏一名」が確定されたのである。

姓は中国から伝わった父系血統の標識、苗字は家の成立に伴って発生した家名であり、それぞれ歴史的な由来と性格を異にする。そのどちらかが戸籍に登録されて「氏」となった。その結果、人々の間では「苗字」「姓」「氏」が同義のものとして混用されることになるが、法律用語としては「氏」に一本化される。

近世には庶民の苗字公称は禁じられていたものの、大多数は苗字そのものは持っており、それが戸籍に登録されるのが通例であった。『長野』第九九号（一九八一年）の「苗字」特集号をみても、近世中期以降は大部分の庶民が私的には苗字を名乗っており、明治以降もそれを継承している。苗字を持っていなかったか不明となっていた場合には、新たに「創氏」しなければならなかった。その際に、歴史上有名な人物の苗字や、魚・野菜の名などを氏として戸籍に登録した例もある。そのエピソードがおもしろおかしく伝えられたので、それまで庶民は苗字を持っていなかったという俗説が生まれたのである。

戸籍に登録した氏と名前は、管轄庁の許可がなければ改称することはできなかった。明治五年八月令では、同苗（氏）・同名にて余儀なき差し支えのある場合以外は、氏名《しめい》の改称を認めていなかった。しかしながら、社会生活の実情に政府も配慮せざるをえなくなる。商家などでは、代々襲名してきた当主の通名《とおりな》が屋号《やごう》になっている例もあった。明治六年六月には、家業を営むうえで必要な場合は戸主の名を襲名することを許し、明治九年（一八七六）一月になると、氏名改称の要件をさらに緩和している。

名前の近代化政策の社会への影響

とはいえ、改名が原則として禁止されたことは、社会に大きな影響を及ぼした。北関東のある村落では、当主名の襲名慣行が消滅し、代わって父親の名前の一字を男子に与える命名法が形成されている〔森謙二―二〇〇六〕。それは一般的な現象であったようである〔高木侃―一九八一〕。

また、一人一名の原則は忌《い》み名の習俗にも影響を与えた。たとえば、それまでは書状の宛名に諱《いみな》（忌み名）の実名を記すことは憚《はばか》られ、主として通称を記していたのであるが、複名が禁じられたので戸籍上の名前を記さざるをえなくなる。役場、職場、学校などでの名簿や書類にも戸籍に登録された氏名が使用され、それでもって個々人が識別され管理されることになった。近代には秘し忌むべき諱はなくなり、一つの戸籍名が公《おおやけ》の名となったのである。

戸籍と「家」

近代日本においては、「一君万民」の理念のもとに、国民は天皇の「臣民」として位置づけられたのであるが、個人を単位に国民編成がなされたのではなく、「家《いえ》」を単位としていた。その「家」は戸籍上に設定されている。

近世においては身分別に人が把握されており、宗門人別改《しゅうもんにんべつあらため》帳《ちょう》は領主が領民把握のために作成したもので、領主階級は適用外であった。明治元年（一八六八）一〇月、当時の政治の中心地であった京都府では、一群の戸籍法令が制定、施行された。これは、士族、卒《そつ》、社寺、町人、百姓と族属を分けて、族属別に戸籍編製する方式で、「京都府戸籍仕法《しほう》」と呼ばれる。翌年六月、民部省《みんぶしょう》が京都府戸籍仕法を政府直轄領の府県に施行することを命じたが、どの程度実施されたのかは不明である。

廃藩置県を控えた明治四年（一八七一）四月、太政官《だじょうかん》は戸籍法を制定し、直轄府県と藩（旧大名領）を含む全国に対して「全国惣体《そうたい》ノ法」として公布した。これにもとづき「壬申《じんしん》戸籍」が編製される。この戸籍は、従来の族属別方式を廃して居住地主義を原則とし、新設の区に居住する者すべてを、華族、士族、平民を問わず「臣民一般」として登録する方式をとった。しかしながら、旧賤民については、平民とされながらも戸籍法第三二則で別戸籍の作成が命じられていた。これは、近世の宗門人別改帳では賤民は別帳簿に登録されていたのを踏襲したものである。しかも旧賤民は「新平民」と記載された。壬申戸籍は国民の平準化を理念としながらも、身分差別を刻印していたのである。

壬申戸籍編製の単位とされたのは戸＝「家」である。家は本来、家族だけでなく、経営の必要に応じて非親族をも成員に含むところに特徴があり、近世の宗門人別改帳には奉公人も主人の家族と一緒に登載されている。ところが壬申戸籍上の「家」は、父系血統主義をとり（養子制度による擬制的血統も含む）、戸主とその血族、配偶者によって構成された。

しかも、京都府戸籍仕法では宗門人別改帳の方式に従って、戸主とその妻子の次に、父母、祖父母などの直系尊属《そんぞく》が記載されることになっていたのに対し、壬申戸籍にあっては、戸主の次に直系尊属が位置し、以下、戸主の妻、直系卑属《ひぞく》、傍系親の順に記載された。それは儒教的な家族倫理にもとづいている。その結果、近代の「家」制度は儒教的な「家族」制度と同義となったのであり、決して古来の伝統などではない。

戸籍は当初六年ごとに編製されることになっていたが、明治六年八月にこの規定が削除され、人口の流動化とあいまって、戸籍上の「家」と現実の生活世帯とが乖離《かいり》するようになった。明治三一年（一八九八）、明治民法に合わせて制定された戸籍法では、戸籍の創設には「本籍」の設定を要件とすることが規定される。

ために戸籍上の「家」は、生活実態を必ずしも反映しない、観念的な存在としての性格を強めた。ことに日露《にちろ》戦争後は、工業化に伴い農村から都市への人口移動が加速したため、本籍と現住地の乖離がますます進んだ。それに対処すべく、大正《たいしょう》三年（一九一四）には「寄留《きりゅう》法」を公布し、本籍地以外の一定の場所に九〇日以上居住する者については、日本人のみならず植民地人や外国人も寄留簿に登録させることにした。この法は昭和《しょうわ》二六年（一九五一）制定の「住民登録法」につながる。

日本国家を天皇を家長とする「家」に見立て、国民それぞれの「家」における戸主＝家長への孝を天皇への忠に有機的に結びつけようとする、「家」（家族）国家観は、明治二三年（一八九〇）発布の教育勅語《ちょくご》に示され、国民統合のイデオロギーとして鼓吹された。戸籍上の「家」の観念化が、それを成り立たせ、受容される社会基盤となっていたのではなかろうか。

国籍法と「日本人」の画定

近代日本の戸籍は、夫婦・親子という親族的身分関係を登録する「親族登録簿」であり、戸籍に登録された親族が「家」の構成員たる国家公認の「家族」であった。「戸籍」制度は世界的にみれば特殊な部類に属する。日本の統治下にその制度が導入された韓国と台湾は別として、欧米などの諸外国では、個々人について出生証書、婚姻証書、死亡証書を作成する、個人別の「身分証書」制度を採用している。

日本の戸籍は「国籍登録簿」でもあった。国籍の取得・喪失について規定した日本最初の国籍立法とされるのは、明治六年（一八七三）三月公布の太政官布告第一〇三号である〔以下、遠藤正敬—二〇一〇〕。そこでは、日本人と外国人の婚姻は日本政府の許可を受けるべきこと、外国人の妻となった日本人は日本国籍を失うこと、外国人で日本人の妻となった者は日本国籍を取得すること、などが規定されていた。つまり、男性本位の「夫婦国籍同一主義」をとっていたわけである。

これはいまだ部分的な国籍法規であり、包括的な国籍法ではなかった。明治二二年（一八八九）二月公布の大日本帝国憲法は、第一八条で「日本臣民タル要件」については単独の法律に委《ゆだ》ねることを規定していた。これにもとづいて翌年一〇月、日本で最初に「国民分限」（日本国籍）の取得・喪失について規定した国籍立法として、民法人事編が公布されたが、民法典論争が起こり、未施行に終わった。その後、明治三二年（一八九九）三月に日本最初の体系的な国籍法が公布され、翌年四月一日より施行された。

同法は、第一条で「子ハ出生ノ時其《その》父カ日本人ナルトキハ之《これ》ヲ日本人トス」と定めており、父系血統によって国籍を確定するのを原則としている。また「家」制度に適合させていた点も特徴の一つであり、個人の自由意思による国籍の変更は認めず、家籍における入除籍の効果として国籍の取得・喪失が発生することを、規定していた。

たとえば、日本人が外国人の妻となって家を出れば日本国籍を喪失し、逆に外国人が日本人の妻として家に入れば日本国籍を取得するものとしていた。つまり、父系血統を軸とした「家族国籍一体主義」「夫婦国籍同一主義」を原則としており、戸籍法の原理に規律された国籍法であったのである。

外国人の日本への帰化《きか》については規制する方針をとり、その許可権は内務大臣が持ち、許可条件を、①引き続き五年以上日本に住所を有すること、②満二〇歳以上で本国法により能力を有すること、③品行端正であること、④独立の生計を営むに足る資産または技能があること、④日本国籍の取得により外国籍を喪失すること、ときびしくしていた。

のみならず、帰化者とその子、および日本人の養子または入夫《にゅうふ》（戸主である女性と結婚した夫）となって日本国籍を取得した者については、帝国議会議員、国務大臣、陸海軍将官、大審院長、会計検査院長などの国家の要職への任用を禁止し、公権を制限していた。

外国人が日本国籍を得れば、戸籍に登録されて日本式の氏名《しめい》を名乗ることになる。たとえば、明治二三年（一八九〇）に来日して、英語教師、文学者、文芸評論家として活躍したラフカディオ・ハーンは、小泉セツと結婚し、帰化して「小泉八雲《こいずみやくも》」と名乗っている。

日本人が帰化により外国の国籍を取得した場合には、日本国籍を喪失した。

海外移民の二重国籍問題

日本の国籍法は、「父系血統主義」にもとづく単一国籍の取得を原則とし、自由意思による国籍離脱を認めていなかった。ために、海外移民の増加に伴い、在外日本人の二重国籍問題が発生することになる〔以下、遠藤正敬―二〇一〇〕。

一九世紀末よりアメリカへの日本人移民が増え、一九〇〇年には二万人余、一九一〇年になると七万人余にものぼっている。アメリカは国籍取得の原理として「出生地主義」をとっていたので、同国で生まれた日本人の子はその国籍を取得する。ところが日本国籍法では、日本人を父とする子は日本人となる規定になっていたために、日本国籍にも属した。日本人としての氏名《しめい》が「早坂昌英」であれば、アメリカ人としては「Masahide Hayasaka」となる。「早坂」は氏《うじ》＝家名、「Hayasaka」はファミリーネームで、性格を異にする。

二重国籍は日米関係における政治問題となった。そこで日本政府は、大正五年（一九一六）に国籍法を改正し、外国で出生したことによりその国籍を取得した日本人が、その国に住所を有する場合は、内務大臣の許可を得て日本国籍を離脱できるものとした。

大正一三年（一九二四）にも国籍法を改正し、日本人移民の多かったアメリカ、カナダ、ブラジル、ペルー、チリ、アルゼンチンの六カ国を指定して（昭和一一年＝一九三六からメキシコも指定）、これらの国で出生したことによりその国籍を取得した者について、以下の二通りの方法による日本国籍離脱を認めた。

①　日本国籍を留保しなければ、出生時にさかのぼって日本国籍を離脱する。

②　国籍を取得した国に住所を有する場合、本人の志望により日本国籍を離脱できる。

これにより一九二五年度は日本国籍離脱者が増加したが、一九二八年度以降は減少し、二重国籍の日系人としての生活を選択した者も多かった。外国籍に入りながらも、「日本人」であるというアイデンティティを持ちつづけていたことがうかがえよう。

また、指定国以外の国で出生した日本人の子には、国籍離脱の自由は付与されなかったこともあって、依然として在外日本人の二重国籍は解消しなかった。

「夫婦別氏」指令

明治八年（一八七五）二月、平民苗字必称令が布告されると、石川県は五月に内務《ないむ》省《しょう》に対し、婦人は他家に嫁いだのちも終身生家の苗字を称すべきか、それとも夫の家の苗字を唱えるべきか、伺《うかがい》を立てた。これを受けて内務省が同年一一月に太政官《だじょうかん》に伺を出したところ、太政官は翌年三月、婦女は他家に嫁いでも「所生《しょせい》ノ氏《うじ》」を称し、夫の家を相続した場合に限って「夫家ノ氏」を称すべし、と指令した。この段階では政府は「夫婦別氏」の方針をとっていたわけである。

苗字は家名として発生したものであるが、先述のように、それが父子相承されたことにより、ミニチュアの「氏《うじ》」の名称としての性格も帯びるようになり、近世には父系血統の標識である姓に同化し、「実父（養父）の苗字＋氏」でもって妻の出自を表示するようにもなった。近代には苗字もしくは姓のどちらかが戸籍に登録され、法律用語としては「氏」となったのも、そうした歴史的経緯が前提になっていたものと思われる。

政府は「家」を国民把握の単位としたが、その「家」の構成員を父系血統主義にもとづいて画定したので、「氏」は家名であるとともに、父系血統の標識でもあったわけである。それゆえに政府は、妻の氏素《うじ》姓《すじょう》を重視する旧来の観念や慣習、特に旧武家層のそれを踏まえて、如上《じょじょう》のような指令を発したのであろう。

法制史家の山中永之佑氏は、当時、戸主の戸籍に所属している血族のみを家族とする「狭義の家族概念」と、戸主とその家族の妻も家族に含める「広義の家族概念」とが存在していたが、明治九年の太政官指令は「狭義の家族概念」にもとづいており、戸主の血族ではない妻は「異族」視されたがゆえに、婚家を相続しない限り「所生ノ氏」を称させることになった、と解されている〔山中永之佑―一九八八〕。

父系血統主義にもとづいて「家」の成員＝「家族」を画定する、近代の戸籍制度の原則からすれば、夫の家に入った妻はその戸主の父系血族ではなく、実家の戸主の父系血族に属する。夫の家の戸籍に登録されても「異族」である。この原理からすれば当然、妻の氏は明治九年の太政官指令のようになる。

ところが、この指令に対しては、諸府県から異議申し立てが相次いでなされた。民間にあっては、妻が生家の氏を称するのはわずかで、婚家の氏を称するのが一般の慣行である、というのがその理由であった〔井戸田博史―一九八六、折井美耶子―二〇〇三〕。近世後期には庶民層においても「家」観念が強まっていたので〔大藤修―一九九六〕、庶民も苗字の公称が許されると、妻は婚家の苗字＝氏を称するのが趨勢《すうせい》となったのかもしれない。

「夫婦同氏」の成立

政府は明治初年から一貫して、妻にはその父系血統の出自を明確にするために「所生ノ氏」を称させるよう指令していたが、一方、民法の編纂事業の過程では、「所生ノ氏」から夫婦を単位とする「家族」を示す「夫ノ氏」へ、そして戸主権のもとに家族が統括される「家」制度を示す「家ノ氏」へと、構想を変容させていっている〔折井美耶子―二〇〇三〕。

明治一一年（一八七八）に出された民法草案では、同九年の太政官指令とは違い、「婦ハ其《その》夫ノ姓ヲ用フ可《べ》シ」と「夫婦同姓」を規定していた。同一一年（一八八八）作成の第一草案でも、「婦其夫ノ氏ヲ称シ、其身分ニ従フトキハ、之《これ》ヲ普通結婚ト云《い》フ」と、「夫婦同氏」の規定になっている。ただし、いずれの草案でも「夫ノ姓」「夫ノ氏」としており、この段階では「家」というよりも、夫婦を中心とする「家族」を想定していたようである（同前）。

妻を夫の家族に含めて、夫の「姓」「氏」を称させる規定になっているので、「広義の家族概念」にもとづいていたことになる。明治二三年（一八九〇）公布のいわゆる旧民法でも、「広義の家族概念」を採用し、「戸主及ヒ家族ハ其家ノ氏ヲ称ス」と規定している。

ここで初めて「家ノ氏」が登場した。この民法については周知のように論争が展開されて施行延期となり、法典審議会の審議を経て同三一年（一八九八）に明治民法が公布・施行されたが、妻の氏に関しては旧民法の規定を踏襲し、「戸主及ヒ家族ハ其家ノ氏ヲ称ス」（第七四六条）、「妻ハ婚姻ニ因《よ》リテ夫ノ家ニ入ル」（第七八八条）と定めている。

こうして、「氏」は「家名」に一元化され、婚姻によって夫の家に入った妻は、その「家族」であることが公認されるとともに、婚家の氏を称し、その家の戸主権に服するところとなった。ここに「家」的な「氏」制度が完成し、日本の法制上において初めて「夫婦同氏」が規定されたのである。

他民族の「日本国民」への編入と「氏名」

アイヌの「創氏改名」

明治《めいじ》二年（一八六九）七月、新政府は開拓使《かいたくし》を設置し、翌月には「北海道」を設定した。この時の北海道には旧蝦夷島《えぞがしま》とエトロフ（択捉）島以南の南千島が入る。「道《どう》」は古代律令国家に由来する領域区画であり、東山道《とうさんどう》、東海道《とうかいどう》、山陽道《さんようどう》など旧来の五畿七道《ごきしちどう》に新たに北海道を加えて、近代日本の国家領域が編成されたのである。古代律令国家以来、道の下は国・郡に区画されていたが、北海道には一一国八六郡が置かれた。クナシリ（国後）とエトロフは「千島国」とされている。

蝦夷地《えぞち》と南千島は、ロシアに対する国防の必要から近世後期に幕府直轄下に編入されたことにより、実質「内国」化していたのであるが、日本の伝統的な国家領域編成である道・国・郡が設定されたことにより、名実ともに日本国土と確定されたのである。そして、そこに居住するアイヌも、「皇国臣民」として統合、「同化」させられていった。明治五年（一八七二）に始まる近代国家の戸籍作製では、アイヌは「平民」として編入される。

では、アイヌはどのような名前で登録されたのであろうか。この点を検討された海保洋子氏によれば、次のようである〔海保洋子─二〇〇一〕。

近世の幕府直轄期に和名に改名していた場合は、「トサンロク事　戸棧録平」「妻　ニシユッ事　にし」「男　クチヤシキ事　口弥」のように、アイヌ名を示したうえで和名を記している。和名に改名していない場合には、当初は「知都魯《チツロ》」「妻　倍之由登無気《ヘシユトシケ》」というふうにアイヌ名に漢字を当てて記載していたが、その後、和名に改名させている。

先述のように、政府は明治三年（一八七〇）に平民にも苗字の公称を許可し、同八年（一八七五）には、苗字の戸籍登録を義務づける苗字必称令を出した。この苗字必称令によってアイヌにも苗字の使用が強制されることになり、戸籍にはたとえば「登麻武計事」とアイヌ名の漢字表記を肩書きして、「改名　遠山竹蔵」と苗字（氏《うじ》）と名前が記された。アイヌは氏に相当するものは持っておらず、個人名のみだった。そのため、新たに氏を創出させられたのである。それは、父系と母系の双方を重視する観念の強かったアイヌ民族に、父系で継承される日本的「家」制度を強制するものでもあった〔榎森進─二〇〇七〕。

「創氏改名《そうしかいめい》」と言うと、たいていの人は日本帝国の植民地にされた朝鮮に対するものを想起されるであろうが、近代日本国家の出発点において、アイヌ民族に対してもそれが強制されていたことを、見落としてはならない。アイヌも平民として戸籍に登録され、創氏改名と改俗によって「日本人」＝「皇国臣民」へと自己改造し、天皇への忠誠心を持つことを強制されたのである。しかしながら一方では、和人《わじん》とは別戸籍にされ〔同前〕、明治一一年（一八七八）には、和人との区別を明確化するために、官庁から

「旧土人」と称されるようになった。この「旧土人」という官庁用語は、社会にも定着してアイヌの実質的な身分呼称となり、国家からも社会からも差別的扱いを受けることになる。

アイヌ民族は、日本国民に編入されながら、正統な「日本人」とはみなされなかったのである。そして、北海道への和人移住者の急増によって、彼らの生産・生活基盤は破壊され、人口の面でもマイノリティー化が進んだ。全道人口に占めるアイヌの比率は、明治六年（一八七三）に一四・六％であったのが、その後急減して同三六年（一九〇三）には一・七％となり、昭和《しょうわ》一一年（一九三六）に至ると〇・五％にすぎなくなっている〔同前〕。

樺太・千島交換条約とアイヌの運命

蝦夷地が北海道と改称されたのに伴い、北蝦夷地は「樺太《からふと》」と呼ばれることになった。前述のように、安政《あんせい》元年一二月二一日《にち》（西暦一八五五年二月七日）締結の日露和親《ろわしん》条約では、北蝦夷地には国境は定められなかった。ために日露人民雑居の状態となり、それを踏まえて慶応《けいおう》二年（一八六六）には両国の共有とすることが取り決められた。幕府倒壊により樺太問題の解決は新政府に引き継がれ、ロシアとの交渉の結果、明治八年（一八七五）五月、樺太・千島交換条約調印に至る。

これにより、樺太全島がロシア領となり、代わりに、日露和親条約で日本領と認められていたエトロフ〔択捉〕島以南の南千島に加え、ウルップ〔得撫〕島以北、シュムシュ〔占守〕島に至る北千島の島々も日本領に編入された。同年八月調印の同条約付録では、樺太・千島の先住民族は三年の間に日本かロシアいずれかの国籍を選び、現住地の国土と選んだ国籍が異なる場合は、その地を立ち去ることが定められていた。

ところが明治政府は、樺太のアイヌを「日本臣民」と位置づけていたので、彼らの意志を問うことなく北海道に集団移住させる方針を立て、条約付録調印から間もない同年一〇月には一〇八戸八四一名を宗谷《そうや》に連れ去り、翌年には石狩《いしかり》の対雁《ついしかり》に移住させた。そこで農耕民化がはかられたが、生活は困難をきわめ、疱瘡《ほうそう》やコレラの流行もあって多くの死者を出し、日露戦争の勝利により樺太の北緯五〇度以南が日本領になると、ほとんどが郷里に戻っている〔菊池勇夫―一九九四〕。

北千島には、アイヌ民族とロシアの植民政策によって移住させられたアレウト民族が居住していたが、もともと移住民であったアレウトは全員がロシアに移ることを希望した。一方、先住民族であったアイヌの方は、住み慣れた郷里を離れることには抵抗感が強かったが、ロシアはシュムシュ（占守）島に残っていた一二人（他は出稼ぎ中）を、明治一〇年（一八七七）、アレウトとともにカムチャッカ半島に移住させた〔以下、ザヨンツ・マウゴジャータ―二〇〇九〕。

北千島に留まったアイヌに対し日本政府は、ロシア領に近い北千島に「ロシア人」化されていたアイヌが居住しつづけることに国防上の懸念をいだき、遠隔の島では「保護」が行き届かないことを理由に、南千島への移住の説得を試みた。だが、アイヌたちはそれに従わない。ために明治一七年（一八八四）、根室《ねむろ》に近いシコタン（色丹）島への強制移住に踏み切る。その時の人数は九七人であった。

ロシアに移住したアイヌのうち、生き残った者は全員が北千島に戻っていたが、今度は日本政府によって郷里を追われることになったのである。

北千島アイヌは、ロシアの統治下に置かれていた際にロシア語氏名を名乗らされ、ロシア正教に改宗させられ、衣服などの風俗もロシア風に改俗させられていた。それが、シコタン島への強制移住を機に、今度は日本語氏名への改氏名、日本風俗への改俗、仏教への改宗を強いられることになる。戸籍簿を作った官吏は、だいたいはロシア語の氏と名前の音声に合わせて日本語の氏と名前を与えた。たとえば、「ストーロージェフ→須藤《すどう》」、「チェルヌイ→鶴井《つるい》」、「ヤーコフ→弥輔《やすけ》」、「マウラ→宇《う》ら」といった具合である。

しかしながら、日本人への「同化」は思惑どおりに進んだわけではない。氏名にしても、戸籍には日本語氏名が登録されても、アイヌたちはアイヌ語名とロシア語氏名も使用しつづけていた。また誰もがロシア正教を棄てなかったという。

彼らはシコタン島で農業を教え込まれたが、新しい生活に適応できず、北千島への帰還を切望しながらも、ついにかなえられることはなかった。人口も激減した。第二次大戦での日本の無条件降伏後、シコタン島もソ連に占領されると、同島居住アイヌ五〇人は今度は北海道に移住させられている。

以上のように、千島アイヌは、日露両国の国策に翻弄《ほんろう》され、苦難の歴史を歩むことを余儀なくされたのである。彼らの血を引く人が今日、各所に暮らしていたとしても、もはや固有の言語・名前・文化を持つ「民族」としての実態は消滅しているという。

琉球の「日本国」編入

先に述べたように、琉球《りゅうきゅう》王国は慶長《けいちょう》一四年（一六〇九）、薩摩《さつま》藩島津《はんしまづ》氏に侵攻されて同藩の支配下に置かれ、近世日本の幕藩体制に組み込まれる一方では、中国との冊封《さくほう》・朝貢《ちょうこう》関係を継続したので、日本と中国の双方に服属する形となった。しかしながら、西欧中心の国際社会に組み込まれ、そのもとで近代的な主権国家化と国民国家化をめざすことになった日本にとって、琉球王国の両属状態はもはや旧秩序の遺産にすぎず、新たな原理のもとに再編成することが課題となった。

明治元年（一八六八）、誕生したばかりの維新政府は、琉球王府にも明治改元に関する太政官令《だじょうかんれい》を伝え、琉球統合の意思表示をした。そして、国内で廃藩置県《はいはんちけん》を断行した翌年の明治五年（一八七二）、それまで鹿児島藩（薩摩藩の後身）、次いで鹿児島県の管轄下にあった琉球王国を、王府を存続させたまま「琉球藩」とし、国王の尚泰《しょうたい》を「藩王」にして華族に列した。僻遠《へきえん》の小島群にすぎない琉球は領土としての魅力に乏しく、清《しん》国をはじめとする国々との国際的な摩擦を起こしてまで、領有するだけのメリットがあるのかどうかについては、懐疑的な意見も存在し、琉球放棄論さえ唱えられた。

しかし政府は、明治一二年（一八七九）、琉球藩を廃して「沖縄県」を置き、完全に「日本国」に編入する、いわゆる「琉球処分」を断行するに至る。その理由について小熊英二氏は、ヨーロッパ列強によるアジア植民地化の脅威のなかにあって、軍事力で劣勢な日本にとっては、できるだけ本国から遠方に国境線を引き、国防拠点を確保することが望ましかったからだ、と解されている〔小熊英二―一九九八〕。

北方では北海道が対ロシア国防拠点であったが、沖縄は南方の国防拠点と位置づけられたのである。現実にも、アジア・太平洋戦争末期には沖縄は「本土防衛の防波堤」とされ、凄惨《せいさん》な戦場と化した。

沖縄県民の「同化」と「改氏名」

前述のように、中国と日本に両属した近世琉球王国の士族層では、琉球の伝統的な屋号《ヤンナー》・琉球名の他に、中国式の姓・唐名《トーナー》と日本式の苗字・名乗《なのり》も併せ持つようになっていた。

琉球王国が解体され、沖縄県として日本の版図《はんと》に編入されると、近代日本が国民把握・管理の必要性から打ち出した「一人＝一氏一名」の原則が適用され、それまで苗字を持っていなかった庶民も戸籍に苗字を登録させられ、日本国公認の「氏《うじ》」＝家名とされた。

庶民の苗字は、役場の吏員との相談でつけられたという伝承もある。地名にちなむものが多い点は日本本土と同じであるが、琉球伝統の屋号を苗字とした例も少なくなく、そのほか役職、立地場所などに由来するものもあるという〔以下、『沖縄県姓氏家系大辞典』、『沖縄県の百年』、田名真之―一九八九、渋谷研―二〇〇三、小熊英二―一九九八〕。

近世の士族層は父系血統のシンボルである中国的な姓も持ち、父系親族組織である門中《もんちゆう》を形成していたが、廃藩置県により中国式の「姓」制度は公的には廃止された。しかしながら、門柱の名称としては今日でも生きつづけている。

琉球の伝統的な個人名は一生を通じて使用されるものであったが、近世に士族が日本的な成人名としての漢字二字の名乗＝実名《じつみよう》を受容すると、「童名《ワラビナー》」に転化した。しかし、庶民にあっては琉球名こそが唯一の名前であった。近代には庶民も日本風の名前を戸籍に登録し、学校ではその名を用いたので「学校名《ガツコウナー》」と呼ばれていたが、昭和の初期頃までは、村落や親族内においては「ワラビナー」「シマナー（島名）」などと呼ばれる琉球名を通称として用いていたという。

琉球処分によって「日本国民」に編入された琉球の民は、忠良なる「皇国臣民」となることが求められ、戸籍に日本式の苗字と名前を登録させられ、それが日本国民としての公的な氏名《しめい》となったのであるが、沖縄県の苗字と名前には他府県人からすると奇異に感じられるものが多く、漢字表記上は日本風であっても読みは独特であった。

日本政府も当初は統治の安定を最優先させ、急激な改革を避けて、沖縄の土地制度、税制度、地方制度、風俗、慣習などを温存する、いわゆる「旧慣温存」政策をとっていたので、琉球伝統の文化は残った。

しかしそれが、沖縄県民が他府県民からさまざまな差別を受ける要因ともなった。沖縄県民の他府県への移動と他府県民の沖縄県への移動が進み、両者の接する機会が増大したが、他府県民、いわゆる「本土人」たちは、自分たちとは異質な言語を話し、馴染《なじ》みのない氏名を持つ沖縄の人々を「異民族」視し、「非日本人」として扱ったのである。「沖縄人では出世できない」とも言われたという。

日本が日清《にっしん》戦争で勝利して台湾《たいわん》を植民地として持つ帝国となったのを機に、政府は一八九〇年代後半から沖縄統治政策を旧慣制度改革に転換する。それに呼応して、沖縄の言語、風俗、慣習などの文化的旧慣を改革し、日本本土のそれに「同化」することをめざす、風俗改良運動が展開した。この運動は、沖縄県の政界・教育界の指導者である他府県人の推奨のもと、沖縄出身の留学生や教員、農村指導者などを巻き込んで推進された。

この運動の一環として、大正《たいしょう》から昭《しょう》和《わ》前半にかけて本土風の苗字=氏と名前に改める運動も進められ、沖縄県民に対する偏見と差別から逃れるために、それを行った者も多かった。

改氏例では「島袋→島・島田」「仲村渠《なかんだかり》→仲村・中村」「渡嘉敷《とかしき》→富樫《とがし》」「知念《ちねん》→本田《ほんだ》」「喜舎場《きしゃば》→喜《き》村《むら》」「東恩納《ひがしおんな》→東《あずま》」、改名例では「寛猷→登史一《としかず》」「用知→潤《ひろし》」「師可→全男《まさお》」といった具合である。また、読み替えも広範に進んだ。宮城（ナーグスク、マーグスク→みやぎ）、大城（ウフグスク→おおしろ）、宮平（ナーデーラ→みやひら）、鶴（チルー→つる）、亀（カミー→かめ）等々である。昭和初期頃までは通称として用いられていた、「ワラビナー」「シマナー」などと呼ばれる琉球伝統の名前も、消滅していった。

差別から逃れようとすれば民族文化を捨て去り、「日本人」に同化せざるをえない。氏名は同化度を明示する指標であった。それゆえ、「皇国臣民」としての忠誠心がもっとも問われることになった戦時体制下において、「改氏名」はピークに達した。その行き着くところは、本土防衛のために沖縄県民が根こそぎ動員された沖縄戦の悲劇であった。

戦後、沖縄はアメリカ統治下に置かれたが、戸籍事務は日本政府が把握しつづけた。沖縄戦で戸籍の多くが焼失したため戸籍簿再編がなされた際、「改氏」ブームが起こり、本土風の氏に改称する例が増えた。その後、改氏の動きは落ち着いたものの、昭和四七年（一九七二）の日本への復帰前後には再度、裁判所への本土風改氏への申請が多くなった。

これは、日本＝「祖国」への復帰運動が、沖縄人は「日本人」であるという論理に立ち、その自覚を育成する教育運動が展開されたことと関係していよう。その一方では、琉球風の姓・苗字に復す動きもあった。そこに、アイデンティティをめぐって「日本国民」と「琉球民族」との間で揺れ動く、沖縄の人々の心の葛藤をみてとることができよう。

韓国併合と朝鮮人の位置

日清戦争に勝利した日本は、明治二八年（一八九五）の日清講和条約により、清国に台湾を割譲させた。同条約では、台湾住民が二年の期限内に退去しない場合は日本国籍を取得しうるとされていた。

次いで日露《にちろ》戦争にも勝利を収めた日本は、明治三八年（一九〇五）、日露講和条約によって、ロシアから樺太の北緯五〇度以南を獲得した。同条約は、南樺太住民はその地に留まるかロシアに退去するかを選択でき、在留する場合は日本国籍となることを定めていた。

台湾と南樺太の日本への割譲に際しては、住民に国籍選択の自由が認められていたのである。これは、国籍に関する個人の自由意志を領土割譲においても尊重すべしとする、近代西欧の法思想にのっとったものであった。また、明治三二年（一八九九）制定の日本国籍法も、台湾と南樺太には施行された。しかし、明治四三年（一九一〇）、「韓国」という国家そのものが日本に併合された朝鮮人《ちょうせんじん》の場合は、国籍の選択権は認められず、一律に「日本国籍」に編入された。にもかかわらず、日本国籍法は施行されなかった。

朝鮮人に国籍選択権を与えなかったのは、日本の領域外に居住する朝鮮人を日本国籍に緊縛しておくためであったとされる〔遠藤正敬―二〇一〇〕。日本国籍法を施行しなかったのも、まがりなりにも近代法としての建て前をとった同法には国籍離脱の規定があったので、朝鮮に適用すると、朝鮮人が亡命して清やロシアなどの国籍を取得し、日本国籍を離脱するおそれがあったことによる。そこで、李《り》王朝時代の朝鮮では、いったん帰服した臣民は子孫に至るまで王朝の支配から離脱できなかったという慣習法に目をつけ、その旧慣維持を名目にして、日本国籍法を施行しなかったのである〔小熊英二―一九九八〕。

その結果、朝鮮人は、外国に帰化しても日本国籍離脱を認められず、二重国籍のまま「日本臣民」として扱われ、日本の属人的管轄権のもとに繋ぎ止められることになった。まさしく、植民地期の朝鮮人は、「日本人」という刻印をひとたび押されたら、これをぬぐい去ることはできなかったのである〔遠藤正敬―二〇一〇〕。にもかかわらず朝鮮人は、国防の観点から対外的には「日本人」として扱われながらも、日本帝国内においては「日本人」とは区別された。その手段とされたのが戸籍である〔小熊英二―一九九八〕。

韓国併合の布石として日本は、明治三八年（一九〇五）に第二次日韓協約を結んで韓国を保護国とし、外交権を掌握した。さらに同四〇年（一九〇七）には第三次日韓協約を結び、内政も日本の監督下に置き、韓国政府の要職に日本の官僚が就任して、実質的な植民地支配を開始する。そして同四二年（一九〇九）、「民籍法」を公布・施行し、朝鮮人のみを対象にした「民籍」（戸籍）を編製した。一方、朝鮮在住の日本人については、「日本戸籍」に登録させた。戸籍により、朝鮮人＝「外地人」と日本人＝「内地人」を区別するシステムがとられていたのである。

大正一一年（一九二二）には「朝鮮戸籍令」が朝鮮総督府令《そうとくふ》として公布され、翌年より施行されて民籍法は廃止され、「家」単位の日本戸籍に準じて朝鮮戸籍が整備された。これにより、形式上は日本の「家」制度が朝鮮戸籍に導入されたのである。

朝鮮人の「創氏改名」

朝鮮社会でも、前近代の日本と同様、幼名から成人名に変える慣習があったが、日本は近代の名前政策の原則である「一人一名」を適用し、改名を制限した。しかしながら、朝鮮人が日本式の氏名《しめい》を名乗ることは禁じる政策をとっていた。朝鮮は中国式の姓《せい》・名前を受容しており、当初はそれが戸籍に登録され、その面でも日本人との差異化がはかられていたのである〔以下、宮田節子他―一九九二、小熊英二―一九九八、水野直樹―二〇〇八、遠藤正敬―二〇一〇〕。

しかし、昭和一二年（一九三七）に日中全面戦争に突入すると、朝鮮人を兵力、労働力として動員するために、「内鮮一体」（内地人＝日本人と朝鮮人の一体化）が唱えられるようになり、「皇国臣民（皇民)」化政策が推進されることになる。以前より「日本人」への「同化」政策は実施されていたが、それが強化され、神社参拝、毎朝の宮城遙拝《きゅうじょうようはい》、国旗掲揚、君が代の普及、「皇国臣民の誓詞《せいし》」の唱和、朝鮮語の必修科目から随意科目への格下げ、教育令改定、創氏改名、志願兵制、徴兵制、労務徴用などが、相次いで朝鮮人に強要された。それによって、朝鮮人をより完全な「皇国臣民」に改造しようとしたのである。朝鮮人に日本式の氏《うじ》と名前を名乗らせる「創氏改名《そうしかいめい》」は、その支柱の一つであった。

昭和一四年(一九三九)に「改正朝鮮民事令」とその他の法令が公布され、翌年、創氏改名が実施された。それは、

① 二月一一日から八月一二日までの六カ月間に、戸主または法定代理人が氏を定めて届け出ることを義務とする。
② 届け出がない場合は戸主の姓を氏とする。
③ 名前を日本人風に変える場合は、裁判所の許可を得たうえで届け出て戸籍上の名前を改める。

という内容であった。氏や名前に歴代天皇の実名《じつみょう》である諱《いみな》と死後の称号の諡《おくりな》を用いることは禁じられていた。

創氏改名の施行にあたり朝鮮総督府は、大規模な戸籍登録整理を行って戸籍と実態のずれを解消するとともに、満洲国《まんしゅう》、中国、日本「内地」などにいる在外朝鮮人には朝鮮戸籍への未登録者が多かったので、新たに戸籍を創設する就籍を促し、戸籍による朝鮮人管理の徹底をはかっている。それは徴兵制実施に向けた布石でもあった。

中国の「姓」制度を受容した朝鮮社会では、それが強固に生きつづけ、父系血統を保つことが絶対的

な規範とされ、そのシンボルである姓を改めることは、先祖に対する不孝とされていた。異姓不養《いせいふよう》と同姓同本不婚《せいどうほんふこん》の規範も遵守されていた。当然、夫婦別姓であり、子は父の姓を継承するので母と子も別姓となり、「一家族複姓」が常態であった。

そうした民族文化を持ち、姓と本貫《ほんがん》（始祖の出身地）を同じくする、同姓同本の父系親族集団＝宗族が社会の強固な基盤をなしていた朝鮮社会に、上述のように、大正一二年（一九二三）より戸籍上は日本式の「家」制度が導入されていたのであるが、それは「姓」制度とは原理的に矛盾していた。したがって「創氏」とは、戸籍上の形のみの「家」に、近代日本の創出物である家名としての「氏《うじ》」を設定し、「家」制度を実質的に完成させようとするものであった、と解される。

創氏を届け出なかった場合には、戸主の姓をもって日本式の氏とされたのであるから、それも家名の創出にほかならない。届け出による創氏は「設定創氏」、戸主の姓を氏とすることは「法定創氏」と称され、後者も「創氏」の概念に含められている。

氏＝家名の創出は男性以上に女性に大きな影響を及ぼした。それまでは女性は結婚しても姓は変わらなかったが、日本式「氏」制度の導入により、婚家の氏を名乗ることになったからである。たとえば、戸主の姓が李で、その妻の姓が朴であったケースでは、戸主の姓の李を氏にすると妻の氏も李となり、「夫婦別姓」から「夫婦同氏」に転換したのである。

日本国民の「家」は天皇家を宗家《そうけ》とする分家であり、日本国家は天皇を家長とする一つの「家」であるとする、皇国の「国体」観念を朝鮮人にも注入するためには、まずもって「家」観念の扶植が前提となる。それによって天皇への忠誠心を培《つちか》い、戦争に協力させるところに狙いがあった。

それゆえ朝鮮総督府は、創氏届出については、さまざまな手段を使って強圧的に迫った。対して改名については、消極的な態度をとり、むしろ名前を朝鮮人と日本人の識別記号として残そうとしている。ために、創氏届出率は総戸数の八〇％に達したのに比べ、改名率は朝鮮名への改名も含めて総人口の九・七％にとどまっている。

氏＝家名の設定に関しても、総督府は日本人との差異化をはかる方向に軌道修正し、日本にある苗字をそのまま氏として使うのを避けさせ、姓や本貫にちなんで氏を定めることを奨励した。姓が金ならば一字を加えて「金本」「金山」「金田」を氏とする、本貫が金海の金一族ならば「金海」を氏とする、というやり方である。

水野直樹氏は、こうした事実に注目し、創氏改名には「同化」のベクトルと「差異化」のベクトルの双方が働いていた、とされる。同化と差異化は、日本の他民族支配全般に共通する原則であった。創氏改名は、日本人と朝鮮人は同一の先祖から分派した民族であるとする「日鮮同祖論」にもとづき、「内鮮一体」に「復古」することを理念としていたにもかかわらず、両者の差異化もはかられていたのである。

戸籍も別戸籍のままであり、氏＝家名が記載されることになっても、新たに「姓及本貫」の欄が設けられ、姓・本貫も表記された。

創氏改名と民族的アイデンティティ

一方、朝鮮人の方も、創氏改名後も民族的アイデンティティは保ちつづけた。「日本人」であることを主張しても、それは差別から逃れる方便であった。日本側が創氏改名に差異化の契機をも持ち込んだことは、新氏名《しめい》に朝鮮民族としての証《あかし》である「姓名《せいめい》」の痕跡《こんせき》を残しうる条件ともなった。

創氏は本来、日本式の「家」制度の扶植によって、朝鮮社会の基盤をなす宗族の絆《きずな》を断ち切り、「家」国家観のイデオロギーを注入するところに狙いがあった。しかし、日本人との差異化をはかるために、朝鮮総督府が姓や本貫にちなんだ氏の設定を奨励したことは、氏が同姓・同本を原理とする宗族のシンボルともなり、その絆を存続させるという、逆の結果を招来したのである。

新氏名にしても、官公署や学校では使用されても、会社、銀行などでは仕事中や日本人と話すとき以外は旧姓名を使う者が少なくなかったという。朝鮮人どうしでは旧姓名で呼び合うのが一般的であったし、創氏をしながら、氏を日本語ではなく朝鮮語で読むこともごく普通に行っていた。

昭和二〇年（一九四五）八月一五日、日本の降伏宣言により朝鮮は植民地支配から解放されると同時に、米ソの分割占領下に置かれることになった。しかし、戸籍には創氏改名した氏名が登録される状態がつづいた。米ソ両占領地で創氏改名を無効とする法的措置《そち》がとられたのは、翌年のことである。ただし、戦後も日本に在留した韓国・朝鮮籍の人々の場合は、その多くが差別を恐れて、本名の代わりに日本的な氏名を通称名として使用しており、それは今日にもつづいている。同じ民族どうしの間では本名を、日本人との関係においては日本的通称名を、それぞれ使い分けているのである。

台湾人の「改姓名」

明治二八年（一八九五）調印の日清《にっしん》講和条約により清国から台湾《たいわん》が日本に割譲された際には、二年の猶予期限内に退去しない台湾住民については、日本の都合により「日本国臣民」とすることが定められていた。明治三二年（一八九九）制定の日本国籍法も、朝鮮とは異なり台湾には施行されている。しかし、対外的には日本国籍を有する「日本人」でありながら、日本戸籍法は施行されず、生来の日本人＝「内地人」とは別戸籍とされ、日本帝国内においては「外地人」として区別された点は、朝鮮と同じである。これは日本の植民地支配の原則をなすものであった。

日本に割譲された当時、台湾には漢民族と山岳先住民族の高砂《たかさご》族が居住しており、日本統治下では前者は「本島人《ほんとうじん》」、後者は「蕃人《ばんじん》」と称され、区別されていた。日本政府は、未開民族とみなした「蕃人」には日本国籍を与えず、教化に服して「皇民」としての実を備えたあかつきには、日本国籍を付与することもありうる、という姿勢をとった。彼らは「蕃地」という特別行政区域に集住させられ、法的に「日本人」からは排除されていた。

「本島人民」の把握・証明のために、戸口調査を踏まえて編製された台湾戸籍は、日本戸籍のように本籍地において家族を登録するものではなく、現住地において家族関係にない者も含めて登録した住民登録簿であった。日本のような「家」観念は存在しなかったので、実態に即して把握したのである〔遠藤正敬―二〇一〇〕。

日中全面戦争への突入は、朝鮮人とは異なる文脈から、台湾人の「皇民」化を要請することになった。漢民族の台湾人のアイデンティティが祖国の中国に回帰するのを警戒したからである〔以下、同前、上杉允彦―一九八七、水野直樹―二〇〇八〕。昭和一四年（一九三九）、第二次世界大戦勃発を機に台湾総督府は、台湾人を総力戦に動員するために「皇民」化を進める。それは、国語（日本語）常用運動、寺廟《じびょう》整理（神社への改築）運動、改姓名運動を三本柱とした。

翌年、総督府は戸口規則を改定し、「本島人」の姓名を「内地人」式に変更しうるものとした。朝鮮の「創氏」とは異なり、台湾における「改姓名」は、一定の条件を前提とした許可制であった。その条件とは、「国語常用の家庭」であること、「皇国臣民としての資質涵養に努むるの念厚く、且《かつ》公共的精神に富めるもの」であること、である。

ではなぜ、朝鮮のような「創氏」ではなく、「改姓」だったのであろうか。近藤正己氏によれば、次のような理由であったらしい〔近藤正己―一九九三〕。

漢民族の姓は父系血統の標識で、同姓不婚の規範のために夫婦別姓となったが、台湾社会では、たとえば林《りん》姓の女性が陳《ちん》姓の男性と結婚すると、元の姓に夫の姓を付け足して「林陳」と称するような慣習があった。そのために、台湾の姓は家の称号とも親近性を持ち、日本の「民法上の氏と同意義である」と解釈され、新たに「創氏」する必要はなく、単に「改姓」させれば足りると、台湾総督府が考えたからだという。

改姓に際しては、「現在の姓に縁由《えんゆう》のある支那《しな》の地名」を用いることを禁じ、祖国中国との絆《きずな》を断ち切らせようとした。改姓名を許可制にし、しかも「皇民」化を条件としたのは、台湾人としての差別から抜け出したいという願望を利用し、日本風の姓名に改めることを恩恵として許可するという姿勢を示すことにより、「皇民」化の促進をはかろうとしたものと解される。改姓名を許可された者は、昭和一八年（一九四三）まででで全戸数の二％にすぎず、朝鮮の創氏届出率八〇％とは比べものにならない。しかしながら、台湾社会において影響力のある名士に対しては、官憲からの圧力もあったという。

昭和一六年（一九四一）には、前年に内地で組織された大政翼賛会《たいせいよくさんかい》にならって、台湾では「皇民奉公会」が総督府により設立され、「蕃人」も含めた「六百万島民」が「渾然融和《こんぜんゆうわ》」して「台湾一家」を形成し、「万民翼賛の実を挙げ」ることを指導理念として、「皇民」化運動が強化されている。それは日常生活にも及び、中国衣服を禁じて台湾婦女子に和服着用を奨励したり、旧暦による正月の祭祀を禁止したり、先祖の位牌《いはい》や墓碑の変更を要求したりした。それはまさに漢民族文化の破壊であった。

朝鮮人・台湾人の戦争動員と戦後の処遇

総力戦体制のもとで朝鮮人と台湾人の「皇民」化を進めたのは、兵力、労働力として動員するためであり、志願兵制、さらには徴兵制も実施された。それは、「蕃人」として日本国籍を付与されてこなかった台湾の高砂族《たかさご》にも適用されている。兵員確保の必要に迫られ、彼らをも「日本国民」に編入するに至ったのである。

「日本帝国臣民」として兵役《へいえき》義務を負う見返りとして、内地人と同等の権利付与を要求する声も朝鮮人と台湾人の間で高まった。日本政府も、昭和二〇年（一九四五）四月一日、「衆議院議員選挙法中改正法律」を公布し、朝鮮人と台湾人に参政権を認めることになる。しかし、総選挙が実施されないまま、終戦を迎えるところとなった。

日本の朝鮮、台湾等の放棄を定める、サンフランシスコ平和条約が発効した昭和二七年（一九五二）四月二八日、日本統治下で日本国籍に編入されながらも日本戸籍法が適用されていなかった朝鮮人と台湾人は、一斉に日本国籍を喪失した。終戦後も日本に残留した旧植民地出身者も、戦後に改正された戸籍法の適用外に置かれた。彼らは「外国人登録法」（一九五二年公布）にもとづいて「外国人」として登録され、治安管理の対象となる。旧軍人・軍属の公務上の傷病または死亡について、障害年金や遺族年金などを支給する「戦傷病者戦没者遺族等援護法」（一九五二年公布）は、日本国籍を失った者には適用されなかった。ために、日本統治下で「日本帝国臣民」として戦場に駆り出された朝鮮人、台湾人とその遺族は、援護対象から切り捨てられることになったのである。

氏と名前のゆくえ――エピローグ

民法改正と氏の性格

昭和《しょうわ》二一年（一九四六）一一月三日に公布され、翌年五月三日より施行された日本国憲法は、第二四条において新しい民主的な家族法の原則をうたった。「……配偶者の選択、財産権、相続……婚姻及び家族に関するその他の事項に関しては、法律は、個人の尊厳と両性の本質的平等に立脚して、制定されなければならない」と。憲法と同時に施行された「日本国憲法の施行に伴う民法の応急的措置《そち》に関する法律」は、憲法の精神にのっとって「家」制度の廃止を打ち出した。

これに引き続いて民法の改正が行われ、昭和二二年一二月に公布され、翌年一月から施行された。新民法と同時に新戸籍法も公布・施行される。新戸籍法では、戸籍編製の単位が「家」に代わって、「夫婦及びこれと氏を同じくする子」となった。未婚者の場合は、「その者及びこれと氏を同じくする子」とする（この場合の子は養子）。すなわち、「氏《うじ》」が戸籍編製の基準となったのである。

子が婚姻すれば新戸籍を編製するので、三世代の戸籍はない。本籍はどこにでも自由に定めることができるので、現実の住所と世帯を反映しない。

大正《たいしょう》三年（一九一四）、人口の流動化が激しくなったのに対処し、現住地において人を把握するために「寄留法」が制定されていたが、昭和二六年（一九五一）に同法に代わって「住民登録法」が制定され、住民登録は戸籍制度と併存する独立した制度となった。昭和四二年（一九六七）には「住民基本台帳法」に全面改正されている。

「家」制度における氏は「家名」であったが、それが廃止され、氏は理論的には個人の名称となった。しかしながら、戸主に代わって戸籍筆頭者が設定され、その配偶者は戸籍筆頭者と氏を同一にし、子は父母の氏を称することになっているので、「同一戸籍同一氏」となり、単なる個人の名称にとどまらない性格を備えている。現実生活においても氏を「家名」とみなす意識は根強く残った。

婚姻改氏・離婚復氏と女性

日本人どうしの結婚では、どちらかが戸籍筆頭者となり、その氏に統一する規定になっているが、九八％は夫が筆頭者となり、妻が氏を変えているのが現状である。戸籍筆頭者には、旧戸主のような家族の統率者としての権限は付与されておらず、その地位も継承されることはないが、それを戸主同様、家族の中の別格の地位とみなし、男がなるべきだと考える意識は強い〔星野澄子―一九八七〕。

女性にとっては結婚前後で氏が異なることになり、人間関係や社会生活にも支障が生じ、人格の尊厳の侵害と感じる人も少なくない。現行の「氏」制度は、日本国憲法にうたう「個人の尊厳と両性の本質的平等」を体現しているとは言えない矛盾をはらんでいる。

民法の「離婚復氏」規定により、婚姻によって改氏した者は、離婚すれば婚姻前の氏に復することになる。大多数は女性が該当し、婚姻中、夫の氏で社会活動をしていた女性の場合には、離婚復氏によって不便・不利益が生じることもある。また、離婚後に未成熟子を引き取り養育する親（主に母）が子と別戸籍になることも、大きな問題となった。

そこで、国連婦人の一〇年の第一年度に当たる昭和五一年（一九七六）、婚姻の際に氏を改めた者は、離婚の日から三カ月以内に届け出れば、婚姻中の氏を称することができるようにしている。

「夫婦別氏（別姓）」法制化要求

「婚姻改氏」による不利益と矛盾は、女性の社会進出に伴って顕在化し、希望する者には「夫婦別氏（別姓）」を選択できるよう法改正を求める声が高まり、その運動は国連婦人の一〇年（一九七六～八五年）を機に大きなうねりとなって展開した。

一人《ひとり》っ子が増加したことも、それを求めるいま一つの要因となっている。一人っ子どうしの結婚では、氏が変わる側（多くは妻側）の墓地や位牌《いはい》の帰属（祭祀継承）はどうなってしまうのか、親の老後の面倒は誰がみるのか、といった問題が生じるからである〔星野澄子―一九八七〕。

こうした要求を受けて、平成《へいせい》三年（一九九一）から、法制審議会の民法部会身分法小委員会は、夫婦別氏選択制の導入を含む、民法の婚姻・離婚に関する制度見直しのための検討作業を開始した。そして、平成六年（一九九四）に「婚姻制度等に関する民法改正要綱」を公表し、同八年には選択的夫婦別氏制度を含む「民法の一部を改正する法律案要綱」を政府に答申している。しかしながら、この民法改正案については、国会議員の間でも賛否の論争がつづいており、いまだ法制化は実現していない。

ために、結婚して戸籍上の氏を変えても社会的には元の氏を通称とする人や、実際には夫婦生活を営んでいても婚姻届を出さない人も増えている。

「夫婦別氏」反対論には、それを認めると家族の絆《きずな》が弱まり、伝統的な「家族」制度が崩壊する、というものが多い。しかし、その場合に想定している「家族」制度なるものは、先述したように、明治《めいじ》になって「家」制度と同義のものとして創出されたにすぎず、決して古くからの伝統ではない。「夫婦同氏」にしても、それが日本で初めて法制化されたのは、明治三一年（一八九八）公布・施行の明治民法においてであり、それ以前には政府も、夫の家に入った女性は「所生の氏」を称することを原則としていた。前近代においても「夫婦別姓・別苗字」の事例はみられるが、それとて妻の人格を尊重してのことではなく、歴史的に固有の意味を持っていた。

夫婦同氏、夫婦別氏のどちらを主張するにせよ、その正当化の根拠を安易に歴史に求めるのではなく、氏をめぐる問題は、どのような形にしたら、日本国憲法にうたう「個人の尊厳と両性の本質的平等」を実現できるか、という憲法の原則に立って議論すべきであろう。

戦後の国際結婚と氏

先に述べたように、明治三二年（一八九九）公布の国籍法では、父系血統によって国籍を確定するのを原則とし、また家籍における入除籍の効果として、国籍の取得・喪失が発生することを規定していた。したがって、外国人が日本人の妻として家に入れば日本国籍を取得し、日本人が外国人の妻となって家を出れば日本国籍を喪失することになっていた。

昭和二五年（一九五〇）五月、新たな国籍法が公布され、七月より施行されたが、国際結婚に伴う国籍の取得・喪失については規定されていない。第一次大戦後に確立した国際私法の「夫婦国籍独立主義」、すなわち「国籍の違う者どうしが、それぞれの国籍を変えずに結婚できる」という原則を採用したので、特に規定する必要はなかったからである。

戸籍上の取り扱いは、日本人が外国人と結婚した場合は新戸籍を編製せず、従来の戸籍（多くは父親を筆頭者とする戸籍）に留め、「身分事項」欄に外国人との婚姻事項を記載することになっていた。しかしこれでは、日本人どうしの結婚では新戸籍を編製するのと釣り合いがとれない。そこで、昭和五九年（一九八四）に戸籍法の一部を改正して、国際結婚した日本人についても、その者を筆頭者とする新戸籍をつくることになった。もっとも、外国人配偶者は日本国籍者ではないので、夫婦単位の戸籍とはならない。

国際結婚後に称する氏については、学説と判例は分かれており、大別して、夫の本国法を夫婦双方に適用する立場と、夫婦それぞれの本国法を適用する立場とがある。日本の戸籍事務上ではかつては、外国人との婚姻の場合は日本人の氏は変更しない扱いをしていた。皮肉なことに、日本人どうしの結婚では「夫婦同氏」を強制しながら、国際結婚にあっては「夫婦別氏」とする扱いをしていたのである。

外国人配偶者の氏を戸籍上も名乗りたい場合には、旧来は分籍届けをして自身が筆頭者になったうえで、家庭裁判所に「氏の変更」の審判を申し立てて許可を得なければならず、手続きが面倒であった。それが昭和五九年の戸籍法改正により、従来の氏で新戸籍を編製したうえで、結婚の日から六カ月以内に市町村長または在外公館に、「外国人との婚姻による氏の変更届」を提出するだけで、変更できるようになっている。

その場合、外国人配偶者の氏が漢字である場合を除き、片仮名で表記される。たとえば「中村直子」が夫の「John Braun」の氏に変更すれば、「ブラウン直子」となる。夫婦双方の氏を重ねて新たな氏とすることも、氏名《しめい》全体を変えることもできる。

昭和二五年公布の国籍法は旧来の「父系血統主義」を踏襲していたので、外国人の父と日本人の母の間に生まれた子には日本国籍が与えられなかったが、昭和五九年に改正されて「父母両系血統主義」を採用し、父母どちらかが日本国民であれば日本国籍を取得できるようになった。その場合は日本人の親の戸籍に登載されて、親と同じ氏となるが、外国人の親の国籍も取得しているときは、その国籍では通常は同国籍の親の氏を称するので、国籍によって父母双方の氏を使い分けることになる。

日本国籍上の氏を子のみ外国籍の親の氏にすることも、同年の戸籍法改正により途《みち》が開け、その際には家庭裁判所の許可を得て、子一人ひとりを筆頭者とする戸籍をつくる。

戦後の帰化と氏名

現行国籍法では外国人の帰化《きか》の許可権は法務大臣が持ち、条件については先に紹介した明治三二年（一八九九）公布の国籍法を引き継ぎ、それに「日本国憲法施行の日以後において、日本国憲法又はその下《もと》に成立した政府を暴力で破壊することを企て、若《も》しくは主張し、又はこれを企て、若しくは主張する政党その他の団体を結成し、若しくはこれに加入したことがないこと」を加えている。

旧国籍法同様、帰化を規制する方針をとっているのであるが、日本国民の配偶者である外国人の帰化については条件を緩和している。

外国人が日本に帰化した際の日本国民としての氏名は、人名として使用できる文字、すなわち常用漢字、人名漢字、平仮名、片仮名、長音符、踊り字などで表記したものであれば認められ、従来の氏名を日本式に表記しなおしたものでもよい。アメリカ人日本文学者の「ドナルド・キーン」氏は、東日本大震災に襲われた日本人を励ますために日本永住を決意され、平成二四年（二〇一二）三月に日本国籍を取得して、日本人名を「キーン　ドナルド」とし、通称として漢字表記の「鬼怒鳴門《キーンドナルド》」も用いることにされている。

日本人と結婚している外国人が帰化する場合は、配偶者の戸籍に入ってその氏を名乗るか、帰化者が新戸籍をつくり、日本人配偶者がそこに入って夫婦同一氏にするか、どちらかとなる。たとえば、ブラジル出身の元日本代表サッカー選手「ルイ・ゴンサゥヴェス・ラモス」氏は、日本人女性と結婚し、帰化して「ラモス瑠偉《るい》」を名乗り、婦人が氏を「ラモス」に変えている。

男性名の変遷

近代には一人一名の原則が打ち立てられ、戸籍に登録した名前を原則として生涯使用しつづけることになったが、それによって大きな影響を受けることになったのは男性名の方である。

なぜなら、前近代においては男性は、出生時につけられた童《わらわ》名《な》=幼名《ようみょう》を成人すると改め、実名《じつみょう》と仮《け》名《みょう》=通称の二つの名前を持ったからである。「一人一名」となり改名もできないとなると、出生時に童名ではなく、漢字二字ないし一字の実名型の名前や、出生順を表わす通称型の排行《はいこう》名をつけることが多くなったのではないかと推測されるが、明治期の男性名についてはいまだ統計的な研究はなされていない。

近代の名前原則は皇子《おうじ》・皇女《おうじょ》の名前にも影響を及ぼした。童名から成人名への改名ができなくなったので、誕生時に「親王《しんのう》」「内《ない》親王」の称号と「宮号《みやごう》」「実名」を与えられるようになったのである。宮家《みやけ》を創設すれば「宮家号」を与えられた。たとえば、今上《きんじょう》天皇の第二皇子「秋篠宮文仁《あきしののみやふみひと》親王」の誕生時に与えられた宮号は「礼宮《あやのみや》」であり、結婚に際して「秋篠宮家」を創設している。

明治安田生命保険株式会社のホームページには、大正元年（一九一二）から平成二二年（二〇一〇）までの「生まれ年別名前ベスト一〇」が掲載されている。同社の保険加入者にもとづくデータであるが、それでも時代的な流行の変遷は明瞭に読み取れる。

それをみると、男子名は漢字三字の「健太郎」以外はすべて、漢字二字もしくは一字である。九世紀初期の嵯峨《さが》天皇期に親王に漢字二字、臣籍に降下した皇子に漢字一字の実名を与えたのを機に、それ（特に漢字二字名）が実名として広まった。その実名型が多いが、「太郎」「一郎」「三郎」のような通称型の排行名も存在する。童名的な名前はみられない。

大正五年（一九一六）までは二字名が半数以上を占め、五年間での比率は六二％で、うち約四分の一が排行名である。ところが、翌年から一字名が半数を超えるようになり、漢字二字名も多くは排行名である。昭和一〇年（一九三五）から一八年（一九四三）までは漢字一字名のみで、一九年から二字名が復活するが、それは戦時を反映した「勝利」と終戦後の平和を願った「和夫」が登場したことによる。二四年（一九四九）からは再度、二六年五位の「和夫」を除いて三四年まで一字名の独占状態がつづく。

二字名の復活は「浩宮徳仁《ひろのみやなるひと》親王」が誕生した昭和三五年（一九六〇）であり、それにあやかった「浩一」「浩二」「浩之」が登場する。翌年からは、それ以外の「和彦」「秀樹」「哲也」「直樹」「達也」「健二」といった二字名もみられるようになり、四一年（一九六六）から五七年（一九八二）までは二字名と一字名が拮抗する。そして、翌年から平成二二年（二〇一〇）に至るまで二字名が六〜九割を占めている。

使用される漢字も時代によって変遷している。大正時代には「正」の意味が良いこともあいまって、それを用いた名前が多く、大正一五年間のベスト一〇の名前の約五分の一を占める。一九一二年七月三〇日、明治から大正に改まったが、大正元年から三年にかけて正と年次を組み合わせた「正一」「正二」「正三」が一位を占め、それ以外にも「正」「正夫」「正雄」「正治」などが大正年間を通じてベスト一〇の常連となっている。

「正」は昭和に入っても人気を保つが、日中戦争開始の翌昭和一三年（一九三八）より姿を消し、戦後の二三年（一九四八）と二九年に復活するものの、翌年からはベスト一〇入りすることはなくなる。「清」も人気の字で、大正元年以来常にベスト一〇の上位に位置し、大正四（一九一五）、七年に一位となり、九年から一五年までは七年連続一位を占める。

一九二六年一二月二五日、昭和に改元されると、男子名は翌年に「昭二」「昭」「和夫」が一、二、三位を占め、三年も「昭三」が一位、「昭」が三位となる。しかし、大正時代の「正」ほどには「昭」「和」の使用頻度は高くない。一九八九年一月七日、平成に改元されたが、元号と同じ漢字がみられる名前は、平成元年九位の「洋平」、二、三年に九、六位の「翔平」のみで、大正・昭和への改元時のようなブームは起きていない。

昭和八年（一九三三）一二月、今上《きんじよう》天皇の「継宮明仁親王《つぐのみやあきひと》」が誕生すると、翌年には「明」が初の一位に躍り出ている。「清」は昭和に入っても人気が高く、常にベスト一〇入りし、五年（一九三〇）から一二年にかけて五度一位となっている。その後も三〇年（一八五五）までは人気を保つが、翌年からまったく姿を消す。

一五年戦争中には、「勇」「進」「勝」「武」の字が流行している。戦後しばらくは、「正」「清」のほか、

「稔」「実」「豊」「茂」「博」「誠」「明」「昇」「進」「隆」「修」「勉」などが好まれている。

昭和二三（一九四八）〜二五年には「博」、二六〜二九年には「茂」が連続一位となっているが、後者は時の首相の「吉田茂」にあやかっているとともに、繁栄への希望も託されていよう。経済が上昇し始めた三〇（一九五五）、三一年には「隆」が一位となる一方、それまで人気のあった「正」「清」が姿を消しているのは象徴的である。

しかしながら、同類の「誠」が三二年（一九五七）から五三年（一九七八）にかけて、「浩宮」誕生ブームを反映した三五、三六年の「浩」、四五、四六年の「健一」を除いて一位を占めており、経済繁栄期にあっても人間としての誠実さは求められていたようだ。五二年には三字名の「健太郎」が初登場し、五六、五七年にもみられるが、以後姿を消す。

昭和五四年（一九七九）からは「大輔」が八年連続一位となる。五五年夏の全国高校野球選手権大会で、早稲田実業高校が一年生エース「荒木大輔《あらきだいすけ》」の活躍で準優勝して、「大ちゃんフィーバー」が巻き起こり、現メジャーリーガーの松坂大輔《まつざかだいすけ》も、母親が荒木の大ファンであったので同名をつけられたことは、よく知られている。しかしながら、荒木の甲子園デビューの前年から「大輔」は一位であり、その前にも五年連続二位となっているので、以前よりその名前が流行していたところに荒木が登場してヒートアップしたようだ。

昭和六三年（一九八八）から平成九年（一九九七）にかけては、「翔太」が七度一位となっている。昭和五七年（一九八二）に「翔」がベスト一〇に初登場すると、以後、「翔」と「翔太」「翔平」「大翔」がベスト一〇の常連となり、「翔太」以外にも「翔」や「大翔」がたびたび一位となっており、平成一九（二〇〇七）～二二年には「大翔」が一位を占める。

平成に入ると、二字名では「大樹」「大貴」「大輝」「大地」「太陽」「大和」「海斗」「悠斗」「悠人」「悠真」「陽太」「陽向」「拓海」「颯太」など、一字名では「翼」「陸」「駿」「蓮」「匠」「竜」「颯」など、それまでみられなかった名前も登場し、多様化が進んでいる。

近代の名前原則の確立に伴い、皇女も誕生時に「内親王」の称号と「宮号」「実名」を与えられるようになった。降嫁《こうか》すれば宮号は消滅する。

女性名の変遷

今上《きんじょう》天皇の皇女「紀宮清子《のりのみやさやこ》内親王」は、民間人の黒田慶樹《くろだよしき》氏と結婚されたので、宮号はなくなり、現在は「黒田清子」を名乗られている。紀宮内親王が「清子」、そして皇太子と雅子妃の間に生まれた「敬宮《としのみや》内親王」が「愛子《あいこ》」と命名されたように、現在でも内親王は「二音節の漢字一字＋子」という名前であるが、これは九世紀初期の嵯峨天皇の内親王への命名法に由来する。

女性が「子」を付した実名を名乗ったのは、一四世紀以降は、内親王や天皇から位階を授けられた女性、あるいは上級女官の女房《にょうぼう》として宮中《きゅうちゅう》に仕える女性に限られ、それ以外は童名《わらわな》を大人になっても通称として用いていた。それが、近代には一般女性も子を付した名前を名乗れ、漢字名もつけられるようになったので、名前の選択肢は広がった。

角田文衛氏は、各種の資料にもとづいて近代の女性名も概観されている〔角田文衛―一九八八〕。それによると、旧公家《くげ》・大名《だいみょう》の華族や政府高官の妻・娘には、明治五年（一八七二）の壬申《じんしん》戸籍編製に際し、皇族女性にならって、「愛子」「松子」のように改名して登記した者が多かったという。しかし、明治前半期で一般的だったのは、「あき」「うめ」「きく」といった二音節平仮名表記の名前であり、中世後期以来の女性名の慣例を踏襲している。

ところが、明治時代後半になると、士族・平民の間でも女子に子型の名前をつける風習が流行するようになり、大正・昭和の時代に引き継がれる。また、「ミワ」「タマキ」のような片仮名の名前も多くなる。東京女子高等師範《しはん》学校（昭和二四年＝一九四八、お茶の水女子大学に改組）の明治一二年（一八七九）第一回卒業以来の卒業生名簿によって、女性名の変遷を分析された林太郎氏も、同様の傾向を指摘されている〔林太郎―一九八〇〕。

先の大正元年（一九一二）から平成二二年（二〇一〇）までの「生まれ年別名前ベスト一〇」により、大正以降の女子名の変遷を概観しておこう。

大正元〜九年には、ベスト一〇のうち「二音節の漢字一字＋子」（「正子」「静子」等）が四五・六％、「二音節の漢字二字＋子」（「千代子」「美代子」「八重子」の三例）が一二・二％で、両者を合わせた子型が五〇％近くを占めるが、二音節片仮名表記（「ハル」「ハナ」等）、二音節平仮名表記（「はる」「きみ」等）も、それぞれ三三・三％、六・六％存在する。

他に二音節漢字二字の「千代」が二度ベスト一〇入りしている。改元を反映して大正二年には「正子」が一位となっているものの、翌年からは姿を消しており、男性名ほどには改元の影響は持続していない。

大正一〇年（一九二一）から昭和三一年（一九五六）までの三六年間は、すべて漢字表記の子型であり、うち「二音節漢字二字＋子」は一六・四％で、他はすべて皇族と同じ命名法の「二音節漢字一字＋子」である。一九二六年末に昭和に改元されると、翌二年に「和子」「昭子」が一、二位に躍り出て、

「和子」の方は昭和二七年（一九五二）にかけて、一五、一七、二四年が二位のほかは一位の座を譲っていない。

昭和一八年（一九四三）に「勝子」が八位に初登場し、以後終戦まで七、五、七位となっているものの、他には戦時色を反映した名前はみられず、男性名とは対照をなす。国民が戦争に総動員された一八〜二〇年にも「和子」が一位である。昭和改元以来「和子」は人気ナンバーワンの名前だったのであるが、戦時中には平和への願いもこめられていたにちがいない。それは、戦後も二七年まで一位をつづけている点からもうかがえる。

昭和二八年（一九五三）からは九年間、「恵子」が三〇年の二位を除いて一位を占めている。二八、二九年には「岸恵子《きしけいこ》」主演の映画「君の名は」三部作が大ヒットしているので、その名にあやかったのではなかろうか。

昭和三四年（一九五九）四月、当時の皇太子「明仁親王」と「正田美智子《しょうだみちこ》」さんの成婚の際には、「ミッチーブーム」が起きたが、名前にはそれほど反映していない。同年に「美智子」が三位となっているものの、同名は戦前の六年（一九三一）よりベスト一〇の常連となっており、婚約・成婚を機に急に人気が高まったわけではない。

紀田順一郎氏は、昭和初期から「美智子」が流行したのは、童話作家、小説家として活躍した人気作家「横山美智子」の影響があったのではないか、と推測される〔紀田順一郎―二〇〇二〕。興味深いのは、正田美智子さん成婚の翌年より「美智子」がベスト一〇から姿を消している点である。皇太子妃《ひ》となられたのを機に、その名が敬避されたのであろうか。

昭和三九年（一九六四）に、「ゆかり」という平仮名表記の名前が一〇位になっているが、この型の名前が登場するのはその後二度のみである。片仮名表記の名前は大正一〇年に姿を消して以来、復活していない。漢字表記が主流ではあるが、三二年（一九五七）、それまで三六年間もつづいた子型の独占は崩れ、「明美」が九位に登場し、その後も「真由美」「由美」「直美」「美香」といった、子を付さない漢字表記の名前が続々と現れ、子型と拮抗するようになる。そして、四八年（一九七三）、「恵」という漢字一字名が新出すると、五三年（一九七八）に「愛」も登場し、五六年には「恵」「愛」が一、二位を占め、五八年（一九八三）から平成二年（一九九〇）までの八年間は「愛」が一位に座りつづける。

その一方、子型は漸減して昭和五九年（一九八四）には一名となり、以後、時折ベスト一〇入りする程度となる。平成に入ると男子名同様、それまでみられなかった名前が増え、多様化の一途をたどっている。一字名では「彩」「舞」「萌」「凛」「楓」「葵」、二字名では「千尋」「七海」「陽菜」「結菜」「優奈」「美桜」「結愛」「花音」といった具合である。

創造される名前

今日の大学生の大部分は平成生まれであるが、読みの不明な名前が多くなり、教師としては困惑すること、しばしばである。性別の判断がつかない名前が増えたのも特徴で、こと名前の面では「ジェンダーフリー」が進みつつあるようだ。読みにくい名前が増加した理由については、佐藤稔氏が国語学の立場から検討されている。それによると、こうである〔佐藤稔二〇〇七〕。

近代日本の言語政策の一つとして、日常使用する漢字の種類に制限を設けた。それは、漢字・漢文の学習に精力の大半を吸い取られるような状況を改め、学習効率を高めて国民全体の識字力を向上させるために主張された。その主張が一応の実現をみたのが、昭和二一年（一九四六）と二三年の当用漢字とその音訓表である。二六年には「戸籍法施行規則」が改正され、常用平易な文字の範囲に「人名漢字別表」に掲げる漢字が追加された。

その後、人名用漢字は増加したが、常用漢字表と違って、漢字の字種の制約はあっても音訓の面では何の定めもなく、今日に至るまで野放し状態のままとなっている。ために命名者が、できるだけ個性的な名前をつけたい、という願望を満たすために、制限のない読みの分野で奇抜さを競うようになり、今日の掟破りとも言うべき読みの出現となったのではないか、と。

佐藤氏はまた、氾濫する市販の「名づけ指南書《しなん》」も、それに一役買っていることを指摘される。著者の多くは占いの専門家で、開運に良しとして奨める実例が、でたらめな音訓の使用にもとづいているからである。

昨今の名前をめぐる状況を歴史的に大きくとらえるならば、前近代以来の命名規則や慣例に従った名前から、「創造される名前」へと変化している、と言えまいか。

命名権は誰のものか

前近代には有力者に名づけ親になってもらう慣習が存在したが、現在ではほとんどの場合、実の親が名づけしているであろう。目新しい名前が登場したことは、命名者の世代が従来とは異なる感性を持っていることの反映にほかならない。

昨今の名前は、漢字や読みが喚起するイメージが重視されているように感じられる。しかし、親しい間柄の者以外には読み方のわからない名前が増加していけば、名前が果たしてきた社会的機能や人間関係にも影響を及ぼすことになろう。

それは、何のための名づけか、命名権は誰のものか、という問題にもつながる。命名権をめぐる法学説は、①命名権は親権に含まれるとする説、②命名権は命名される者に固有の権利であるとする説、に大別される。後者に立てば、親権者の命名は出生者のために代行するにすぎないので、子が成長して自己の名前に不満を感じたり、社会生活に支障が生じたりした場合には、改名できる権利を与えなくてはなるまい。夫婦・親子の別氏を認めるべきかどうかという問題とともに、この点も今後の課題となろう。

あとがき

歴史は身近な事象や問題から探り考えることができる。誰しもが持っている人としての名も、その題材の一つとなりうる。

私は家族や家をめぐる問題、あるいは個々人の人生の軌跡を基軸にすえて歴史を研究してきたので、おのずと姓、苗字、名前にも関心を寄せることになった。史料や論文、研究書に目を通しているときも、それらに注意を向けていたが、しだいに、人名からさまざまな問題に切り込むことができるのではないか、と考えるようになった。そして、人名を題材にして日本の通史を描いてみたいと思い、ここ一〇年余り、大学の日本史概論や市民講座で、「姓・苗字・名前に探る歴史―身近な事象から歴史を考える」と題し、古代から現代までの日本の歴史について講義しながら、構想を練ってきた。

吉川弘文館から人名の歴史について執筆を依頼されたのを機に、それまでの講義録を元に執筆を始めたが、書き進めているうちに次々と新たな論点が思い浮かび、そのつど関係の研究文献や史料を調べることが必要になったため、約束した原稿提出期限を三年近くもオーバーしてしまった。ご迷惑をかけてしまったことをお詫びしたい。

私は今年度で定年を迎え、東北大学での二〇年間に及ぶ教員生活を終えることになる。本書の刊行が定年の年度に重なったのは、ひとえに執筆が遅れたことによるが、期せずして本書は私にとって、最終講義録とも言うべき意味を持つことになってしまった。

執筆に当たり、歴史学入門書としての性格も持たせたいと思っていたので、古文書学《こもんじょがく》的な知見も盛り込んだ。日本近世史を専門とする身でありながら全時代にわたって叙述したのは、力量に過ぎた冒険であるが、長いスパンと広い視野でもって物事を考えるところに歴史学の生命がある、と思ってのことである。近世に関する叙述がいささか厚くなってしまったのは、専門分野ということもあるが、人名からさまざまな問題に切り込み論及できることを、具体的な事例をもって提示しておきたかったからでもある。

さて、本書を執筆している最中に東日本大地震が襲い、私も被災生活を体験した。それは、名前についても、いろいろ考えさせられる契機ともなった。

西欧史家の川北稔氏は、現代都市の性格として、匿名性の高い世界であることを指摘されている〔『講談社現代新書　イギリス近代史講義』、二〇一〇年〕。そういえば、私は山口県の山間部の農村に生まれ育ったが、農村では同じ集落に暮らす人はもちろん、少々離れた所に住んでいる人でも、互いに氏名《しめい》や性格はわかっていた。道で出会ったら必ず挨拶を交わした。いわば農村は、名も性格もわかり合った、人格的な絆《きずな》で結ばれた共同社会である。

現在は東北最大都市の仙台で暮らしているが、街中で顔見知りの人に出会うのはまれである。ほとんどは名を知らない人々ばかりで、挨拶を交わすことはない。それが震災を機に一変した。「被災者共同体」とも言うべき状況が現出し、見知らぬ者どうしが声を掛け合い、励まし合い、生活情報を知らせ合うようになった。私も行き交う人から何度も「がんばれ」と声をかけられ、食糧を求めてスーパーマーケットの前に並んでいる時も、お互い名乗ることもなく会話をした。それは「匿名の絆」と言ってよい。

匿名の絆は日本全国、世界へと広がり、各地から救援物資が届けられ、ボランティアとして被災地に駆けつけた人々も数多い。しかしながら、「プロローグ」で紹介したように、自ら名前を捨てて社会との「絆」を断ち切り、「無縁」の存在になられた被災者もいる。

今次の大震災では多くの人命が失われた。その一人ひとりに名があり、その名で刻まれてきた固有の歴史と築いてこられた人との絆があったのが、一瞬にして断ち切られたのである。親しかった人以外には、その名もライフヒストリーも知られることはない。しかし、震災を機にその名が全国、さらには外国にも知られるところとなった方もいる。その代表は、宮城県南三陸町《みなみさんりくちょう》の防災担当職員として、スピーカーで津波の襲来を町民に報知し、早く避難するよう呼びかけながら、自らは命を落とされた「遠藤未希《みき》」さん、そして、我が身を犠牲にして中国からの研修生を救われた、同県女川町《おながわちょう》の佐藤水産株式会社専務「佐藤充《みつる》」さん、であろう。

「未希」の名には、ご両親の「未来への希望」が託されていた。奇《く》しくも、両人の名前を合わせると「未来への希望に充」となる。このお二人の名に象徴させて、犠牲になられた多くの方々の無念を忘れることなく、そして未来への希望を失うことなく、私たちは、社会の復興という歴史的な課題に取り組み、新たな歴史を刻んでいかなくてはならない。

二〇一二年四月

大藤　修

参考文献

青木美智子「近世村落社会における女性の村政参加と「村自治」」(『総合女性史研究』第二八号、二〇一一年A)
青木美智子「女性相続にみる近世村社会の変容」(『歴史評論』第七四〇号、二〇一一年B)
青山忠正『明治維新と国家形成』(吉川弘文館、二〇〇〇年)
朝尾直弘「武家と官位」(『彦根城博物館叢書5　譜代大名井伊家の儀礼』サンライズ出版、二〇〇四年)
阿部　昭「近世村落の変質」(『日本村落史講座』第七巻、雄山閣出版、一九九〇年)
阿部　昭『江戸のアウトロー』(講談社、一九九九年)
阿部謹也「ヨーロッパの名前」(『週間朝日百科　日本の歴史別冊　歴史の読み方8　名前と系図・花押と印章』朝日新聞社、一九八九年)
阿部武彦『氏姓』(至文堂、一九六〇年)
阿部武彦『日本古代の氏族と祭祀』(吉川弘文館、一九八四年)
網野善彦「史料としての姓名・系図」(『週間朝日百科　日本の歴史別冊　歴史の読み方8　名前と系図・花押と印章』朝日新聞社、一九八九年)
荒野泰典「江戸幕府と東アジア」(『日本の時代史』第一四巻、吉川弘文館、二〇〇三年)
有坂道子「都市文人」(『身分的周縁と近世社会』第五巻、吉川弘文館、二〇〇七年)
李丙洙「朝鮮の「姓」」(比較家族史学会監修『家の名・族の名・人の名』三省堂、一九八八年)
飯沼賢司「人名小考―中世の身分・イエ・社会をめぐって―」(『荘園制と中世社会』東京堂出版、一九八四年)

飯沼賢司「女性名から見た中世の女性の社会的位置」(『歴史評論』第四四三号、一九八七年)
飯沼賢司「中世女性の名前について」(『週間朝日百科　日本の歴史別冊　歴史の読み方8　名前と系図・花押と印章』朝日新聞社、一九八九年)
飯沼賢司「日本中世の老人の実像」(比較家族史学会監修『老いの比較家族史』三省堂、一九九〇年)
飯沼賢司「村人の一生」(『日本村落史講座』第六巻、雄山閣出版、一九九一年)
飯沼賢司「日本における夫婦別姓の特異性」(『歴史評論』第六三六号、二〇〇三年)
飯沼賢司「イエの成立と親族」(『日本史講座』第三巻、東京大学出版会、二〇〇四年)
井奥成彦「出稼ぎ漁と干鰯―移住と定着―」(『週間朝日百科　日本の歴史』第七三号、朝日新聞社、一九八七年)
石母田　正『日本古代国家論』(岩波書店、一九七三年)
板橋春夫『誕生と死の民俗学』(吉川弘文館、二〇〇七年)
井戸田博史『「家」に探る苗字となまえ』(雄山閣出版、一九八六年)
乾　宏巳『近世大坂の家・町・住民』(清文堂出版、二〇〇二年)
井上勝生『幕末維新政治史の研究』(塙書房、一九九四年)
井上勝生『開国と幕末変革』(講談社、二〇〇二年)
今泉隆雄「律令国家とエミシ」(『新版　古代の日本』第九巻、一九九二年)
岩生成一「日蘭交渉の先駆者ヤン・ヨーステン」(『日本歴史』第一一七号、一九五八年)
上杉允彦「台湾における皇民化政策の展開―改姓名運動を中心として―」(『高千穂論叢』昭和六二年第二集、一九八七年)

上野和男「家族の構造」(『日本民俗文化大系』第八巻、小学館、一九八四年)
上野和男「名前とはなにか」(『歴博』第五三号、一九九二年)
上野和男「沖縄の名前と社会」(比嘉政夫教授退官記念論集刊行会編『琉球・アジアの民俗と歴史』榕樹書林、二〇〇二年)
氏家幹人「芸人の旅と騙り」(『歴史公論』第一二一号、一九八五年)
榎森　進『アイヌ民族の歴史』(草風館、二〇〇七年)
遠藤正敬『近代日本の植民地統治における国籍と戸籍』(明石書店、二〇一〇年)
遠藤匡俊「一九世紀中葉の根室場所におけるアイヌの改名と命名規則の空間的適用範囲」(『地理学評論』第七四巻一一号、二〇〇一年)
遠藤匡俊「一八〇〇年代初期のアイヌの社会構造と命名規則の空間的適用範囲」(『地理学評論』第七七巻一号、二〇〇四年A)
遠藤匡俊「一九世紀のアイヌ社会における和名化の展開過程」(『地学雑誌』第一一三巻三号、二〇〇四年B)
大口勇次郎『女性のいる近世』(勁草書房、一九九五年)
太田素子「近世農村における子どもめぐる社交―甲斐国山梨郡下井尻村依田家文書を手がかりに―」(『国立歴史民俗博物館研究報告』第五四集、一九九三年)
大竹秀男『封建社会の農民家族』(創文社、一九六二年。改訂版、一九八二年)
大竹秀男「江戸時代の老人観と老後問題」(比較家族史学会監修『老いの比較家族史』三省堂、一九九〇年)
大藤　修『近世農民と家・村・国家』(吉川弘文館、一九九六年)
大藤　修『近世の村と生活文化』(吉川弘文館、二〇〇一年)

大藤　修『日本史リブレット　近世村人のライフサイクル』(山川出版社、二〇〇三年)
大藤　修「無苗字・片苗字・諸苗字」(『日本歴史』第七〇四号、二〇〇七年)
大藤　修「秋田藩佐竹家子女の人生儀礼と名前―徳川将軍家と比較して―」(『国立歴史民俗博物館研究報告』第一四一集、二〇〇八年)
岡田章雄『三浦按針』(創元社、一九四四年)
尾形　勇「中国の姓氏」(『東アジアにおける日本古代史講座』第一〇巻、学生社、一九八四年)
岡田　博『報徳と不二孝仲間』(岩田書院、二〇〇〇年)
岡野友彦『源氏と日本国王』(講談社、二〇〇三年)
岡野友彦「家康生涯三度の源氏公称・改姓」(二木謙一編『戦国織豊期の社会と儀礼』吉川弘文館、二〇〇六年)
荻　慎一郎『日本史リブレット　近世鉱山社会をささえた人びと』(山川出版社、二〇一二年)
奥富敬之『日本人の名前の歴史』(新人物往来社、一九九九年)
小熊英二『〈日本人〉の境界』(新曜社、一九九八年)
小倉　博編『斎藤善右衛門翁伝』(財団法人斎藤報恩会、一九二八年)
折井美耶子「明治民法制定までの妻の氏」(『歴史評論』第六三六号、二〇〇三年)
尾脇秀和「京都近郊相給村落における百姓の「壱人弐名」」(『日本歴史』第七四六号、二〇一〇年)
尾脇秀和「近世「壱人両名」考」(『歴史評論』第七三二号、二〇一一年)
小和田哲男「徳川家康の源氏改姓問題再考」(『駒沢大学史学論集』第三五号、二〇〇五年)
海保洋子「「異域」の内国化と統合」(『幕末維新論集』第九巻、吉川弘文館、二〇〇一年)

籠橋俊光「地域社会と藩社会―仙台藩の大肝入と「文通」―」（『近世地域史フォーラム』第二巻、吉川弘文館、二〇〇六年、同『近世藩領の地域社会と行政』清文堂出版、二〇一二年再収）
笠谷和比古『関ヶ原合戦と近世の国制』（思文閣出版、二〇〇一年）
勝俣鎮夫『戦国時代論』（岩波書店、一九九六年）
加藤　晃「日本の姓氏」（『東アジアにおける日本古代史講座』第一〇巻、学生社、一九八四年）
加藤美穂子「中国開放後における夫婦・親子の「姓」」（比較家族史学会監修『家の名・族の名・人の名』三省堂、一九八八年）
加藤康昭『日本盲人社会史研究』（未来社、一九七四年）
金子　拓『記憶の歴史学』（講談社、二〇一一年）
加納亜由子「近世後期農村における改名慣行と結婚と「家」意識」（『史学研究』第二六一号、二〇〇八年）
菊池勇夫『幕藩体制と蝦夷地』（雄山閣出版、一九八四年）
菊池勇夫『北方史のなかの近世日本』（校倉書房、一九九一年）
菊池勇夫『アイヌ民族と日本人』（朝日新聞社、一九九四年）
菊池勇夫『歴史文化ライブラリー　エトロフ島―つくられた国境―』（吉川弘文館、一九九九年）
岸　俊男『日本古代籍帳の研究』（塙書房、一九七三年）
喜田貞吉「マロという人名」（『社会史研究』第一〇巻第二、三号、一九二三年）
紀田順一郎『名前の日本史』（文藝春秋、二〇〇二年）
木下　聡『中世武家官位の研究』（吉川弘文館、二〇一一年）
木村茂光『日本中世の歴史』第一巻（吉川弘文館、二〇〇九年）

京田直美「実名のもつ意味―『吾妻鏡』を中心に―」（『御影史学』第一九号、一九九四年）
熊谷開作『日本の近代化と「家」制度』（法律文化社、一九八七年）
黒田日出男『境界の中世　象徴の中世』（東京大学出版会、一九八六年）
黒田基樹「慶長期大名の氏姓と官位」（『日本史研究』第四一四号、一九九七年）
後藤みち子『歴史文化ライブラリー　戦国を生きた公家の妻たち』（吉川弘文館、二〇〇九年）
小林清治「伊達氏と奥州探題職」（『福大史学』第一八号、一九七四年）
小林大二『差別戒名の歴史』（雄山閣出版、一九八七年）
小宮木代良「幕藩政治史における儀礼的行為の位置づけについて」（『歴史学研究』第七〇三号、一九九七年）
小宮木代良『江戸幕府の日記と儀礼史料』（吉川弘文館、二〇〇六年）
近藤正己「「創氏改名」研究の検討と「改姓名」」（『日拠時期台湾史国際学術検討会論文集』台北、一九九三年）
今野　真「幕藩制下の生活規制―鳴物停止令と禁字―」（『宮城歴史科学研究』第三八号、一九九四年。『展望日本歴史』第一三巻、東京堂出版、二〇〇〇年再収）
今野　真「豊臣秀吉文書における自称文言について」（『歴史』第一一七輯、二〇一一年）
斎藤善之「水主」（『身分的周縁と近世社会』第二巻、吉川弘文館、二〇〇七年）
酒井紀美「名を籠める」（『週間朝日百科　日本の歴史別冊　歴史の読み方8　名前と系図・花押と印章』朝日新聞社、一九八九年）
阪下圭八「渾名・徒名・実の名」（『週間朝日百科　日本の歴史』第七一巻、朝日新聞社、一九八七年）
坂田　聡『日本中世の氏・家・村』（校倉書房、一九九七年）
坂田　聡「中世百姓の人名と村社会」（『中央大学文学部紀要　史学科』第四五号、二〇〇〇年）

坂田　聡『歴史文化ライブラリー　苗字と名前の歴史』（吉川弘文館、二〇〇六年）
坂根嘉弘『分割相続と農村社会』（九州大学出版会、一九九六年）
佐藤三郎『酒田の本間家』（中央書院、一九七二年）
佐藤進一『日本の中世国家』（岩波書店、一九八三年）
佐藤進一『花押を読む』（平凡社、一九八八年）
佐藤道信「雅名」（鵜飼政志他編『歴史をよむ』東京大学出版会、二〇〇四年）
佐藤　稔『歴史文化ライブラリー　読みにくい名前はなぜ増えたか』（吉川弘文館、二〇〇七年）
ザヨンツ・マウゴジャータ『千島アイヌの軌跡』（草風館、二〇〇九年）
滋賀秀三『中国家族法の原理』（創文社、一九六七年）
渋谷　研「改姓と同化される名前」（『アジア遊学』第五三号、二〇〇三年）
澁谷悠子「近世墓標・過去帳・系譜類にみる武家の家内秩序と「家」意識」（『東北文化研究室紀要』通巻第五二集、二〇一一年）
島村修治『外国人の姓名』（帝国地方行政学会、一九七一年）
島村修治『世界の姓名』（講談社、一九七七年）
清水翔太郎「嫡孫承祖と人生儀礼―秋田藩佐竹義真を事例に―」（『国史談話会雑誌』第五二号、二〇一二年）
杉　仁『近世の地域と在村文化』（吉川弘文館、二〇〇一年）
杉本史子「絵師」（『近世の身分的周縁』第二巻、吉川弘文館、二〇〇〇年）
鈴木国弘「中世の「氏」と名字族」（比較家族史学会監修『家の名・族の名・人の名』三省堂、一九八八年）
瀬田勝哉『木の語る中世』（朝日新聞社、二〇〇〇年）

曽根ひろみ『娼婦と近世社会』（吉川弘文館、二〇〇三年）
薗部寿樹『日本中世村落内身分の研究』（校倉書房、二〇〇二年）
高木昭作『将軍権力と天皇』（青木書店、二〇〇三年）
高木　侃「明治民法施行以前における襲名」（『関東短期大学紀要』第二六集、一九八一年）
高梨公之『名前のはなし』（東京書籍、一九八一年）
高埜利彦『近世日本の国家権力と宗教』（東京大学出版会、一九八九年）
高橋章則『江戸の転勤族　代官所手代の世界』（平凡社、二〇〇七年）
高橋　修「伊達政宗発給書状論」（『福島県立博物館紀要』第一五号、二〇〇〇年）
高橋　修「実名―呼び捨ての慣行はいつ終わったか」（鵜飼政志他編『歴史をよむ』東京大学出版会、二〇〇四年）
高橋秀樹『日本史リブレット　中世の家と性』（山川出版社、二〇〇四年）
高橋　博『近世の朝廷と女官制度』（吉川弘文館、二〇〇九年）
高橋梵仙「部落解放と弾直樹の功業」（石井良助編『近世関東の被差別部落』明石書店、一九七八年）
竹内利美「長子相続慣行とその意義」（『講座家族』第五巻、弘文堂、一九七四年）
竹田　旦『民俗慣行としての隠居の研究』（未来社、一九六四年）
武田幸男「朝鮮の姓氏」（『東アジアにおける日本古代史講座』第一〇巻、学生社、一九八四年）
武光　誠『名字と日本人』（文藝春秋、一九九八年）
伊達邦宗『伊達家史叢談』（今野印刷、二〇〇一年）
田中史生『日本古代国家の民族支配と渡来人』（校倉書房、一九九七年）

田名真之「沖縄の名前」(『週間朝日百科　日本の歴史別冊　歴史の読み方8　名前と系図・花押と印章』朝日新聞社、一九八九年)
近盛晴嘉『人物叢書新装版　ジョセフ＝ヒコ』(吉川弘文館、一九八六年)
塚田　孝「下層民の世界」(『日本の近世』第七巻、中央公論社、一九九二年)
辻　達也「徳川氏の系図について」(『週間朝日百科　日本の歴史別冊　歴史の読み方8　名前と系図・花押と印章』朝日新聞社、一九八九年)
角田文衛『日本の女性名(上)(中)(下)』(教育社、一九八〇、八七、八八年)
豊田国夫『名前の禁忌習俗』(講談社、一九八八年)
豊田　武『苗字の歴史』(中央公論社、一九七一年)
豊田　武『日本史小百科7　家系』(近藤出版社、一九七八年)
内藤莞爾『末子相続の研究』(弘文堂、一九七三年)
中川　学『近世の死と政治文化』(吉川弘文館、二〇〇九年)
永田メアリー「改名にみる家の戦略と個人の選択」(落合恵美子編『徳川日本のライフコース』ミネルヴァ書房、二〇〇六年)
中野　等『文禄・慶長の役』(吉川弘文館、二〇〇八年)
長野ひろ子「農村における女性の役割と諸相」(『日本女性生活史』第三巻、東京大学出版会、一九九〇年)
中村友一『日本古代の氏姓制』(八木書店、二〇〇九年)
浪川健治『近世日本と北方社会』(三省堂、一九九二年)
浪川健治『日本史リブレット　アイヌ民族の軌跡』(山川出版社、二〇〇四年)

浪川健治『近世北奥社会と民衆』（吉川弘文館、二〇〇五年）
浪川健治「「津軽之喜太夫」考」（『弘前大学国史研究』第一二九号、二〇一〇年）
成松佐恵子『庄屋日記にみる江戸の世相と暮らし』（ミネルヴァ書房、二〇〇〇年）
西木浩一『江戸の葬送墓制』（東京都公文書館、一九九九年）
西村慎太郎『近世朝廷社会と地下官人』（吉川弘文館、二〇〇八年）
丹羽基二『日本人の苗字』（光文社、二〇〇二年）
羽下徳彦「家と一族」（『日本の社会史』第六巻、岩波書店、一九八八年）
橋本政宣編『近世武家官位の研究』（続群書類従完成会、一九九九年）
畑　尚子『徳川政権下の大奥と奥女中』（岩波書店、二〇〇九年）
林　太郎「過去一〇〇年間のわが国女性の名の変化について」（『お茶の水大学女性文化資料館報』第一巻、一九八〇年）
原田知佳「江戸幕府将軍世子の人生儀礼」（『学習院史学』第五〇号、二〇一二年）
比較家族史学会監修『家の名・族の名・人の名』（三省堂、一九八八年）
比較家族史学会監修『名前と社会』（早稲田大学出版部、一九九九年）
深井甚三「近世都市発達期における大坂船場町町人社会の動向」（『文化』第四三巻三・四号、一九八〇年）
福島正夫『日本資本主義と「家」制度』（東京大学出版会、一九六七年）
福田千鶴『幕藩制的秩序と御家騒動』（校倉書房、一九九九年）
服藤早苗『家成立史の研究』（校倉書房、一九九一年）
服藤早苗『平安朝の父と子』（中央公論新社、二〇一〇年）

藤井譲治『幕藩領主の権力構造』(岩波書店、二〇〇二年)
藤井譲治『徳川将軍家領知宛行制の研究』(思文閣出版、二〇〇八年)
藤井正雄『歴史文化ライブラリー　戒名のはなし』(吉川弘文館、二〇〇六年)
藤田和敏「郷士と祭礼の語る地域社会」(『〈江戸〉の人と身分』第二巻、吉川弘文館、二〇一〇年)
藤田　覚『近世政治史と天皇』(吉川弘文館、一九九九年)
藤田貞一郎「徳川期近江鋳物師の他国出稼」(『社会科学』第四七号、一九九一年)
二木謙一『日本歴史叢書新版　中世武家の作法』(吉川弘文館、一九九九年)
古垣　玲「蝦夷・俘囚と夷俘」(『川内古代史論集』第四号、一九八八年)
古垣　玲「俘囚身分の成立」(『国史談話会雑誌』第四九号、二〇〇八年)
星野澄子『夫婦別姓時代』(青木書店、一九八七年)
穂積陳重『忌み名の研究』(講談社、一九九二年)
堀田幸義『近世武家の「個」と社会—身分格式と名前に見る社会像—』(刀水書房、二〇〇七年)
洞　富雄「江戸時代の一般庶民は果して苗字を持たなかったか」(『日本歴史』第五〇号、一九五二年)
洞　富雄『名無しの権兵衛にも名があった』(日本家系協会、一九八六年)
堀　新「近世武家官位試論」(『歴史学研究』第七〇三号、一九九七年)
堀　新「近世大名の上昇願望」(『〈江戸〉の人と身分』第三巻、吉川弘文館、二〇一〇年)
堀越祐一「豊臣期における武家官位制と氏姓授与」(『歴史評論』第六四〇号、二〇〇三年)
前田　卓『姉家督』(関西大学出版部、一九七六年)
前田　勉『江戸後期の思想空間』(ぺりかん社、二〇〇九年)

牧田りゑ子「近世京都における女性の家産所有」(近世女性史研究会編『論集　近世女性史』吉川弘文館、一九八六年)
水野直樹『創氏改名』(岩波書店、二〇〇八年)
三田智子「一八世紀中期の南王子村の村落構造」(『部落問題研究』第一七五号、二〇〇六年)
宮沢誠一「幕藩制期の天皇のイデオロギー的基盤」(北島正元編『幕藩制国家成立過程の研究』吉川弘文館、一九七八年)
宮島敬一『戦国期社会の形成と展開』(吉川弘文館、一九九六年)
宮田節子・金英達・梁泰昊『創氏改名』(明石書店、一九九二年)
村井章介『中世倭人伝』(岩波書店、一九九三年)
村井章介「倭人たちのソウル」(『週間朝日百科別冊　歴史をみなおす14』朝日新聞社、一九九五年)
村川浩平「羽柴氏下賜と豊臣姓下賜」(『駒沢史学』第四九号、一九九六年)
森　謙二「名前の近代化」(落合恵美子編『徳川日本のライフコース』ミネルヴァ書房、二〇〇六年)
森　安彦『古文書が語る近世村人の一生』(平凡社、一九九四年)
安国良一「近世京都の庶民女性」(『日本女性生活史』第三巻、東京大学出版会、一九九〇年)
安丸良夫『近代天皇像の形成』(岩波書店、一九九二年)
柳田国男『族制語彙』(日本法理研究会、一九四三年)
柳谷慶子「日本近世の「家」と妻の姓観念」(『歴史評論』第六三六号、二〇〇三年)
柳谷慶子「女性名―ジェンダーの視点からみる名前の不思議」(鵜飼政志他編『歴史をよむ』東京大学出版会、二〇〇四年)

柳谷慶子『近世の女性相続と介護』(吉川弘文館、二〇〇七年)
柳谷慶子「武家権力と女性」(『〈江戸〉の人と身分』第四巻、吉川弘文館、二〇一〇年)
柳谷慶子『日本史リブレット　江戸時代の老いと看取り』(山川出版社、二〇一一年)
藪田　貫「商家と女性」(『〈江戸〉の人と身分』第四巻、吉川弘文館、二〇一〇年)
山口和夫「職人受領の近世的展開」(『日本歴史』五〇五号、一九九〇年)
山口　徹「名前と苗字の明治維新」(『週間朝日百科　日本の歴史別冊　歴史の読み方8　名前と系図・花押と印章』朝日新聞社、一九八九年)
山中永之佑「明治期における「氏」」(比較家族史学会監修『家の名・族の名・人の名』三省堂、一九八八年)
義江明子「古代の氏と出自」(比較家族史学会監修『家の名・族の名・人の名』三省堂、一九八八年)
吉田　孝「古代社会における「ウヂ」」(『日本の社会史』第六巻、岩波書店、一九八八年)
吉田真夫「近世大名の呼称について―萩藩を事例として―」(『山口県地方史研究』第一〇三号、二〇一〇年)
吉村武彦「律令制的身分集団の成立」(『講座・前近代の天皇』第三巻、青木書店、一九九三年)
米田雄介「徳川家康・秀忠の叙位任官文書について」(『栃木史学』第八号、一九九四年)
米田雄介編『歴代天皇年号事典』(吉川弘文館、二〇〇三年)
若林敬子『中国人口超大国のゆくえ』(岩波書店、一九九四年)
若林敬子編『中国人口問題のいま』(ミネルヴァ書房、二〇〇六年)
脇田晴子「日本中世史・女性史より」(『歴史評論』第四四一号、一九八七年)

著者紹介

一九四八年、山口県に生まれる
一九七一年、茨城大学人文学部文学科卒業
一九七五年、東北大学大学院文学研究科博士課程中退、国文学研究資料館史料館助手、同助教授、東北大学大学院文学研究科教授を経て
現在、東北大学名誉教授　博士（文学）

主要著書

『近世農民と家・村・国家』（吉川弘文館、一九九六年）『近世の村と生活文化』（吉川弘文館、二〇〇一年）『日本史リブレット　近世村人のライフサイクル』（山川出版社、二〇〇三年）『二宮尊徳』（人物叢書、吉川弘文館、二〇一五年）『近世庶民社会論―生老死・「家」・性差―』（吉川弘文館、二〇二二年）

歴史文化ライブラリー
353

日本人の姓・苗字・名前
人名に刻まれた歴史

二〇一二年（平成二十四）十月一日　第一刷発行
二〇二三年（令和　五　）四月一日　第三刷発行

著　者　大《おお》藤《とう》　修《おさむ》

発行者　吉川道郎

発行所　株式会社　吉川弘文館
東京都文京区本郷七丁目二番八号
郵便番号一一三―〇〇三三
電話〇三―三八一三―九一五一〈代表〉
振替口座〇〇一〇〇―五―二四四
http://www.yoshikawa-k.co.jp/

印刷＝株式会社 平文社
製本＝ナショナル製本協同組合
装幀＝清水良洋

ISBN978-4-642-05753-0

歴史文化ライブラリー

1996.10

刊行のことば

現今の日本および国際社会は、さまざまな面で大変動の時代を迎えておりますが、近づきつつある二十一世紀は人類史の到達点として、物質的な繁栄のみならず文化や自然・社会環境を謳歌できる平和な社会でなければなりません。しかしながら高度成長・技術革新にともなう急激な変貌は「自己本位な刹那主義」の風潮を生みだし、先人が築いてきた歴史や文化に学ぶ余裕もなく、いまだ明るい人類の将来が展望できていないようにも見えます。このような状況を踏まえ、よりよい二十一世紀社会を築くために、人類誕生から現在に至る「人類の遺産・教訓」としてのあらゆる分野の歴史と文化を「歴史文化ライブラリー」として刊行することといたしました。

小社は、安政四年（一八五七）の創業以来、一貫して歴史学を中心とした専門出版社として書籍を刊行しつづけてまいりました。その経験を生かし、学問成果にもとづいた本叢書を刊行し社会的要請に応えて行きたいと考えております。

現代は、マスメディアが発達した高度情報化社会といわれますが、私どもはあくまでも活字を主体とした出版こそ、ものの本質を考える基礎と信じ、本叢書をとおして社会に訴えてまいりたいと思います。これから生まれでる一冊一冊が、それぞれの読者を知的冒険の旅へと誘い、希望に満ちた人類の未来を構築する糧となれば幸いです。

吉川弘文館

歴史文化ライブラリー

歴史文化ライブラリー

東アジアの日本書紀 歴史書の誕生 ― 遠藤慶太
〈聖徳太子〉の誕生 ― 大山誠一
倭国と渡来人 交錯する「内」と「外」 ― 田中史生
大和の豪族と渡来人 葛城・蘇我氏と大伴・物部氏 ― 加藤謙吉
物部氏 古代氏族の起源と盛衰 ― 篠川 賢
東アジアからみた「大化改新」 ― 仁藤敦史
白村江の真実 新羅王・金春秋の策略 ― 中村修也
よみがえる古代山城 国際戦争と防衛ライン ― 向井一雄
よみがえる古代の港 古地形を復元する ― 石村 智
古代氏族の系図を読み解く ― 鈴木正信
古代豪族と武士の誕生 ― 森 公章
飛鳥の宮と藤原京 よみがえる古代王宮 ― 林部 均
出雲国誕生 ― 大橋泰夫
古代出雲 ― 前田晴人
古代の皇位継承 天武系皇統は実在したか ― 遠山美都男
古代天皇家の婚姻戦略 ― 荒木敏夫
壬申の乱を読み解く ― 早川万年
戸籍が語る古代の家族 ― 今津勝紀
古代の人・ひと・ヒト 名前と身体から歴史を探る ― 三宅和朗
万葉集と古代史 ― 直木孝次郎
郡司と天皇 地方豪族と古代国家 ― 磐下 徹
地方官人たちの古代史 律令国家を支えた人びと ― 中村順昭
古代の都はどうつくられたか 中国・日本・朝鮮・渤海 ― 吉田 歓
平城京に暮らす 天平びとの泣き笑い ― 馬場 基
平城京の住宅事情 貴族はどこに住んだのか ― 近江俊秀
すべての道は平城京へ 古代国家の〈支配の道〉 ― 市 大樹
都はなぜ移るのか 遷都の古代史 ― 仁藤敦史
古代の都と神々 怪異を吸いとる神社 ― 榎村寛之
聖武天皇が造った都 難波宮・恭仁宮・紫香楽宮 ― 小笠原好彦
天皇側近たちの奈良時代 ― 十川陽一
藤原仲麻呂と道鏡 ゆらぐ奈良朝の政治体制 ― 鷺森浩幸
古代の女性官僚 女官の出世・結婚・引退 ― 伊集院葉子
〈謀反〉の古代史 平安朝の政治改革 ― 春名宏昭
皇位継承と藤原氏 摂政・関白はなぜ必要だったのか ― 神谷正昌
王朝貴族と外交 国際社会のなかの平安日本 ― 渡邊 誠
平安朝 女性のライフサイクル ― 服藤早苗
平安貴族の住まい 寝殿造から読み直す日本住宅史 ― 藤田勝也
平安京のニオイ ― 安田政彦

歴史文化ライブラリー

平安京の災害史 都市の危機と再生——北村優季
平安京はいらなかった 古代の夢を喰らう中世——桃崎有一郎
天神様の正体 菅原道真の生涯——森　公章
平将門の乱を読み解く——木村茂光
安倍晴明 陰陽師たちの平安時代——繁田信一
平安時代の死刑 なぜ避けられたのか——戸川　点
古代の神社と神職 神をまつる人びと——加瀬直弥
古代の食生活 食べる・働く・暮らす——吉野秋二
古代の刀剣 日本刀の源流——小池伸彦
大地の古代史 土地の生命力を信じた人びと——三谷芳幸
時間の古代史 霊鬼の夜、秩序の昼——三宅和朗

中世史

列島を翔ける平安武士 九州・京都・東国——野口　実
源氏と坂東武士——野口　実
敗者たちの中世争乱 年号から読み解く——関　幸彦
平氏が語る源平争乱——永井　晋
熊谷直実 中世武士の生き方——高橋　修
中世武士　畠山重忠 秩父平氏の嫡流——清水　亮
頼朝と街道 鎌倉政権の東国支配——木村茂光
もう一つの平泉 奥州藤原氏第二の都市・比爪——羽柴直人
六波羅探題 京を治めた北条一門——森　幸夫
大道　鎌倉時代の幹線道路——岡　陽一郎
仏都鎌倉の一五〇年——今井雅晴
鎌倉北条氏の興亡——奥富敬之
鎌倉幕府はなぜ滅びたのか——永井　晋
三浦一族の中世——高橋秀樹
伊達一族の中世 「独眼龍」以前——伊藤喜良
弓矢と刀剣 中世合戦の実像——近藤好和
その後の東国武士団 源平合戦以後——関　幸彦
荒ぶるスサノヲ、七変化 〈中世神話〉の世界——斎藤英喜
曽我物語の史実と虚構——坂井孝一
鎌倉浄土教の先駆者　法然——中井真孝
親　鸞——平松令三
親鸞と歎異抄——今井雅晴
畜生・餓鬼・地獄の中世仏教史 因果応報と悪道——生駒哲郎
神や仏に出会う時 中世びとの信仰と絆——大喜直彦
神仏と中世人 宗教をめぐるホンネとタテマエ——衣川　仁
神風の武士像 蒙古合戦の真実——関　幸彦

歴史文化ライブラリー

歴史文化ライブラリー

昭和天皇とスポーツ〈玉体〉の近代史――坂上康博
大元帥と皇族軍人 大正・昭和編――小田部雄次
昭和陸軍と政治「統帥権」というジレンマ――高杉洋平
松岡洋右と日米開戦 大衆政治家の功と罪――服部 聡
唱歌「蛍の光」と帝国日本――大日方純夫
稲の大東亜共栄圏 帝国日本の〈緑の革命〉――藤原辰史
地図から消えた島々 幻の日本領と南洋探検家たち――長谷川亮一
自由主義は戦争を止められるのか 芦田均・清沢洌・石橋湛山――上田美和
軍用機の誕生 日本軍の航空戦略と技術開発――水沢 光
国産航空機の歴史 零戦・隼からYS－一一まで――笠井雅直
首都防空網と〈空都〉多摩――鈴木芳行
帝都防衛 戦争・災害・テロ――土田宏成
陸軍登戸研究所と謀略戦 科学者たちの戦争――渡辺賢二
帝国日本の技術者たち――沢井 実
強制された健康 日本ファシズム下の生命と身体――藤野 豊
戦争とハンセン病――藤野 豊
「自由の国」の報道統制 大戦下の日系ジャーナリズム――水野剛也
学徒出陣 戦争と青春――蜷川壽惠
特攻隊の〈故郷〉霞ヶ浦・筑波山・北浦・鹿島灘――伊藤純郎
沖縄戦 強制された「集団自決」――林 博史
陸軍中野学校と沖縄戦 知られざる少年兵「護郷隊」――川満 彰
沖縄戦の子どもたち――川満 彰
沖縄からの本土爆撃 米軍出撃基地の誕生――林 博史
原爆ドーム 物産陳列館から広島平和記念碑へ――頴原澄子
米軍基地の歴史 世界ネットワークの形成と展開――林 博史
沖縄米軍基地全史――野添文彬
考証 東京裁判 戦争と戦後を読み解く――宇田川幸大
昭和天皇退位論のゆくえ――冨永 望
ふたつの憲法と日本人 戦前・戦後の憲法観――川口暁弘
戦後文学のみた〈高度成長〉――伊藤正直
首都改造 東京の再開発と都市政治――源川真希
鯨を生きる 鯨人の個人史・鯨食の同時代史――赤嶺 淳

各冊一七〇〇円～二一〇〇円（いずれも税別）
▽残部僅少の書目も掲載してあります。品切の節はご容赦下さい。
▽品切書目の一部について、オンデマンド版の販売も開始しました。
詳しくは出版図書目録、または小社ホームページをご覧下さい。